Σ BEST
シグマベスト

試験に強い！

要点ハンドブック
日本史B

文英堂編集部　編

文英堂

本書の特色と使用法

1 学習内容を多くの項目(こうもく)に細分

　本書は，高等学校「**日本史B**」の学習内容を**4編11章**に分けて，さらに学習指導要領や教科書の項目立て，および内容の分量に応じて，**101項目**に細分しています。

　したがって，必要な項目をもくじで探して使えば，テストの範囲にぴったり合う内容について勉強することができ，**ムダのない勉強が可能**です。

2　1項目は2ページで構成

　本書の各項目は，ひと目で学習内容が見渡せるように，原則として本を開いた**左右見開きの2ページ**で完結しています。もくじで必要な項目を探し出せば，2ページ単位で勉強できるようになっています。

　つまり，定期テストで必要な範囲だけを**短時間で，きちんと区切りをつけながら勉強できる**わけです。

3　本文は簡潔(かんけつ)に表現

　本文の表記は，できるだけ**ムダをはぶいて，簡潔にする**ように努めました。

　また，ポイントとなる語句は**赤字**や**太字**で示し，重要な部分に 重要 のマークをつけました。さらに関連する事項を示すために，きめ細かく**参照ページ**を入れていますので，そちらも読んでおきましょう。

4 重要なポイントを「要点」でハッキリ明示

本書では,重要なポイントは **要点** という形でとくにとり出して,ハッキリ示してあります。**要点** は,その見開きの中で最も基本的なことや,**最もテストに出やすいポイント** などをコンパクトにまとめてあります。

テストの直前には,この部分を読むだけでも得点アップは確実です。

5 「用語」と「+α」でさらにくわしく

本文の中に出てくる難しい用語は **用語** で,もう少しくわしく説明したほうがわかりやすいことがらは **+α** で解説しています。

本文中に❶のように,番号を示してありますので,その番号と同じところの説明を,本文に続いて読むようにしてください。本文で扱われている **基礎的な知識を補強し,理解を深める** ことができます。

6 テスト対策のしあげは「要点チェック」

テスト対策のしあげのために,章末には一問一答形式の **要点チェック** を設けています。**答えはページの下段に示してあります。**

テストの直前には必ず解いてみて,解けなかった問題は,右側に示されたページにもどって復習しましょう。問題のレベルは学校の **定期テストに合わせてある** ので,これを解くことで確実に定期テストの得点アップがはかれます。

もくじ

1編 原始・古代の日本

1章 日本文化のはじまりと国家の成立
1 旧石器時代……8
2 縄文時代……10
3 弥生時代……12
4 小国の成立と邪馬台国……14
5 ヤマト政権の統一と対外交渉……16
6 ヤマト政権のしくみと古墳文化……18
● 要点チェック……20

2章 律令国家の成立と文化の展開
7 聖徳太子の政治と飛鳥文化……22
8 大化改新……24
9 改新政治の進展と白鳳文化……26
10 律令体制の成立……28
11 律令体制下の農民生活……30
12 平城京と遣唐使……32
13 奈良時代の政治……34
14 天平文化……36
● 要点チェック……38

3章 貴族政治の展開と国風文化
15 平安京遷都と律令体制の再建……40
16 弘仁・貞観文化……42
17 摂関政治の成立と展開……44
18 国風文化……46
19 荘園制の発達……48
20 武士の誕生と成長……50
● 要点チェック……52

2編 中世の日本

4章 武家社会の成立と文化
21 院政期の社会……54
22 平氏政権と院政期の文化……56
23 鎌倉幕府の成立……58

24	執権政治の成立	60
25	武士の社会と産業・経済の発達	62
26	蒙古襲来と鎌倉幕府の衰退	64
27	鎌倉文化	66
●	要点チェック	68

5章 武家社会の成長

28	鎌倉幕府の滅亡と建武の新政	70
29	南北朝の動乱と守護大名	72
30	室町幕府の成立と支配	74
31	室町時代の外交・貿易	76
32	惣の形成と一揆	78
33	室町幕府の衰退と応仁の乱	80
34	室町時代の産業の発達	82
35	室町時代の商業・都市の発達	84
36	室町文化	86
37	戦国大名の出現	88
38	戦国大名の分国支配	90
●	要点チェック	92

3編 近世の日本

6章 幕藩体制の成立と近世文化の成立

39	南蛮文化の伝来と織田信長の統一	94
40	豊臣秀吉の天下統一	96
41	豊臣秀吉の政治と外交	98
42	桃山文化	100
43	江戸幕府の成立と初期の幕政	102
44	幕藩体制と身分統制	104
45	鎖国の完成	106
46	文治政治の展開	108
47	江戸時代前期の産業の発達	110
48	江戸時代前期の経済の発達	112
49	学問の発達	114
50	寛永の文化と元禄文化	116
●	要点チェック	118

7章 幕藩体制の動揺と文化の成熟

- 51 享保の改革 …………………………120
- 52 田沼時代と百姓一揆 ………………122
- 53 宝暦・天明期の文化 ………………124
- 54 寛政の改革と幕藩体制の衰退 ……126
- 55 諸外国の接近と天保の改革 ………128
- 56 経済の変化と雄藩の改革 …………130
- 57 国学と洋学の発達 …………………132
- 58 化政文化 ……………………………134
- ● 要点チェック ………………………136

4編 近代・現代の日本

8章 近代国家の成立と明治文化

- 59 開国と幕末の動き …………………138
- 60 明治維新 ……………………………140
- 61 中央集権体制の確立 ………………142
- 62 不平士族の反乱と農民一揆 ………144
- 63 殖産興業と文明開化 ………………146
- 64 自由民権運動の発展 ………………148
- 65 自由民権運動の激化と敗北 ………150
- 66 大日本帝国憲法の制定 ……………152
- 67 初期議会の動向 ……………………154
- ● 要点チェック ………………………156
- 68 条約改正 ……………………………158
- 69 日清戦争 ……………………………160
- 70 資本主義の発達と社会問題 ………162
- 71 日清戦争後の日本の発展 …………164
- 72 日露戦争 ……………………………166
- 73 日露戦争後の国際関係と桂園時代 …168
- 74 明治時代の思想・学問 ……………170
- 75 明治時代の文学・芸術 ……………172
- ● 要点チェック ………………………174

9章 近代国家の発展とその行きづまり

- 76 第一次護憲運動の展開……………………176
- 77 第一次世界大戦と日本の大陸進出…………178
- 78 大戦景気と米騒動……………………………180
- 79 政党内閣の成立………………………………182
- 80 第一次世界大戦後の外交……………………184
- 81 大正デモクラシーと社会運動の発達①……186
- 82 大正デモクラシーと社会運動の発達②……188
- 83 大正文化………………………………………190
- ● 要点チェック…………………………………192
- 84 金融恐慌………………………………………194
- 85 田中義一内閣の中国進出……………………196
- 86 浜口雄幸内閣と世界恐慌……………………198
- 87 満州事変………………………………………200
- 88 軍部の台頭と経済の回復……………………202
- 89 二・二六事件と三国防共協定………………204
- 90 日中戦争の開始………………………………206
- 91 第二次世界大戦と太平洋戦争………………208
- 92 日本の敗戦……………………………………210
- ● 要点チェック…………………………………212

10章 戦後の日本と世界

- 93 占領政治の開始………………………………214
- 94 日本国憲法の成立……………………………216
- 95 冷戦の発生と占領政策の転換………………218
- 96 朝鮮戦争と日本の独立………………………220
- ● 要点チェック…………………………………222

11章 現代の日本と世界

- 97 世界の潮流と日本の55年体制………………224
- 98 安保改定と高度経済成長……………………226
- 99 保守政権の安定と国際情勢の変化…………228
- 100 冷戦後の世界と80年代の国内政治………230
- 101 現代の日本……………………………………232
- ● 要点チェック…………………………………234

◆ さくいん……………………………………………236

1編　原始・古代の日本

1 旧石器時代

1 更新世の日本

1 更新世の期間と特徴 重要　今から約260万年前～1万年前までの期間。氷期と間氷期が繰り返された。氷河時代ともよばれる。

2 更新世の時代　人類は打製石器を使用し，狩猟・漁労・採取などの生活を営んだ。考古学では，この段階を旧石器時代とよんでいる。

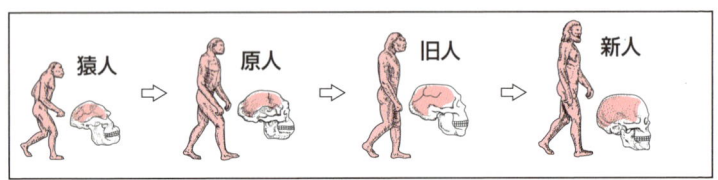

猿人 ⇒ 原人 ⇒ 旧人 ⇒ 新人

▲人類の進化

3 更新世の日本　アジア大陸と陸続きで，北方からはマンモス，南方からはナウマンゾウなどの大型動物がやってきた。人類もこれらの動物の群れを追って移住してきたと考えられる。❶

4 日本における更新世の化石人骨　静岡県浜北人や沖縄県港川人❷など新人段階。これらの発見場所では，打製石器などの人工遺物は出土していない。

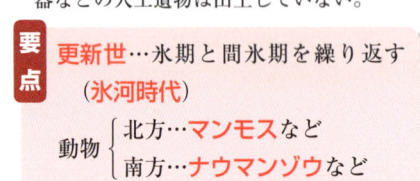

> **要点**
> 更新世…氷期と間氷期を繰り返す（氷河時代）
> 動物 ┌ 北方…マンモスなど
> 　　 └ 南方…ナウマンゾウなど
> 人骨…新人の人骨（浜北人，港川人）

2 旧石器時代 重要

1 旧石器文化の発見　1946年，群馬県の岩宿遺跡で，相沢忠洋が更新世の関東ローム層から打製石器を発見し，日本に旧石器文化があったことが確認された。❸

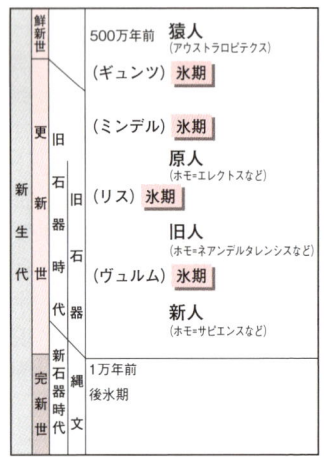

新生代				
鮮新世			500万年前	猿人（アウストラロピテクス）
				（ギュンツ）氷期
更新世	旧石器時代	旧石器		（ミンデル）氷期
				原人（ホモ=エレクトスなど）
				（リス）氷期
				旧人（ホモ=ネアンデルタレンシスなど）
				（ヴュルム）氷期
				新人（ホモ=サピエンスなど）
完新世	新石器時代	縄文	1万年前 後氷期	

▲人類の出現

1章 日本文化のはじまりと国家の成立

2 石器の種類と用途
① 打製石斧(ハンドアックス)…手ににぎるか、柄をつけて使用。
② ナイフ形石器(ブレイド)…切ったり削ったりするのに使用。
③ 尖頭器(ポイント)…刺突用で、石槍の先端につけた。
④ 細石器(マイクロリス)…小さい石器(細石刃)を木や骨の柄にはめ込み、組み合わせて使用。

3 石器に使用された石
黒曜石・サヌカイト(讃岐石)などを使用した。

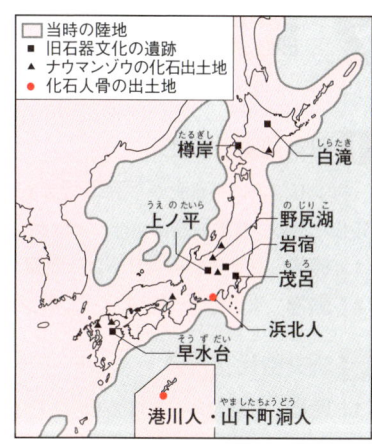

▲更新世の日本
- □ 当時の陸地
- ■ 旧石器文化の遺跡
- ▲ ナウマンゾウの化石出土地
- ● 化石人骨の出土地

樽岸／白滝／上ノ平／野尻湖／岩宿／茂呂／浜北人／早水台／港川人・山下町洞人

① 打製石斧　② ナイフ形石器　③ 尖頭器　④ 細石器
▲旧石器時代の石器

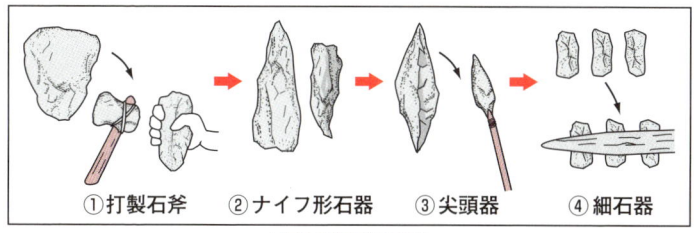

要点　旧石器時代
- くらし…**狩猟**と**採取**、**打製石器**を使用
- おもな遺跡…**岩宿遺跡**(群馬県)
- おもな打製石器…**ナイフ形石器**、**尖頭器**、**細石器**

+α
❶ **日本人の起源**　縄文時代に日本に住んでいた人間が、その後渡来した人々と混血して現在の日本人になったと考えられる。また、日本語の語法は朝鮮語などと同じアルタイ語系に属する。

❷ **港川人**　沖縄県の石灰岩採石場で発見された。ほかの化石人骨と比べ、ほぼ完全な形で残っている。

❸ **旧石器時代の遺跡**　岩宿遺跡で相沢忠洋が最初に打製石器を発見して以後、後期旧石器時代の遺跡は多く発見されている。この時代の住居は簡単なテント式の小屋で、一時的に洞穴を利用することもあった。

1編 原始・古代の日本

2 縄文時代

1 日本列島の形成

約1万年前に更新世から完新世になると，気温が上昇し氷河が溶けて海面が上昇したため，日本列島は完全に大陸から分離。

1) **植物** 針葉樹林 ➡ 東日本には落葉広葉樹林，西日本には照葉樹林。
2) **動物** 大型動物が絶滅し，**ニホンシカ**や**イノシシ**など中・小型動物が出現。

2 縄文時代 重要

1) **時期** 完新世のはじまる頃（約1万3000年前）から弥生時代がはじまる約2500年前頃までの間。縄文時代は，縄文土器の形態の変化によって6期に分けられる。
2) **特色**
   - ①**弓矢**の使用…中・小型動物の狩猟用として用いられた。
   - ②**土器・磨製石器**の使用

3 縄文土器

低温で焼かれ，黒褐色で厚手のものが多い。

時期	土器	土器の特徴	おもな遺跡
草創期		円底の深鉢型で，無文・隆起線文・爪形文の土器が出現	長野県石小屋
早期		深鉢型。底部を地面にさして使うため，尖底深鉢が多い	神奈川県夏島
前期		煮炊き用の円筒深鉢型。屋内に設けた炉に置くため平底	神奈川県諸磯 **青森県三内丸山***
中期		炎のような形の**火炎土器**など	**千葉県加曽利** 長野県尖石
後期		注口土器などができ，多種多様な土器を使い分ける	千葉県堀之内
晩期		器形の種類が多い。精巧なつくりの**亀ヶ岡式土器**など	青森県亀ヶ岡 **東京都大森貝塚**

＊三内丸山遺跡は前～中期にかけての遺跡

4 縄文時代の石器・骨角器

1｜**磨製石器**　仕上げの段階で石を磨いてつくった鋭利な石器。縄文時代は前代からの打製石器と新しい磨製石器が併用された。

2｜**石器の種類と用途**
- ①石鏃・石槍…狩猟用
- ②石斧…木の伐採や土堀り用
- ③石匙…動物の皮をはぐ
- ④石皿・すり石…植物性食物を粉にする

石器の原料は**黒曜石**❶や**サヌカイト**❷

3｜**骨角器**　動物の骨や角を加工して、釣針や銛・やすなどとして使用。

5 縄文時代の社会 【重要】

1｜**生活**
- ①**住居**…**竪穴住居**に住み、4～6軒程の集団を形成。**貝塚**❸の利用。
- ②**食料**…中・小型動物の狩猟、漁労（**丸木舟**❹の利用）、採取を行う。
- ③**身分**…統率する者はいても、身分や貧富の差はなかったと考えられる。

2｜**精神世界**　自然の中に霊魂が宿ると考える**アニミズム**や、呪術が中心。
　　　　　　　　　　　　　　　　　　　　　　　　　└→精霊崇拝
- ①**土偶**…女性の姿をかたどり、多産や災いから身を守ることを願う。
- ②**石棒**…祭祀用。男性の生殖器を表していると考えられる。
- ③**抜歯**…犬歯・門歯を抜き取る行為で、成人への通過儀礼と考えられる。
- ④**屈葬**…死者の霊が災いをおよぼさないように、手足を折り曲げて埋葬した。

3｜**交易**　黒曜石やひすい（硬玉）が広い範囲で分布➡遠方の集団と交易。

> **要点　縄文時代**
> ①狩猟、漁労、採取により、定住化➡**竪穴住居・貝塚**
> ②**縄文土器、磨製石器**、骨角器の出現
> ③呪術的風習…**土偶・石棒**、社会的風習…**抜歯・屈葬**

用語

❶**黒曜石**　火成岩で黒色透明。ガラス質で打製石器に適している。おもな産地は北海道十勝岳・長野県和田峠・大分県姫島。

❷**サヌカイト**　安山岩。香川県で多く産出することから讃岐石ともいう。おもな産地は大阪・奈良県境の二上山。

❸**貝塚**　人が食べた貝の貝殻など捨てたものが堆積した遺跡。

❹**丸木舟**　1本の巨大な木をくりぬいてつくった舟。

3 弥生時代

1 弥生文化の成立

1. **東アジアの動き** 黄河中流域で農耕，長江(揚子江)下流域で稲作がはじまった➡農業生産の発達にともない，秦，続いて漢(前漢)の統一国家が成立した。
2. **弥生時代** 紀元前4世紀〜3世紀中頃までの時期。前・中・後期の3区分。
3. **弥生文化** 重要　朝鮮半島から**水稲農耕**，**金属器**が伝わり，食料生産社会へ。
4. **弥生土器** 重要　壺・甕・高杯など。
   ① 色・形…赤褐色。簡素で実用的。
   ② 材質…薄手で硬質。

▲壺　▲甕 　▲高杯

2 水稲農耕の展開

1. **伝来** 中国の長江流域から直接，または朝鮮半島を経て北九州地方に伝来➡東日本へ広がる。縄文時代晩期の菜畑遺跡・板付遺跡でも水田跡が発見された。
2. **初期の稲作**

田	低湿地(湿田)
農具	木鍬・木鋤など。鉄製工具を使用し製作
播種方法	種籾を水田に直播する。苗代をつくらない
収穫方法	**石包丁**で**穂首刈り**
脱穀	木臼・竪杵
保管	地下の貯蔵穴や**高床倉庫**

▲石包丁の使用

3. **稲作の発展**

田	山や丘の谷間に広がる。中・後期には**乾田**の開発
農具	刃先に鉄器を装備した木鍬・木鋤。石包丁にかわって鉄鎌が出現
肥料	大足(田下駄の一種)で青草を田に踏み込んだ

要点 **水稲農耕** ① 西日本から東日本へ広がる
② **石包丁**，木・鉄製農具の使用，**高床倉庫**

1章 日本文化のはじまりと国家の成立

3 金属器の使用

日本では鉄器と青銅器が同時に伝来。青銅器は祭器として使用された。

1｜青銅器　種類によって分布が異なる。

①**銅矛・銅戈**…九州北部が中心

②**平形銅剣**…瀬戸内中部が中心

③**銅鐸**…近畿地方が中心

2｜鉄器　木製農具をつくる工具や鉄製農具。

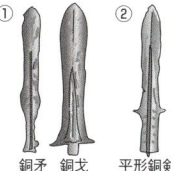

▲青銅器の種類

4 社会生活の変化

1｜集落 重要　水田の近くに定住し，共同生活が強化され，大規模な集落が出現。その中には**吉野ヶ里遺跡**のような**環濠集落**❷や，**高地性集落**❸もみられる。

2｜建物　竪穴住居のほか，掘立柱の高床倉庫（貯蔵用）や平地式の建物が現れる。

3｜葬法の変化

①**伸展葬**…屈葬から，死体の四肢をのばして葬る**伸展葬**にかわった。土壙墓・木棺墓❹・箱式石棺墓❺に多くみられる。
　　　　　　　　　　　　　　　　　　　　　　　　　地中に穴を掘ってつくった墓

②墓制
- **支石墓**…小さな石の上に大きな石をのせた墓。九州北部に多い。
- **甕棺墓**…大きな土器を合わせた墓。九州北部に多い。
- **方形周溝墓**…墓穴の周りに方形の溝をめぐらした墓。

③**墳丘墓の出現**…弥生時代後期になると大規模な墳丘墓が各地で出現。**楯築墳丘墓**（岡山県），**四隅突出型墳丘墓**（山陰地方）。

④**副葬品**…中国製の銅鏡や青銅製の武器など。特定の墓に副葬された。

4｜身分　墳丘墓の大型化や副葬品から，**身分の差**が生じていたことがわかる。

> **要点**
> 弥生時代の生活
> ①水稲農耕により定住化➡集落の出現（**伸展葬**）
> ②墳丘墓の出現，副葬品➡身分の差が発生

+α

❶**続縄文文化・貝塚文化**　北海道や南西諸島に弥生文化は伝わらず，それぞれ「続縄文文化」，「貝塚文化」とよばれる狩猟・採取中心の文化が続いた。

❷**環濠集落**　周囲に濠をめぐらした集落。ほかには唐古・鍵遺跡（奈良県）など。

❸**高地性集落**　紫雲出山遺跡（香川県）のような山上につくられた集落。

❹**木棺墓**　木をくりぬいたり組み合わせたりしてつくった墓。

❺**箱式石棺墓**　板石を箱状に組み合わせてつくった墓。

13

1編 原始・古代の日本

4 小国の成立と邪馬台国

1 「クニ」の成立

稲作の発達➡貧富の差・身分の別が発生➡集団間に支配・被支配関係が出現➡小国(「クニ」)の出現。

2 統一への道

この頃の日本の小国の様子は，中国の歴史書の記述からわかる。

1 『漢書』地理志 重要

「夫れ，楽浪 海中に倭人有り。分れて百余国と為る。歳時を以て来り献見すと云ふ。」

時代／場所	紀元前1世紀頃／北九州地方
状況	小国が100余りあって統一されていない
中国との関係	小国が毎年，定期的に漢に貢物を献上

2 『後漢書』東夷伝 重要

建武中元2年(57年)と永初元年(107年)に倭国の使者が後漢に朝貢した記事がある。

①内容

状況	・57年，奴国の使者が光武帝より金印を授かる ・107年，倭国王帥升が生口(奴隷)160人を後漢の安帝に献上 ・2世紀後半，倭国大乱とあり，内乱があったと考えられる

▼金印

②金印の発見…福岡県志賀島で発見された金印には「漢委奴国王」とある。

要点

『漢書』地理志 ┤ ①紀元前1世紀頃，倭国は100余りの国が存在
　　　　　　　└ ②朝鮮半島の楽浪郡経由で，漢に朝貢

『後漢書』東夷伝 ┤ ①57年，奴国の使者➡光武帝より金印を受け取る
　　　　　　　　└ ②2世紀後半には，倭国で大乱

3 邪馬台国 重要

1│中国の王朝交代
後漢では184年に黄巾の乱がおこり，後漢が衰退➡220年には後漢が滅び，魏・呉・蜀の三国時代となった。

2│邪馬台国の成立
① 『魏志』倭人伝…『三国志』のうちの1つ。邪馬台国の成立から生活の様子まで記述。

② 卑弥呼による統一…倭国は2世末頃に大乱があり，なかなかおさまらずにいたが，女王卑弥呼によってようやくおさまり，邪馬台国を中心とした連合国が成立。卑弥呼は鬼道(呪術的な力)により，ほかの29か国を支配した。

3│政治と社会
① 政治
- 王(王女)―大人―下戸―奴婢の身分差がある。
- 租税・刑罰が存在した。

② 社会
- 男子は袈裟衣，女子は貫頭衣を着る。
- 入れ墨や裸足の習慣がある。
- 市が開かれていた。

4│魏との交渉
① 239年に，卑弥呼は魏に使者を送り，「親魏倭王」の称号と金印，銅鏡100枚などを与えられる。
　→現在は所在不明

② 卑弥呼の死後，邪馬台国連合は一時乱れるが，卑弥呼の宗女壱与(台与か)が女王になって統一を回復➡266年，晋に使者を送る。

5│邪馬台国の位置
邪馬台国の位置については，近畿説と九州説がある。

要点 「魏志」倭人伝
① 女王卑弥呼が邪馬台国を呪術的な力で統治
② 卑弥呼は魏に使者を送り，「親魏倭王」の称号を受ける
③ 卑弥呼の死後，争いがおこる➡壱与によっておさまる

+α

❶ 『漢書』 後漢の班固が書いた前漢の歴史書で，100巻からなる。

❷ 楽浪 前漢の武帝が紀元前108年朝鮮半島に設置した4郡の1つで，現在の平壌付近にあった。後漢末には楽浪郡南部を分割して帯方郡ができた。

❸ 『後漢書』 5世紀に宋の范曄が書いた後漢の歴史書。120巻からなる。

❹ 『魏志』 三国時代の正史『三国志』は魏書30巻，呉書20巻，蜀書15巻からなり，陳寿の著。魏書の東夷伝倭人の条のことを，一般に「魏志」倭人伝という。

5 ヤマト政権の統一と対外交渉

1 ヤマト(大和)政権* の日本統一　*大和王権ともいう

1| **範囲**　北九州から畿内。4世紀中頃には九州南部から東北中部まで拡大。❶
2| **国家の形態**　**大王(おおきみ)** を中心にした畿内諸豪族の連合組織。
3| **統一の証明**　西日本を中心に同じ特徴をもつ**前方後円墳**がつくられた。

2 朝鮮半島の国家形成

4世紀、漢民族の支配が衰え統一国家形成の気運が高まる。

1| **朝鮮北部**　**高句麗**が進出➡313年、**楽浪郡**を滅亡させ強大になった。
2| **朝鮮南部** 重要
　①3世紀…**馬韓・弁韓・辰韓**の小国の連合が形成。
　②4世紀前半…馬韓➡**百済**、辰韓➡**新羅**の統一国家となる。弁韓➡**加耶**(加羅)諸国*。
　*伽耶とも表記。『日本書紀』では加耶のことを任那(みまな)と表記

3 ヤマト政権の朝鮮進出 重要

1| **加耶との関係**　倭国は朝鮮半島南部の**鉄資源**を確保するため、加耶と密接な関係を結ぶ。
2| **高句麗との戦い**
　①**高句麗の南下**…4世紀後半に高句麗が南下政策。
　②**倭国の参戦**…百済・加耶と結び、高句麗と戦う。
　③**好太王碑**…高句麗の好太王(広開土王)の石碑に倭国と高句麗軍との交戦の様子が記されている。

〔高句麗好太王碑〕
百残①新羅は旧是属民なり。由来朝貢す。而るに倭、辛卯の年②よりこのかた、海を渡りて百残を破り新羅を□□し、以て臣民と為す。

▲3世紀と5世紀の朝鮮半島

〔注〕①百済　②391年

| 要点 | ヤマト政権 | ①**大王**を中心とした諸豪族の連合組織。北九州〜畿内を統一 ②**加耶**と密接につながり、高句麗と戦った(**好太王碑**) |

4 倭の五王

倭の五王とは、5世紀に中国の南朝❷に遣使した倭の王讃・珍・済・興・武の5人。

1| 遣使の目的
中国王朝の権威を利用➡朝鮮半島南部における倭の支配権を補強するため。

2| 有名な遣使例
478年の武の上表文が有名。ヤマト政権の統一過程や、朝鮮半島への進出について記してある。

〔倭王武の上表文〕『宋書』倭国伝

　昔より祖禰①躬ら甲冑を擐き、山川を跋渉して寧処に遑あらず。東は毛人②を征すること五十五国、西は衆夷③を服すること六十六国、渡りて海北④を平ぐること九十五国…。

〔注〕①父祖という説と武の祖父の珍(弥)を指す説とがある
　　　②蝦夷など東国の人びとのことか
　　　③西国の人びとのことか　④朝鮮半島のことか

3| 遣使を記録した中国の史書
中国南朝の『晋書』『宋書』『南斉書』『梁書』に記載されている。とくに、『宋書』は多くの記事を載せ、五王の系譜も記されている。

4| 五王の関係と対応する天皇*

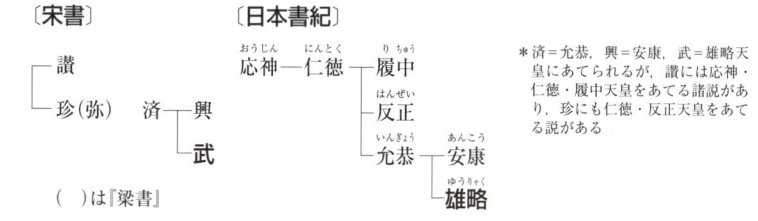

〔宋書〕
- 讃
- 珍(弥)　済―興
　　　　　　　└武

〔日本書紀〕
応神―仁徳―履中
　　　　　　├反正
　　　　　　└允恭―安康
　　　　　　　　　└雄略

＊済＝允恭、興＝安康、武＝雄略天皇にあてられるが、讃には応神・仁徳・履中天皇をあてる諸説があり、珍にも仁徳・反正天皇をあてる説がある

( )は『梁書』

要点 『宋書』倭国伝
①倭の五王(讃・珍・済・興・武)が中国南朝に朝貢
②武(=雄略天皇)の上表文…倭国の勢力拡大を示す

+α

❶邪馬台国の位置とヤマト政権の統一　邪馬台国が近畿にあった場合は、ヤマト政権は3世紀後半には日本を統一していたことになり、九州にあった場合は、4世紀前半に日本統一をしたことになる。

❷中国の南朝　420年に滅亡した東晋の後、建業(南京)を首都とした宋・斉・梁・陳の4王朝を南朝といい、華南を支配していた。

6 ヤマト政権のしくみと古墳文化

1 氏姓制度と人民・土地の支配 重要

1) **氏** 豪族は血縁を中心にした同族集団である氏を構成。**氏上**(氏の首長)と、そのほかの**氏人**で構成され、**ヤツコ**(奴婢)を所有。

2) **姓** 氏上には政治上の地位・家柄・職能を示す称号として姓が与えられた。臣・連・君・直・造・首・村主など。姓は世襲的となり、氏に対して固定されていた。

3) **人民・土地の支配** 天皇家や豪族は、経済的基盤として私有民をもち、かれらに私有地の耕作、特殊な手工業などをさせた。

私有民(部民)
- ①**名代・子代** ｜ 天皇家・朝
- ②**田部**(屯倉の耕作者) ｜ 廷の直轄民
- ③**品部**＊…朝廷所有の職業部民
- ④**部曲**…豪族の私有民

私有地
- ①**屯倉**…朝廷の直轄地
- ②**田荘**…豪族の私有地

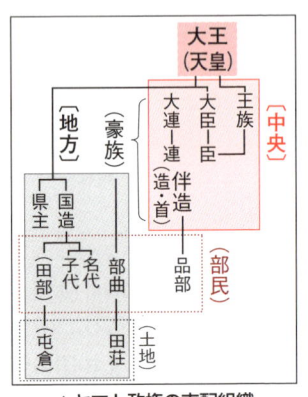

▲ヤマト政権の支配組織

＊品部は伴造の職務に応じて玉造部、土師部などとよばれた

要点	氏姓制度	氏…豪族の血縁を中心にした同族集団
		姓…氏単位に与えられた社会的称号(臣・連など)
	土地・人民の支配	豪族…私有民—**部曲**、私有地—**田荘**
		天皇…直轄民—**名代・子代**、田部、直轄地—**屯倉**

2 中央・地方の政治

1) **中央** 臣・連の中でとくに強大な、葛城・平群・蘇我氏などの**大臣**、物部・大伴氏などの**大連**が中心。また品部を率いて朝廷に奉仕する**伴造**も設置。

2) **地方** もとの地方国家や小国の首長だった豪族が**国造・県主**に任命され、地方の支配権を得た。

3 古墳文化
1 古墳の変化 重要

	前　期	中　期	後　期
時期	3世紀後半～4世紀	4世紀末～5世紀	6世紀～7世紀
分布	畿内中心	畿内から全国（平地）	全国各地（平地・山間）
形状	**前方後円墳** 円墳	前方後円墳の**規模が拡大**する	小古墳（**群集墳**） 壁画をもつ**装飾古墳**
埋葬法	**竪穴式石室** 粘土槨	竪穴式石室 粘土槨	**横穴式石室**（玄室・羨道をもち，追葬可能）
埴輪	**円筒埴輪**	**形象埴輪**（人・家など）	減少する
副葬品	銅鏡（**三角縁神獣鏡**） 剣・玉など…呪術的	武具（刀・甲冑），馬具 …武人の性格強まる	**須恵器・土師器**
実例	桜井茶臼山古墳（奈良県） 箸墓古墳（奈良県）	大仙陵古墳（大阪府） 誉田御廟山古墳（大阪府）	岩橋千塚古墳群（和歌山県） 藤ノ木古墳（奈良県）

2 古墳時代の信仰
氏の祖先を祭る**氏神信仰**が発展して，**社**がつくられた。
①禊・祓…身についたけがれをおとし清め，災厄やけがれをはらう。
②**太占の法**…鹿の骨を焼いて吉凶を占う。
③**盟神探湯**…裁判のとき，熱湯に入れた手のただれ方で，真偽を判断する。
④農耕祭祀…春に豊作を祈る**祈年の祭**，秋に収穫を感謝する**新嘗の祭**。

3 土器
①**土師器**…弥生土器の系譜である**赤焼き**の土器。古墳時代前～中期。
②**須恵器**…5世紀に朝鮮半島から伝わった土器。硬くて灰色。

4 大陸文化の伝来
1 渡来人
ヤマト政権は，4～6世紀にかけて渡来した人々を**韓鍛冶部・陶作部・錦織部**などの技術者集団（品部）に組織し，畿内やその周辺に居住させた。

2 漢字の伝来
はっきりした使用例は5世紀中頃以降からみられる。
①江田船山古墳出土の鉄刀　②稲荷山古墳出土の鉄剣　③人物画象鏡 ←隅田八幡神社蔵

3 儒教
五経博士により儒教が伝えられたほか，医・暦・易などの学術も伝来。

4 仏教 重要
『**上宮聖徳法王帝説**』や『**元興寺縁起**』によると，538年に百済の聖（明）王が欽明天皇に経論・仏像を日本に送った（『日本書紀』では552年）。

要点チェック

↓答えられたらマーク　　　　　　　　　　　　　　　　　　　　　わからなければ→

- **1** 今から260万年〜1万年前の時代について、次の問いに答えよ。　p.8 **1**
  - ①地質学上の時代名は何か。
  - ②氷期と間氷期が交互に繰り返すことから何時代というか。
  - ③この時代に、北方から日本にきた、代表的な動物は何か。

- **2** 旧石器文化について、次の問いに答えよ。　p.8 **2**
  - ①旧石器時代の遺跡として最初に発見された群馬県の遺跡はどこか。
  - ②①の遺跡があった地層は何とよばれるか。
  - ③小さい石器を木や骨にはめ込んで使用したものは何か。

- **3** 縄文時代について、次の問いに答えよ。　p.10 **1**〜**3**
  - ①縄文時代はどういう地質時代とともにはじまったか。
  - ②この時代の特徴として、狩猟に用いられたものは何か。
  - ③縄文時代は6期に区分されるが、その最初と最後は何期か。

- **4** 縄文時代の石器で、次の用途に使用したものは何か。　p.11 **4** ②
  - ①動物の皮はぎ用　②木の伐採や土掘り用
  - ③植物性食物の粉つくり用（2つ）

- **5** 縄文時代の生活について次の文章に○または×で答えよ。　p.11 **4**・**5**
  - ①縄文時代は打製石器しか使用しなかった。
  - ②集落内には貧富の差が生じていた。
  - ③土偶は女性をかたどった人形で多産の願いが込められた。

- **6** 縄文時代に、成人に達したときに行う通過儀礼は何か。　p.11 **5** ②
- **7** 縄文時代の代表的な埋葬法は何か。　p.11 **5** ②
- **8** 弥生時代に中国大陸から伝来したものは、金属器と何か。　p.12 **1** ③
- **9** 弥生文化が発生したのは東日本と西日本のどちらからか。　p.12 **2** ①
- **10** 弥生時代に、収穫物の貯蔵に使われた建物は何か。　p.12 **2** ②

答え

1 ①更新世　②氷河時代　③マンモス　**2** ①岩宿遺跡　②関東ローム層　③細石器
3 ①完新世　②弓矢　③草創期、晩期　**4** ①石匙　②石斧　③石皿・すり石　**5** ①×
②×　③○　**6** 抜歯　**7** 屈葬　**8** 水稲農耕　**9** 西日本　**10** 高床倉庫

- ☐ **11** おもな分布地域が次のような青銅器を答えよ。 p.13 ③①
  - ①北九州が中心(2つ)
  - ②近畿地方が中心
  - ③瀬戸内が中心
- ☐ **12** 日本について記した中国の史書を、古い順に並び替えよ。 p.14 ②
  ア『漢書』地理志　イ「魏志」倭人伝 p.15 ③
  ウ『後漢書』東夷伝
- ☐ **13** 後漢の光武帝から賜与された金印に刻まれた文字は何か。 p.14 ②②
- ☐ **14** 2世紀末の倭国の大乱を安定させた国と、その女王の名は何か。 p.15 ③②
- ☐ **15** 14の女王が魏に使者を送ったときに、魏から与えられた称号は何か。 p.15 ③④
- ☐ **16** ヤマト政権による統一について、次の問いに答えよ。 p.16 ①
  - ①東北中部まで勢力が拡大した時期はおよそいつ頃か。
  - ②最高首長を何というか。
- ☐ **17** 4世紀の朝鮮半島について、次の問いに答えよ。 p.16 ②
  - ①北部の楽浪郡を滅ぼした国は何か。
  - ②南部の馬韓・辰韓に成立した統一国家はそれぞれ何か。
  - ③弁韓には統一国家が成立せず倭が進出した。それはどこか。
- ☐ **18** 倭の五王のうち、武王は何天皇にあたるか。 p.17 ④④
- ☐ **19** 豪族の私有地、私有民をそれぞれ答えよ。 p.18 ①③
- ☐ **20** 朝廷の屯倉を耕作する私有民を何とよぶか。 p.18 ①③
- ☐ **21** 古墳時代前期からみられ、中期に大規模になった古墳は何か。 p.19 ③①
- ☐ **22** 横穴式石室をもつ古墳が現れるのは、中期か後期か。 p.19 ③①
- ☐ **23** 鹿の骨を焼いて吉凶を占うことを何というか。 p.19 ③②
- ☐ **24** 熱湯に入れた手のただれで、真偽を判断する風習は何か。 p.19 ③②
- ☐ **25** 5世紀に朝鮮半島から伝わった土器は何か。 p.19 ③③
- ☐ **26** 4〜6世紀にかけて朝鮮から日本にやってきて、日本にさまざまな技術をもたらした人々を何というか。 p.19 ④①

答え
11 ①銅矛・銅戈　②銅鐸　③平形銅剣　**12** ア→ウ→イ　**13** 漢委奴国王　**14** 邪馬台国、卑弥呼　**15** 親魏倭王　**16** ①4世紀中頃　②大王　**17** ①高句麗　②馬韓=百済、辰韓=新羅　③加耶(加羅)諸国　**18** 雄略天皇　**19** 私有地=田荘、私有民=部曲　**20** 田部　**21** 前方後円墳　**22** 後期　**23** 太占の法　**24** 盟神探湯　**25** 須恵器　**26** 渡来人

7 聖徳太子の政治と飛鳥文化

1 蘇我氏の勢力拡大

1 **豪族の争い** 6世紀には豪族の勢力争いが激化し,有力豪族が次々に失脚。
　①大伴氏…継体天皇との関係が深く一時勢力をのばしたが,大伴金村は加耶問題で失脚。
　②物部氏…磐井の乱❶を平定。大連物部守屋は,大臣蘇我馬子に滅ぼされる。
2 **蘇我氏の進出** 朝廷の三蔵❷を管理し,渡来人と関係が深い。仏教を信仰し,用明天皇の死後,排仏派の物部氏を滅ぼし,崇峻天皇を即位させた。

| 要点 | 蘇我氏 | ①蘇我馬子が物部守屋を滅ぼし,権力をにぎった
②仏教を信仰 |

2 聖徳太子の政治 重要

1 **推古天皇の即位** 592年,蘇我馬子が崇峻天皇を暗殺し,推古天皇が即位。厩戸王(聖徳太子)は推古天皇を助けて,政治を行った。

2 **冠位十二階の制定**(603年)
　①目的…姓の世襲制を打破し,有能な人材を登用。個人の能力・功績に応じた冠位を与えた。
　②内容…徳・仁・礼・信・義・智の冠位をそれぞれ大小に分け,12階級とした。
　③問題点…蘇我馬子は冠位を受けなかった。

3 **憲法十七条**(604年)
　①目的…仏教を国家の基本的思想にすえ,天皇中心に官僚制を整備。
　②効果…十分な効果はなかったと思われる。

4 **遣隋使**(600〜614年)
　①目的…隋の権威を利用し,対新羅外交を有利に展開させる。
　②使節…大使小野妹子,留学生高向玄理,学問僧南淵請安・旻。
　③意義…煬帝は激怒したが,朝貢形式の外交から対等外交への転換をはかった。

〔『隋書』倭国伝〕
　大業三年①,其の王多利思比孤②,使③を遣して朝貢す。…其の国書に曰く,「日出づる処の天子,書を日没する処の天子に致す。恙無きや,云云」と。帝,之を覧て悦ばず,…曰く,「蛮夷の書,無礼なる有らば,復た以て聞する勿れ」と。
〔注〕①607年　②天皇の称号か　③小野妹子

5│歴史書の編纂　厩戸王は蘇我馬子とともに,『天皇記』『国記』を編纂した。両書とも乙巳の変の際に焼失。
(→p.24)

> **要点**
> 厩戸王
> (聖徳太子)
> ①推古天皇の政治を助ける
> ②冠位十二階,憲法十七条を制定
> ③遣隋使の派遣(小野妹子ら)

3 飛鳥文化 重要

1│特色
①最初の仏教文化で,おもに飛鳥地方の豪族が享受した。
②中国の南北朝,朝鮮半島の百済・高句麗の影響を受けた。
③一部に西アジア・インド・ギリシアの影響もみられる。

2│寺院建築　豪族が氏の繁栄を祈願するために建立。古墳にかわって,豪族の勢力を誇示するものとなった。
①厩戸王…四天王寺(大阪市),法隆寺〔斑鳩寺〕
②蘇我馬子…飛鳥寺〔法興寺〕(奈良県)
③秦河勝…広隆寺(京都市)

3│仏教彫刻　金銅像が多く,気高さがある。
①北魏様式…法隆寺金堂釈迦三尊像=厳しい表情。作者は鞍作鳥。
②中国南朝様式(梁様式)…広隆寺半跏思惟像,法隆寺百済観音像。

4│絵画・工芸　法隆寺玉虫厨子,中宮寺天寿国繡帳。

5│思想　厩戸王の撰といわれている三経義疏。法華経・維摩経・勝鬘経の3つの経典の注釈書。

6│来日した僧
①百済の観勒…暦法を伝えたという。
②高句麗の曇徴…彩色(絵具)・紙・墨の製法を伝えたという。

+α

❶磐井の乱　筑紫国造磐井が527年に新羅と結んでおこした反乱。ヤマト政権の百済救済,新羅征討に動員される北九州の民衆の不満がその背景にあった。

❷三蔵　ヤマト政権の斎蔵(祭祀)・内蔵(朝廷の財物)・大蔵(国家の財物)の総称。

❸法隆寺の再建・非再建論争　『日本書紀』に670年に焼失の記事があるため,再建・非再建をめぐって論争があったが,若草伽藍跡の発掘の結果,現存の金堂や五重塔は再建されたものであることが判明した。

8 大化改新

1 改新までの政治情勢

① 厩戸王（聖徳太子）と蘇我馬子の死後，蘇我蝦夷が権力の中心につく。
② 蝦夷の子蘇我入鹿が643年，厩戸王の子山背大兄王を攻め自殺させる。
③ 中臣鎌足が中大兄皇子に接近し，618年に建国された唐を模範とする律令国家を建設しようとする。

2 大化改新 重要

1 乙巳の変（645年）
中大兄皇子らは蘇我入鹿を殺し，直後に蝦夷も自殺。

2 改新の進行
新政府は年号を大化*とした。さらに都を難波宮（大阪市）に移し，646年の元旦に改新の詔を発布。

＊日本の年号のはじまり

① 人事体制

天皇	孝徳天皇（皇極上皇の弟，中大兄皇子の叔父）
皇太子	中大兄皇子
内臣	中臣鎌足
左大臣	阿倍内麻呂
右大臣	蘇我倉山田石川麻呂
国博士	高向玄理・旻…遣隋使の留学生と学問僧

② 政策

土地・人民	豪族の田荘・部曲を廃止 ➡公地公民制へと移行
地方行政	地方行政組織の「評」を全国に設置
税制の準備	全国的に人民・田畑の調査 ➡統一的な税制の施行をめざす
官制の整備	中央官制を整備➡中央集権化をすすめる

要点

蘇我蝦夷・入鹿の暴政
➡乙巳の変（645年）…中大兄皇子・中臣鎌足が蘇我氏を滅ぼす
➡改新の詔（646年）…孝徳天皇，公地公民制

3 権力争いの展開

中大兄皇子と中臣鎌足は次々に実力者を圧倒し，政府内で地位を固めた。
①**古人大兄王**，蘇我倉山田石川麻呂を謀反の疑いで滅ぼす。
②**孝徳天皇の崩御**…654年に難波宮で死去。
③**斉明天皇の即位**…皇極天皇が**重祚**(同じ人物が2回天皇に即位すること)。

4 版図の拡大と対外出兵 重要

1 蝦夷制圧
①越後(新潟県)に**渟足柵**(647年)・**磐舟柵**(648年)を設置する。
②阿倍比羅夫が秋田・能代方面の蝦夷と関係を結ぶ。

2 百済救援
①唐と新羅の連合軍が百済を滅ぼした(660年)。
②百済の要請で，日本は百済の救援を決定➡**斉明天皇**は九州へ(661年)。
③**白村江の戦い**(663年)…日本は唐・新羅連合軍と戦い，大敗。これにより日本は朝鮮半島への足がかりを失った。
→阿倍比羅夫も遠征

5 天智天皇の政治

中大兄皇子が668年に正式に即位して**天智天皇**となり，改新政治をすすめた。

1 防衛政策
白村江での敗戦で，**対馬・壱岐・筑紫**に**防人**❷と**烽**，**大宰府**の北に**水城**(福岡県)を，西日本各地に**朝鮮式山城**を築いて国土の防衛につとめた。

2 遷都(667年)
都を飛鳥から**近江大津宮**に移した。

3 令(668年?)
近江令を制定。日本最初の令とされるが，実在や内容は不明。

4 戸籍(670年)
全国的規模の戸籍である**庚午年籍**を作成し，永久保存とした。

要点 天智天皇
①中大兄皇子が**近江大津宮**に遷都➡天智天皇として即位
②**庚午年籍** ③**防人・烽，水城，朝鮮式山城**の築造

+α

❶**戸籍・計帳** 戸籍とは口分田を班給するための台帳で6年に1度作成。計帳は庸・調などの租税を賦課するための台帳で，毎年作成。個人の特徴も記載している。

❷**防人** 任期は3年で，食料・武器も自前，免税もなし，と非常に過酷なものだった。

9 改新政治の進展と白鳳文化

1 壬申の乱

1. **原因** 671年、天智天皇が没すると、翌672年、天智天皇の弟**大海人皇子**と天智天皇の子**大友皇子**が、皇位をめぐり対立した。
2. **経過** 吉野(奈良県)にいた大海人皇子はひそかに吉野を脱出し、伊賀・伊勢を経て美濃に入り東国の兵を動員した。さらに、改新に不満をもつ大伴氏らの大和の豪族と協力して、大友皇子側を倒した。
3. **結果** 大海人皇子が即位して**天武天皇**❶となり、天皇の権威が高まった。

> **要点** **壬申の乱**(672年) { 大海人皇子 / 大友皇子 } の争い➡大海人皇子が**天武天皇**となる

2 天武・持統天皇の政治 【重要】

1. **天武天皇の政治**
    ① 遷都…**飛鳥浄御原宮**に遷都➡大臣を置かず、政治を行う。
    ② 豪族領有民をやめる。
    ③ 身分…**八色の姓**❷を制定し(684年)、天皇中心の新しい身分秩序を編成。
    ④ 法制…**飛鳥浄御原令**の編纂開始(681年)。
    ⑤ そのほか…**富本銭**の鋳造や、「帝紀」「旧辞」❸などの**国史の編纂**を命じた。

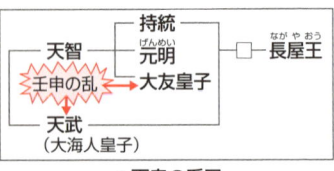

2. **持統天皇**の政治 天武天皇の死後、皇后の**持統天皇**がその遺業を継いだ。
    ① 689年に**飛鳥浄御原令**を完成・施行した。
    ② 戸籍…**庚寅年籍**を作成(690年)。初の班田収授法のための戸籍。
    ③ 694年に唐の都城にならった**藤原京**を飛鳥の北方に営んだ。

▲天皇の系図
(天智─持統─元明─長屋王／壬申の乱／大友皇子／天武(大海人皇子))

> **要点** **天武天皇**…飛鳥浄御原宮に遷都、八色の姓、富本銭
> **持統天皇**…飛鳥浄御原令を施行、藤原京

3 白鳳文化 重要

1 時代的背景と文化の特色
①律令国家成立期の清新さと明朗性が特色。**天武・持統天皇**の時代が中心。
②遣唐使によって初唐の影響を受けた，**仏教中心**の文化。

2 仏教の発展
①官立寺院の建立…天武天皇は仏教に厚く，**大官大寺・薬師寺**などを建立。
②寺院の伽藍配置…飛鳥時代から奈良時代にかけて寺院の伽藍配置が変化。

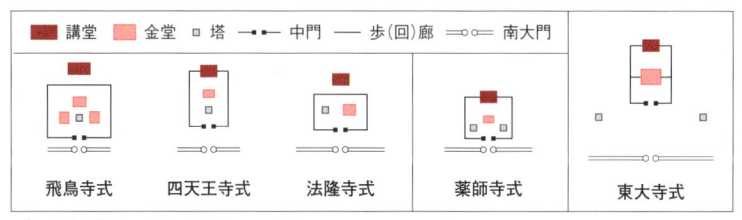

■ 講堂　■ 金堂　□ 塔　→ 中門　—— 歩(回)廊　=○= 南大門

飛鳥寺式　四天王寺式　法隆寺式　薬師寺式　東大寺式

- 飛鳥寺式…塔を中心として金堂がまわりに3つ建つ
- 四天王寺式…講堂・金堂・塔が一列に並ぶ　・**法隆寺式**…金堂と塔が対称の位置
- 薬師寺式…塔が2つになる　・**東大寺式**…塔が歩廊の外に建てられる
➡ 中心が塔から金堂へ移行＝信仰の対象が釈迦から仏像へ移る。

3 白鳳*文化のおもな美術作品

種別	作品(所在地は全て奈良県)
建築	薬師寺東塔(裳階をもつ)
彫刻	法隆寺阿弥陀三尊像 興福寺仏頭(もと山田寺仏像) 薬師寺東院堂聖観音像 薬師寺金堂薬師三尊像
絵画	法隆寺金堂壁画(1949年焼失)(→p.221) 高松塚古墳壁画

4 文学
①**和歌**…長歌・短歌の詩型が確立。
- 歌人＝**柿本人麻呂・額田王**。
- 特色＝心情をすなおに表現。

②**漢詩**…宮廷でさかんにつくられる。代表的作者は**大津皇子**。

＊白鳳は天武天皇の時代の私年号と考えられており，白鳳文化とは大化改新から藤原京の頃までの文化を指す

+α

❶**天皇**　それまでの大王にかわって「天皇」の称号が用いられたのは天武天皇の時代からといわれている。

❷**八色の姓**　新たに定められた真人・朝臣・宿禰・忌寸・道師・臣・連・稲置の8姓。各氏の家柄や政治的地位に応じて与えられ，皇親を最高身分とする。

❸**「帝紀」「旧辞」**　6世紀の欽明朝で編纂されたという説もある。いずれも原本は伝来しない。しかし，これらがのちの『古事記』『日本書紀』編集の素材となった。

1編 原始・古代の日本

10 律令体制の成立

1 大宝律令

1│大宝律令の成立 重要
① 編者…**文武天皇**の命により，**刑部親王**・**藤原不比等**らが編纂。
② 制定…701(大宝元)年に制定された。
③ 施行…702年から施行され，757年に**養老律令**(718年制定，編者は**藤原不比等**)が施行されるまで国家の基本法となった。

2│内容
- ① **律**…刑法にあたる。6巻。
- ② **令**…民法・行政法にあたる(組織や人民の租税など)。11巻。

3│特色
- ① 唐と異なり，太政官から独立して神祇官を並置。
- ② 女子にも口分田を班給する。

> **要点**
> **大宝律令**(701年)
> ① **藤原不比等**・**刑部親王**が編纂
> ② **律**…刑法，**令**…行政のための規定

2 律令の内容と特色

1│中央の組織 重要
一般の政務をつかさどる**太政官**と祭祀をつかさどる**神祇官**の二官を中心として，太政官の下に**八省**を置いた。重要な政務は，太政太臣，左・右大臣などによって構成される太政官の会議で審議された。

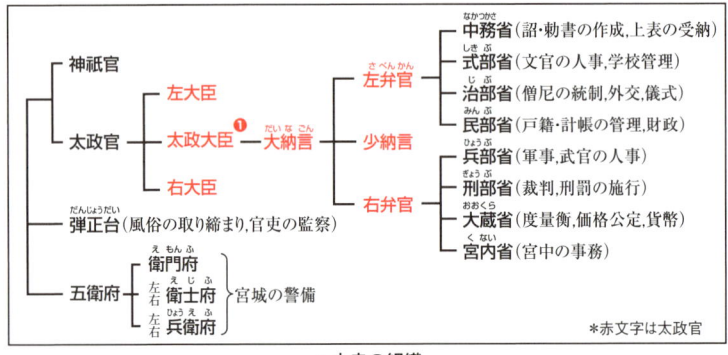

```
          ┌ 中務省(詔・勅書の作成,上表の受納)
          ┌ 左弁官 ┬ 式部省(文官の人事,学校管理)
          │       ├ 治部省(僧尼の統制,外交,儀式)
   ┌ 左大臣       └ 民部省(戸籍・計帳の管理,財政)
太政官 ─ 太政大臣 ─ 大納言 ─ 少納言
   └ 右大臣       ┌ 兵部省(軍事,武官の人事)
          └ 右弁官 ├ 刑部省(裁判,刑罰の施行)
                  ├ 大蔵省(度量衡,価格公定,貨幣)
                  └ 宮内省(宮中の事務)

神祇官
弾正台(風俗の取り締まり,官吏の監察)
五衛府 ┬ 衛門府
       ├ 左右 衛士府 ┐ 宮城の警備
       └ 左右 兵衛府 ┘
```
*赤文字は太政官

▲中央の組織

2 | 地方の組織
国・郡・里（のち郷）に分け，中央から派遣された国司が郡司・里長（のち郷長）を指揮して政治にあたった。

〔諸国〕
- 畿内（山背・大和・摂津・河内・和泉）
- 七道（東海・東山・北陸・山陽・山陰・南海・西海の各道）
- 国（国司）― 郡（郡司）― 里（里長）／軍団

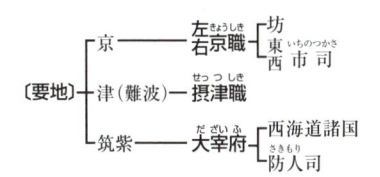

〔要地〕
- 京 ― 左京職／右京職 ― 坊／東市司・西市司
- 津（難波）― 摂津職
- 筑紫 ― 大宰府 ― 西海道諸国／防人司

	省	寮	大宰府	国	郡
長官（かみ）	卿	頭	帥	守	大領
次官（すけ）	大輔少輔	助	大弐少弐	介	少領
判官（じょう）	大丞少丞	大允少允	大監少監	大掾少掾	主政
主典（さかん）	大録少録	大属少属	大典少典	大目少目	主帳

▲四等官制

3 | 四等官と官位相当（の）制【重要】
① **四等官制**…各機関に**長官・次官・判官・主典**の4階級の役人を設置。
② **官位相当（の）制**…役人は，与えられた位階に相当する官職に任命された。

4 | 官吏の特権
① 経済的特権…位階に応じた**位田・位封**，官職に応じた**職田・職封**が与えられた。また，調・庸・雑徭などが免除された。
② 身分的特権…五位以上の貴族の子孫に一定の位階が与えられた（**蔭位の制**）。

5 | 身分制度【重要】
全ての人々は**良民・賤民**（奴隷身分）の2つに大別された。
① 良民…貴族，官人，一般の公民，品部・雑戸（技術者集団）で，課税を負担。
② 賤民（**五色の賤**）…官有の**陵戸・官戸・公奴婢**と，私有の**家人・私奴婢**。

6 | 刑罰
① **八虐**…律に定められた犯罪で，国家や天皇に対するものはとくに重罪。
② **五刑**…笞・杖・徒・流・死の5種の刑罰があった。

> **要点** 律令体制
> ① 中央…二官（**太政官・神祇官**）八省 ② 地方…国司・郡司・里長
> ③ 四等官制と官位相当（の）制

+α
❶ **太政大臣** 常置ではなく，その地位にふさわしい人がいると任命される。
❷ **官位相当（の）制** 位階は正一位から30等級ある。日本は律令制定以前から氏族による序列があり，その序列を保ちつつ位階を与え，位階に相当する官職を与えたため，位階の方が重要であった。
❸ **八虐** 謀反・謀大逆・謀叛・悪逆・不道・大不敬・不孝・不義の8つの罪を指す。

11 律令体制下の農民生活

1 口分田の班給

<ins>班田収授法</ins>に基づき，<ins>口分田</ins>が与えられた。6年に1回つくられる戸籍に基づき，6歳以上の男性に2段，女性はその3分の2の口分田が，戸にまとめて班給された。

1| **口分田の整備**　1辺の長さ6町ごとに区切られた一区画を里または坊とし，南北を条，東西を里で表した<ins>条里制</ins>により整備された。

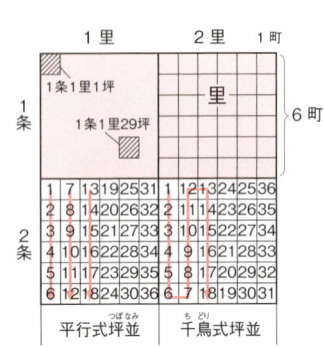

▲条里制

2| **性格**　国家の土地のため，班給を受けた農民は，用益権は認められるが売買は許されなかった。死亡すると，戸籍を作成する年に中央政府に没収された。

3| **賤民への班給**　官有の賤民である陵戸・官戸・公奴婢には良民と同一の面積が，私有の賤民である<ins>家人・私奴婢には良民の3分の1</ins>が班給された。

【例】私奴婢(女)への班給…2(段)×2/3×1/3=4/9(段)=160(歩)　＊1段=360歩

> **要点**
> <ins>班田収授法</ins>
> <ins>戸籍</ins>に基づき6年に1度，6歳以上の男女に<ins>口分田</ins>
> ①男性…2段，女性…男性の3分の2（1段120歩），
> ②家人・私奴婢は良民の3分の1

2 口分田以外の土地

1| **さまざまな土地**　口分田以外に次のような土地があった。
　①<ins>位田</ins>…五位以上の位階をもつ人に与えられた田。
　②<ins>職田</ins>…官職に与えられた田。
　③<ins>功田</ins>…功績のあった人に与えられた土地。
　④<ins>賜田</ins>…特別の功績者や高位高職者の優遇のために与えられた。
　⑤<ins>寺田・神田</ins>…寺社の用にあてる田。租が免除された。

2| **賃租**　農民は口分田のほかにも，上記の土地を1年借りて，収穫高の5分の1を地子(賃料)として納めた。

3 農民の負担 重要

	正丁(せいてい)	次丁(老丁)(じてい ろうてい)	中男(小丁)(ちゅうなん しょうてい)
租(そ)	口分田に賦課。**1段につき稲2束2把**(収穫高の約3％にあたる)。諸国の財源となり、706年からは1段につき稲1束5把❶		
調(ちょう)	絹・糸・綿・布・海産物など**郷土の産物**34種。量目の規定があり、政府の財源。京まで運搬(運脚)	正丁の2分の1	正丁の4分の1
庸(よう)	**歳役**❷(10日)にかえ、**布2丈6尺**を納める。京・畿内は免除	正丁の2分の1	なし
雑徭(ぞうよう)	地方での**労役**。国司が使役。**年間60日以内**	30日以内（正丁の2分の1）	15日以内（正丁の4分の1）
兵役	正丁3〜4人に1人。諸国の**軍団**、**衛士**(都の警備1年)、**防人**(大宰府に所属し、北九州警備3年。おもに東国出身者)。武器・食料は自弁。兵士は雑徭免除、衛士・防人は課役免除		
出挙(すいこ)❸	春に稲を貸し、秋に利息をつけて返させる。はじめは貧民救済のためであったが、のちに強制貸付となる。利率は5割。諸国の財源		
義倉(ぎそう)	凶作に備え、強制的に粟を納めさせる		
仕丁(しちょう)	里(50戸)ごとに正丁2人が3年間、労役を提供する。おもに中央政府の雑用に従事した		

> **要点**
> 租税…**租**は諸国の財源、**調・庸**は中央の財源
> 軍事…**防人**は東国の人びとが任命

+α

❶**租の変更** 租は706年から1段につき1束5把に改められた。しかし、これは減税ではなく、1束の大きさを変更し、標準収穫高を50束にしたことによる変更で、農民の負担はこれまでと同じであった。

❷**歳役** 1年に10日間上京して、政府の労役に従うことをいう。

❸**出挙** 国家が行うものを公出挙、民間で行うものを私出挙といった。私出挙の場合、利率は10割であった。

12 平城京と遣唐使

1 平城京への遷都 重要

文武天皇のあとの**元明天皇**は、710年に奈良の平城京に遷都(=**奈良時代**)。

1| 平城京 京内は唐の都長安にならい、碁盤の目に区画された**条坊制**。中央には南北に**朱雀大路**が走り、それより東を**左京**、西を**右京**といった。朱雀大路の北端に平城宮があり、そこに天皇の住居(内裏)や諸官庁が置かれた。

2| 市 左京・右京にそれぞれ官営の**東市・西市**が開かれ、**市司**の管理のもと、正午から日没まで物資の交易が行われた。

3| 交通路 都を中心に七道が全国にのび、約16kmごとに**駅家**を設ける駅制が敷かれた。駅家には駅馬と駅子が置かれ、公用の役人が利用した。

> **要点** 平城京
> ① 710年、元明天皇が遷都(=奈良時代)
> ② 都…条坊制、中央に朱雀大路、官営の市の開催

2 辺境の開拓

1| 蝦夷の鎮定
① 日本海側に**出羽国**を設置(712年)
② 太平洋側に陸奥国府として**多賀城**を設置(724年)

2| 南九州の服属
① **隼人**の住む九州南部に**大隅国**を設置(713年)
② 種子島・屋久島・奄美大島など南西諸島の服属

3 貨幣の鋳造

1| 和同開珎の鋳造(708年) 重要 武蔵国秩父郡から自然銅が朝廷に献上された。それを機に、7世紀天武天皇の頃に鋳造された富本銭に続き、**和同開珎**が鋳造された。

2| 蓄銭叙位令(711年) 貨幣流通のため、貨幣を蓄えた者に位階を授ける奨励策。当時、都付近以外の地域では、稲や布など物品による交易が行われていたため、効果はあまりなかった。

▲和同開珎

3| 本朝十二銭 和同開珎以降も、958年の**乾元大宝**に至るまで、いわゆる**本朝十二銭**(皇朝十二銭)といわれる12種類の銅銭が鋳造されたが、普及しなかった。

2章　律令国家の成立と文化の展開

4 遣唐使 重要

1. **唐の成立**　618年、中国では隋にかわり、**唐**が成立。
2. **遣唐使の派遣**　630年の**犬上御田鍬**以来、894年（菅原道真のとき中止）まで、ほぼ20年に1度の頻度で派遣。
3. **留学生・学問僧**　遣唐使は、大使・副使のほかに留学生・学問僧をともない、政治的使節であるとともに文化的使節でもあった。**吉備真備・玄昉**のように帰国後政界で活躍した者、**阿倍仲麻呂**のように唐朝に仕えた者もいる。
4. **航路**　最初は**北路**➡奈良時代中頃に**新羅**との関係が悪化➡**南路**に変更。

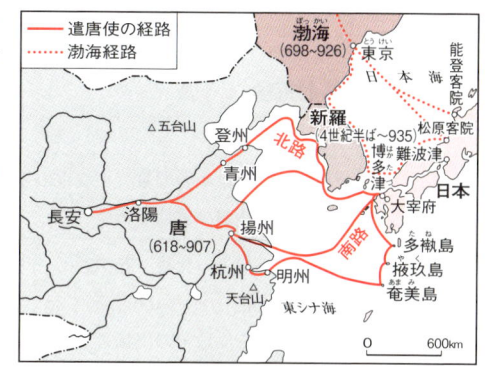

▲遣唐使の航路

> **要点**
> **遣唐使**
> - 期間…630〜894年の間
> - 航路…前半は**北路**➡新羅との関係悪化で**南路**に変更
> - おもな人物…**犬上御田鍬、吉備真備、玄昉、阿倍仲麻呂**

5 東アジア諸国との交流

1. **新羅との関係**　新羅との間には使節の交換が行われたが、日本が新羅を従属国として扱おうとしたため、しばしば衝突がおきた。
2. **渤海との関係**　7世紀末に中国東北部に成立した渤海は、唐・新羅と対抗するために日本との通交を求め、たびたび敦賀や能登に来航した。渤海からは朝鮮人参・毛皮などがもたらされ、日本からは絹糸・織物・漆器がもちだされた。

+α

❶**平城京の規模**　東西約4.3km、南北約4.8kmの規模であった。

❷**駅鈴**　駅鈴をもつ公用の役人のみが、駅子・駅馬を利用できた。

❸**鉱産資源の開発**　周防・武蔵から銅、陸奥から金などが産出し、各地に鉱山が開かれた。和同開珎などの貨幣鋳造もこうした鉱産資源の開発が背景となっている。

13 奈良時代の政治

1 政権の推移と抗争 重要

人 物	お も な 内 容
藤原不比等 (中臣鎌足の次男)	大宝律令の編纂，平城京の遷都，養老律令の編纂など律令体制の整備を指導。
長屋王 (天武天皇の孫)	不比等の死後，右大臣から左大臣となり，藤原氏に対抗。 ①百万町歩の開墾計画❶(722年)や三世一身法(723年)を，政治の実権者として出す。 ②長屋王の変(729年)…不比等の娘宮子が生んだ聖武天皇が即位すると，不比等の子武智麻呂・房前らが藤原氏の政権確保を考え，長屋王を自殺させた。
藤原四子 (不比等の四子)	長屋王の変の直後，藤原家の武智麻呂(南家)・房前(北家)・宇合(式家)・麻呂(京家)が不比等の娘光明子を聖武天皇の皇后(光明皇后)とし，政治を指導した。 しかし，天然痘の流行で4人が次々に病死(737年)。
橘諸兄	藤原四子の死後，聖武天皇の信任を得て実権をにぎった。 ①唐から帰国した吉備真備(→p.33)と僧玄昉(→p.33)を登用。 ②藤原広嗣の乱(740年)…大宰府に左遷された藤原広嗣（→宇合の子）が，大宰府で反乱をおこした。乱後，政界は不安定になり，聖武天皇は都を恭仁京(山背)・難波宮(摂津)・紫香楽宮(近江)に移転。 ③墾田永年私財法，大仏造立の詔(→p.37)の発令(743年)。
藤原仲麻呂 (武智麻呂の子)	孝謙天皇(聖武天皇の娘)の時代に勢力をのばした。 ①橘奈良麻呂の変で，政権を確立。 ②淳仁天皇を擁立➡恵美押勝と改名し大師となる。 ③恵美押勝の乱(764年)…この頃から孝謙太上天皇の信任を受けるようになった道鏡を排除しようと挙兵➡失敗し殺害された。淳仁天皇は淡路に配流。

道鏡 (法相宗の僧)	孝謙太上天皇は重祚して**称徳天皇**となり，称徳天皇の信任を得た道鏡が太政大臣禅師，さらに**法王**となった。 ・**宇佐八幡神託事件**(769年)…皇位を狙った道鏡は，自分を天皇にするという偽の宇佐神宮(大分県)の神託を出させたが，**和気清麻呂**により妨げられた。
反道鏡勢力	称徳天皇の死後**光仁天皇**が即位。道鏡は下野の薬師寺に左遷。 └→天智天皇の孫 **藤原百川**らは，光仁天皇を中心に律令政治の刷新につとめた。

2 律令制の推移

1 | 農民の浮浪・逃亡
農民の中には本籍地を離れ，**浮浪**(所在は明確で，調・庸を納める)や**逃亡**(所在不明で，調・庸も未納)する者も増え，口分田が荒廃。

2 | 土地制度の変化 【重要】
①**三世一身法**(723年)…新たに灌漑施設をつくり，開墾したら3代の間，旧来の灌漑施設を利用して開墾したら，本人1代限りの私有を認めた。

②**墾田永年私財法**(743年)…三世一身法の効果が十分でないので，以後，墾田は永久に私有を認めることにした。

3 | 初期荘園
墾田永年私財法により，貴族や寺院は，土地を開墾し私有地を増やした。これを初期荘園という。

> **要点** 浮浪・逃亡(口分田の荒廃)➡**三世一身法**(723年)
➡**墾田永年私財法**(743年)➡初期荘園の発生

3 税制の変質と民衆生活

1 | 農民の律令制に対する抵抗
農民は調・庸を逃れるため，戸籍を偽ったり(偽籍)，許可なく僧侶になったり(私度僧)した。

2 | 民衆生活
竪穴住居にかわり，平地式の**掘立柱住居**が出現。婚姻の形態には，夫婦別居で男が女のもとに通う**妻問婚**の形式が主であった。

+α

❶**百万町歩の開墾計画** 政府は口分田の増加のため，長屋王の指導で，良田の開墾計画をたてたが，成果はなかった。

❷**農民の苦しみ** 農民の生活の苦しさは，『万葉集』にある山上憶良の「貧窮問答歌」に示されている。

14 天平文化

1 天平文化の特色
①聖武天皇の時代の天平年間(729～749年)中心に栄えた奈良時代の文化。
②聖武天皇の仏教信仰を反映して仏教的色彩がこく、貴族中心の文化。
③中国の盛唐文化の影響を受けた国際色豊かな文化。

2 学問と文学

1│学問・教育
①中央…大学を設置➡政府の官吏養成機関。明経道(儒学)・明法道(法律)・紀伝道〔文章道〕(文学)などの教科があった。貴族の子弟らが入学。
②地方…国学を国ごとに設置➡地方の官吏養成機関。儒学・医学・教育が中心。郡司の子弟らが入学。

2│漢文学　貴族や官人たちは漢詩文の教養が必要とされた。
①最古の漢詩集といわれる『懐風藻』を編纂➡淡海三船・石上宅嗣らが編者。
②石上宅嗣は最古の図書館といわれる芸亭をつくり、蔵書を自由に閲覧させた。

3│国文学　『万葉集』(日本最古の和歌集、万葉仮名)に代表される和歌がつくられる➡作者は山上憶良・山部赤人・大伴家持が有名。東歌・防人歌も多い。

3 国史と地誌 重要

1│『古事記』(712年)　「帝紀」「旧辞」をもとに稗田阿礼に誦みならわせたものを、太安万侶が筆録。日本語を漢字の音訓を用いて表現。

2│『日本書紀』(720年)　舎人親王が中心となって編纂。中国の国史にならい、漢文の編年体で記される。異説も集録。六国史[1]の最初。

3│『風土記』　713年、元明天皇の詔により、諸国の地理・伝承・産物を報告。出雲・常陸・播磨・豊後・肥前の5か国が残存。

> **要点**
> 国史　『古事記』(712年)…稗田阿礼、太安万侶
> 　　　『日本書紀』(720年)…舎人親王
> 地史…『風土記』：出雲・常陸・播磨・豊後・肥前(出雲のみ完全に残存)

4 奈良時代の仏教

1. **国分寺の創建** 聖武天皇は741年，国分寺建立の詔を出し，国ごとに国分寺を建てて金光明経など護国の経典を読経。
2. **東大寺大仏の完成** 聖武天皇は743年に大仏造立の詔を発し，752年に完成。
3. **国家仏教** 仏教は国家に奉仕し鎮護国家を祈るもの➡南都六宗❷が哲学的研究を行い，人々の生き方とは無関係。
4. **社会事業** 行基は用水施設や交通施設などをつくり，光明皇后は悲田院・施薬院を設けて貧窮民の救済にあたり，和気広虫が多くの孤児を養育した。
5. **神仏習合** 神道(神)と仏教(仏)が融合する考え方➡平安時代に発展。

5 天平美術

種別	特　色	作　品	所蔵寺院など
建築	力強く，堂々としているバランスが取れている	唐招提寺金堂・講堂 東大寺法華堂・転害門 法隆寺伝法堂 正倉院宝庫(校倉造)	
彫刻	写実性と理想性を兼ね備える。乾漆像・塑像などの巨像が出現	執金剛神像(塑像) 不空羂索観音像(乾漆像) 日光・月光菩薩像(塑像) 四天王像(塑像) 八部衆像(阿修羅像など) ↳乾漆像 鑑真像(乾漆像)	東大寺法華堂 〃 〃 東大寺戒壇堂 興福寺 唐招提寺
絵画	唐の影響を受けた日本的感覚	「吉祥天像」 「鳥毛立女屏風」	薬師寺 正倉院
工芸	東ローマ・インドの影響	正倉院宝物	

+α

❶ **六国史** 8〜10世紀にかけて勅撰された6つの正史のこと。『日本書紀』・『続日本紀』・『日本後紀』・『続日本後紀』・『日本文徳天皇実録』・『日本三代実録』の順に編纂された。

❷ **南都六宗** 三論・成実・法相・倶舎・華厳・律宗の6つの学派。

要点チェック

↓答えられたらマーク　　　　　　　　　　　　　　　　　　　わからなければ→

- □ **1** 継体天皇のときに勢力をもったが、朝鮮半島政策の失敗により失脚した人物はだれか。　p.22
- □ **2** 磐井の乱を鎮圧して勢力をのばしたのは何氏か。　p.22
- □ **3** 朝廷の三蔵を管理して勢力をのばし、物部氏を滅ぼしたのは何氏か。　p.22
- □ **4** 厩戸王（聖徳太子）が603年に定めた制度は何か。　p.22
- □ **5** 厩戸王によって604年に制定された法令は何か。　p.22
- □ **6** 遣隋使の大使となった人物はだれか。　p.22
- □ **7** 次の3人と関係の深い寺院をそれぞれ1つずつ答えよ。　p.23
　　　①厩戸王（奈良県）　②蘇我馬子　③秦河勝
- □ **8** 蘇我蝦夷・入鹿が滅ぶことになった事件は何か。　p.24
- □ **9** 大化改新の中心人物で、その後天智天皇となったのはだれか。　p.25
- □ **10** 670年にできた戸籍を何というか。　p.25
- □ **11** 672年におきた、大海人皇子と大友皇子の争いは何か。　p.26
- □ **12** 天武天皇の定めた新しい身分秩序を何というか。　p.26
- □ **13** 中国の都城制にならって、持統天皇のときに建設された都を何とよぶか。　p.26
- □ **14** 天武・持統天皇の時代を中心とする文化を何とよぶか。　p.27
- □ **15** 14の文化を代表する、裳階をもつ建築物は何か。　p.27
- □ **16** 大宝律令を編纂した人物はだれか（2人）。　p.28
- □ **17** 律令制下、一般民衆は良民と何に大別されたか。　p.29
- □ **18** 口分田について、次の問いに答えよ。　p.30
　　　①何に基づいて班給されるか。
　　　②班給の対象となるのは、どんな人か。
　　　③良民の男女が班給される面積はそれぞれいくらか。

答え

1 大伴金村　**2** 物部氏　**3** 蘇我氏　**4** 冠位十二階　**5** 憲法十七条　**6** 小野妹子　**7** ①法隆寺　②飛鳥寺　③広隆寺　**8** 乙巳の変　**9** 中大兄皇子　**10** 庚午年籍　**11** 壬申の乱　**12** 八色の姓　**13** 藤原京　**14** 白鳳文化　**15** 薬師寺東塔　**16** 刑部親王・藤原不比等　**17** 賤民　**18** ①戸籍　②6歳以上の男女　③男性＝2段、女性＝1段120歩

- **19** 農民の負担について，次の問いに答えよ。 p.31 ③
  - ①田一段につき2束2把の稲を納める税は何か。
  - ②各地の特産物を納める税を何というか。
  - ③歳役のかわりに布を納める税を何というか。
  - ④国司のもとでの労役を何というか。
  - ⑤兵役のうち，北九州の警護を行った兵士は何か。
  - ⑥春に稲を貸し，秋に利息をつけて返させる制度は何か。
- **20** 平城京について，次の問いに答えよ。 p.32 ①
  - ①遷都したときの天皇はだれか。
  - ②平城京が手本とした中国の都市はどこか。
  - ③平城京の区画制度を何というか。
- **21** 708年に鋳造された貨幣は何か。 p.32 ③ 1]
- **22** 第1回の遣唐使として派遣された人物はだれか。 p.33 ④ 2]
- **23** 藤原不比等のあと，右大臣となり政治を行った人物はだれか。 p.34 ①
- **24** 藤原四子のあと，聖武天皇の信任を得た人物はだれか。 p.34 ①
- **25** 橘奈良麻呂の変をおさえ，官名を唐風にかえた人物はだれか。 p.34 ①
- **26** 称徳天皇の時代について，次の問いに答えよ。 p.35 ①
  - ①称徳天皇の信任を得て法王となった人物はだれか。
  - ②①の人物が偽の信託を出させた事件を何というか。
- **27** 口分田の不足を解消するため，723年と743年に出された法律はそれぞれ何か。 p.35 ② 2]
- **28** 奈良時代に，中央と地方に置かれた教育機関はそれぞれ何か。 p.36 ② 1]
- **29** 日本最古の和歌集は何か。 p.36 ② 3]
- **30** 舎人親王が編纂した，漢文で書かれた歴史書は何か。 p.36 ③ 2]
- **31** 国分寺建立の詔や大仏造立の詔を出した天皇はだれか。 p.37 ④ 1]
- **32** 用水施設の建設などの社会事業に尽くした僧はだれか。 p.37 ④ 4]
- **33** 神道と仏教を融合させた思想を何というか。 p.37 ④ 5]
- **34** 聖武天皇の宝物が保存されている東大寺の宝庫は何か。 p.37 ⑤

答え

19 ①租 ②調 ③庸 ④雑徭 ⑤防人 ⑥出挙　**20** ①元明天皇 ②長安 ③条坊制
21 和同開珎　**22** 犬上御田鍬　**23** 長屋王　**24** 橘諸兄　**25** 藤原仲麻呂（恵美押勝）
26 ①道鏡 ②宇佐八幡神託事件　**27** 723年＝三世一身法，743年＝墾田永年私財法
28 中央＝大学，地方＝国学　**29**『万葉集』　**30**『日本書紀』　**31** 聖武天皇　**32** 行基
33 神仏習合　**34** 正倉院（宝庫）

15 平安京遷都と律令体制の再建

1 律令制の再建

奈良時代末期の僧侶政治の弊害，国家財政の悪化を立て直す必要にせまられた桓武天皇は，官を整理し，要地以外の軍団を廃止して農民の負担を軽減するなど，律令制の再建に着手した。

2 桓武天皇の改革 【重要】

1】 平安遷都　仏教勢力の強い平城京を離れるため，桓武天皇は遷都を計画。
  ① 長岡京…784年に長岡京に遷都。翌年藤原種継の暗殺で工事中止。
    →造営を主導
  ② 平安京…和気清麻呂の建議により，794年に平安京(京都)に遷都。

2】 蝦夷制圧　奈良時代末期に中央政治が動揺し，地方統制が弱まると，帰順した蝦夷が反乱をおこすようになった。780年には伊治呰麻呂が乱をおこし，多賀城に危機がせまった。
  ① 紀古佐美…征東大使。788〜89年，蝦夷の豪族阿弖流為の活躍により大敗。
  ② 坂上田村麻呂
    ・征夷大将軍に任命され，797〜801年に蝦夷を制圧。
    ・802年，鎮守府を多賀城から胆沢城に移す。
    ・803年，志波城を築く。

  ＊嵯峨天皇のときには，文室綿麻呂が征夷大将軍として太平洋側を制圧

3】 徳政論争　805年，藤原緒嗣は，今天下の民を苦しめているのは軍事(征夷事業)と造作(平安京造営)であると批判し，この二大事業の継続を主張する菅野真道と論争➡天皇は緒嗣を支持し，二大事業を中止した。

4】 律令制再建の政策
  ① 勘解由使の設置…国司への監督を厳しくし，解由状授受の不正を取り締まる。
  ② 兵制改革…東北・九州を除き軍団を廃止し，郡司の子弟らによる健児を設置。
  ③ 農民の負担の軽減…雑徭を半減する。
  ④ 班田制の励行…戸籍作成による6年1班の期間を，12年(一紀)1班にした。

要点　桓武天皇
  二大改革…平安京遷都と蝦夷制圧➡徳政論争で中止
  律令再建…勘解由使，健児の設置

3 嵯峨天皇の施策

1 令外官の設置 重要
令外官とは大宝律令の施行後に設置された官職のこと。

①蔵人所(810年)…嵯峨天皇が,平城太上天皇との対立❶の際に設置。蔵人は天皇の秘書官。初代長官(蔵人頭)❷は藤原冬嗣。

②検非違使…京都の警察・裁判の業務。

2 格式の編纂❸

嵯峨天皇は820年,それまでに出されていた格式を集めて利用しやすいようにした。これを**弘仁格式**という。のちの**貞観格式**・**延喜格式**とあわせて<u>三代格式</u>という。

- 格…律令を修正する追加法令
- 式…律令格の施行細則

天皇	名称	編者
嵯峨	弘仁格式	藤原冬嗣ら
清和	貞観格式	藤原氏宗ら
醍醐	延喜格式	藤原時平・忠平ら

◀三代格式

▲東北地方の経営図

要点 嵯峨天皇 { ①**令外官**(蔵人所・検非違使)の設置 ②**弘仁格式**(三代格式の1つ)の制定 }

+α

❶**平城太上天皇との対立** 嵯峨天皇は即位後,兄の太上天皇と対立し,挙兵。太上天皇は出家。寵愛を受けていた藤原薬子は自殺した。平城太上天皇の変,薬子の変ともいう。

❷**蔵人頭** 位階が六位の者でも昇殿が許され,以後,貴族の登竜門となった。

❸**格式の編纂** 三代格式のほか,延喜年間頃には,三代格式の格の部分を分類した『類聚三代格』が編纂された。一方,律令の法文解釈に関する注釈書もつくられた。公的なものでは,清原夏野らによる『令義解』(833),私的なものでは,惟宗直本らによる『令集解』(9世紀後半)がある。

16 弘仁・貞観文化

1 時代と特色

1) **時代** 平安京遷都から9世紀末頃まで。**嵯峨天皇**と**清和天皇**の時代が中心。
　　　　　　　　　　　　　　　　　　　　└弘仁(810～824)　└貞観(859～877)

2) **特色** ①嵯峨天皇が唐風を重視したため、唐文化の影響が強い。
　　　　　　②天台・真言両宗の密教の影響がある。

2 学問

1) **学問** 大学では奈良時代に重視された**明経道**(儒教専攻)・**明法道**(律令専攻)よりも**紀伝道**〔**文章道**〕(歴史学・漢文学)が重視された。文芸を通じて国家の隆盛をめざす**文章経国**の思想が広まった。

2) **大学別曹** 重要　貴族は、大学で学ぶその子弟のために、**大学別曹**とよばれる寄宿舎を建てた。和気氏の弘文院、藤原氏の勧学院、在原氏の奨学院など。

3) **庶民教育** 空海が**綜芸種智院**を設立し、庶民に儒教や仏教を教えた。

3 文学

1) **漢文学の隆盛** 重要　奈良時代に引き続き、平安時代初期には漢文学が隆盛した。この時期の漢字文化の習熟は、のちの国風文化の前提となった。

書　名	成立年	内　容	作者・編集
『凌雲集』	814	勅撰漢詩文集	小野岑守・菅原清公ら
『文華秀麗集』	818	〃	藤原冬嗣・菅原清公ら
『経国集』	827	〃	良岑安世ら
『性霊集』	835頃	漢詩文集	空海(編者は真済)
『文鏡秘府論』	819～20	漢詩文評集	空海
『類聚国史』	892	史書	菅原道真編

2) **三筆** 唐風の書が広がり、**嵯峨天皇**・**空海**・**橘逸勢**は三筆とよばれた。

要点　弘仁・貞観文化
①唐風の影響で、漢文学や唐風の書(**三筆**)が隆盛
②学問施設…**大学別曹**(寄宿舎)・**綜芸種智院**(庶民)

3章 貴族政治の展開と国風文化

4 平安仏教

桓武天皇は遷都に際し、平城京の大寺院の移転を禁じた。一方で、最澄・空海は新しい宗派を伝え、山岳に本拠をかまえて保護を受けた。

1 最澄と空海 重要
①**最澄**…唐より天台宗を伝える。**比叡山**に**延暦寺**を建立。南都仏教から独立し、**大乗戒壇**❶を創設をめざした➡**伝教大師**の称号。

②**空海**…唐より真言宗を伝える。**高野山**に**金剛峰寺**を建立。嵯峨天皇から平安京の**教王護国寺(東寺)**を賜った➡**弘法大師**の称号。

2 密教
真言宗は最初から密教であり、天台宗も**円仁・円珍**の時代に密教化。

①**顕教**…釈迦の教えを、文字を通して学び悟る➡南都仏教

②**密教**…大日如来が直接修行者に秘奥真実の教えを伝える➡**加持祈禱**が重要な仏事となり、貴族の**現世利益**を叶えるものとして普及。

3 神仏習合
8世紀頃におこった神仏習合の思想がさらに広まった。具体的には神宮寺の建立、僧形八幡神像の制作、神前での読経など。

4 修験道
密教は山中で修行したため、山岳信仰と結びつき、修験道がおこった。

> **要点**
> 密教 ┌ **最澄**…**天台宗**を開く。比叡山に延暦寺
>   └ **空海**…**真言宗**を開く。高野山に金剛峰寺

5 美 術

1 建築
寺院は山地に建てられたため伽藍配置が自由で、檜皮葺などが出現。**室生寺金堂・五重塔**(奈良県)が代表的。

2 彫刻
木彫の全盛期。**一木造**・**翻波式**❷技法で、豊かな量感と神秘性が特色。**観心寺如意輪観音像**(大阪府)、**室生寺金堂釈迦如来像**など。

3 絵画
①密教関係…**神護寺両界曼荼羅**❸(京都府)、**園城寺不動明王像**(黄不動)(滋賀県)。

②この時期の画家として**百済河成**の名が伝わっている。

用語

❶**大乗戒壇** 仏教修行者が守るべき戒律を授けられる場所。戒を受けないと一人前の僧侶になれず、この戒壇を南都仏教が支配していたので、最澄は天台宗を発展させるためにも自派の戒壇を必要とした。

❷**翻波式** 衣のしわを角味の波と丸味の波を交互に繰り返し波のようにみせた技法。

❸**曼荼羅** 密教の世界観を図式化したもの。真言密教で金剛界・胎蔵界の両界曼荼羅がある。

17 摂関政治の成立と展開

1 藤原北家の進出

9世紀半ばから、**藤原北家**は天皇との結びつきを強め、勢力をのばした。

藤原冬嗣	嵯峨天皇の信任を得る。**蔵人頭**に任命（＝北家台頭のきっかけ）
藤原良房 （冬嗣の子）	842年、**承和の変**で、**伴健岑・橘逸勢**らを配流 858年、9歳の清和天皇が即位し、臣下で初めて**摂政**となる 866年、**応天門の変**で**伴善男**らを配流し、正式に摂政となる
藤原基経 （良房の子）	884年、**光孝天皇**が即位し、事実上の**関白**となる 887年、**宇多天皇**が即位し、正式に関白となる 888年、**阿衡の紛議**で橘広相を排斥
藤原時平 （基経の子）	901年、**菅原道真**を大宰府（大宰権帥）に左遷させる

2 延喜・天暦の治

藤原良房・基経らの摂関政治のあと、天皇の親政が復活した。

1 延喜の治 醍醐天皇の治世を当時の年号により延喜の治という。延喜格式・『日本三代実録』・『**古今和歌集**』の編纂、902年に**延喜の荘園整理令**を出す。

2 天暦の治 村上天皇の治世を当時の年号により天暦の治という。**乾元大宝**の発行。『後撰和歌集』の編纂。

3 摂関政治

1 摂関家の確立 重要　藤原道長・頼通父子のとき、摂関政治の全盛。

藤原実頼	969年、**安和の変**で**源高明**を大宰府（大宰権帥）に左遷（＝他氏排斥完了）。以後、摂政・関白は常置となる
藤原道長	内覧、ついで**摂政**となり、娘4人を入内させる。天皇の**外戚**（→母方の親戚）として30年間朝廷で権勢をふるった。京都に**法成寺**を造営
藤原頼通 （道長の子）	3天皇（後一条・後朱雀・後冷泉）の50年にわたって**摂政**、関白をつとめた。宇治（京都府）に**平等院鳳凰堂**を建設

2｜摂関政治の性格
①**権力の基盤**…天皇の外祖父の立場を利用して，公卿の大半に一族を任命。
②**経済的な基盤**…**寄進地系荘園**の本家としての収入や，**受領**からの賄賂(**成功**)。

3｜政治の運営
①**おもな政務**…公卿が審議➡天皇の決裁➡**太政官符**・**宣旨**などで命令・伝達。
②**陣定**…外交や財政に関わる問題について審議するもっとも重要な会議。

> **要点** 摂関政治 { ①天皇の**外戚**となり権力をにぎる / ②**藤原道長・頼通**父子のときに全盛 }

4 国際関係の変化

1｜東アジアの情勢
①**中国**…唐が滅亡➡五代十国➡**宋**(北宋)による再統一。
②**中国北東部**…渤海が**契丹**(遼)によって滅ぼされた。
③**朝鮮半島**…10世紀初めに**高麗**がおこり，新羅を滅ぼして半島を統一。

2｜貿易
①**中国**…894年，**菅原道真**の建議で**遣唐使が廃止**。宋とは正式な国交は開かれなかったが，博多などで私的な貿易は行われた。
②**高麗・契丹**(遼)…国交は開かなかったが，高麗とは商人の往来があった。

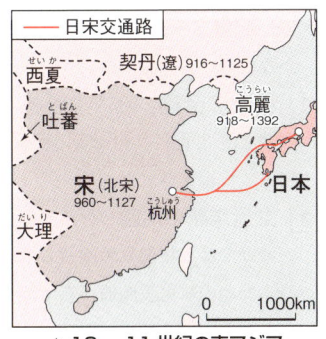

▲10～11世紀の東アジア

用語

❶**承和の変** 伴健岑らが謀反を計画した疑いで流罪となった事件。皇太子恒貞親王が廃され，良房の甥の道康親王(のちの文徳天皇)が皇太子となった。

❷**応天門の変** 伴善男らが応天門に放火した事件。伴氏は古来の名族大伴氏の子孫で，この変で決定的に没落した。

❸**阿衡の紛議** 887年，基経を関白に任じた勅書の中に阿衡の字句があった。基経は，これは中国の官職で実務のない役目だとして，半年も政務を行わなかった。これに困った天皇は，勅書を書いた橘広相を処罰した。

❹**菅原道真** 宇多天皇が藤原氏をおさえるために登用した文章博士。学者であったが，律令政治の再建に努力した。

18 国風文化

1 時代と特色

遣唐使が廃止され、10～11世紀には、大陸文化の移入がなくなった。これにより、日本の風土にあった優美な文化が発展した(**国風文化**)。

2 国文学の発達 重要

1) **かなの使用** 国文学がさかんになった原動力は、**かな文字**(平がなと片かな)がつくられたことによる。10世紀前半に**紀貫之**が記した『**土佐日記**』は初のかな書きの日記である。

2) **和歌の発達** 905年に最初の勅撰和歌集として『**古今和歌集**』が**紀貫之**ら(醍醐天皇の命)によって編集された。

3) **女流作家の活動** 物語・日記・随筆の分野では、摂関家の娘たちの教養を高めるための家庭教師的存在であった女房たちの活躍がめざましかった。

物語	『伊勢物語』	作者不明
	『竹取物語』	〃
	『宇津保物語』	〃
	『源氏物語』	紫式部
日記・随筆	『土佐日記』	紀貫之
	『蜻蛉日記』	藤原道綱の母
	『紫式部日記』	紫式部
	『更級日記』	菅原孝標の女
	『枕草子』	清少納言
詩歌	『古今和歌集』	紀貫之ら
	『和漢朗詠集』	藤原公任

▲おもな文学作品

3 浄土の信仰

1) **本地垂迹説** 平安初期に発達した**神仏習合**の風潮は、文化の国風化がすすむとさらに促進された。10世紀頃には神の本体は仏で、仏は人間を救うために神の姿を借りて日本に出現したという本地垂迹説が生まれた。

2) **御霊会** 怨霊や疫神を祀り、厄災から逃れようとする御霊信仰が広まった。

3) **浄土教**の発達 重要　摂関政治のもとで天台・真言の両宗は世俗化し、10世紀になると火災・飢饉・盗賊・疫病などによる社会不安が増大した。このような時、念仏によって阿弥陀仏を信じ来世の**極楽往生**を願う**浄土信仰**が広まった。
①**空也**…10世紀半ば、**市聖**とよばれた**空也**が京都で念仏を説く。
②**源信**(恵心僧都)…次いで**源信**が『**往生要集**』を著し、浄土教の教理を整理。

4 | 浄土教芸術の発達 [重要]

11世紀に入ると**末法思想**❶の流行を背景として、浄土信仰が発達し、阿弥陀堂・阿弥陀仏・来迎図などの浄土教芸術が発達した。

① 阿弥陀堂…**法成寺**(藤原道長)、**平等院鳳凰堂**(藤原頼通)、法界寺阿弥陀堂
② 阿弥陀仏…**定朝**作の平等院鳳凰堂阿弥陀如来像(**寄木造**)❷
③ 来迎図…高野山聖衆来迎図

要点　浄土信仰
- **末法思想**のおこり ➡ 極楽浄土への往生を求める
- 建築…**平等院鳳凰堂**
- 仏像…**定朝**の平等院鳳凰堂阿弥陀如来像(寄木造)
- 人物…**空也**が念仏を説く、**源信**『**往生要集**』

4 国風の美術

1. **建築**　貴族の住居は白木造・檜皮葺の**寝殿造**❸が現れる。
2. **調度品**　屋内の調度品には**蒔絵**や**螺鈿**が用いられるようになった。
3. **絵画**　日本の風物を彩色で描く**大和絵**が発達。この時期の画家は**巨勢金岡**。
4. **書道**　優美な**和様**が発達し、とくに**小野道風**、藤原佐理、藤原行成は**三跡**(蹟)とよばれた。

5 貴族の生活

1. **服装**　男性は**束帯**や**衣冠**(束帯の略式)、女性は**女房装束**(十二単)が正装。
2. **食事**　仏教の影響で獣肉は食べず、1日に2回。
3. **儀式**　成人になると男性は**元服**、女性は**裳着**の式をあげる。
4. **生活**　日本の古くからの風習や中国が起源の行事を**年中行事**として行った。また中国の**陰陽道**の影響が強く、吉凶によって日常生活も行われていた。
① **物忌**…その日の吉凶を占い、特定の場所で謹慎していた。
② **方違**…外出の際、目的地が凶の方角の場合、良い方角に一泊して方角をかえた。

用語

❶ **末法思想**　釈迦入滅後500または1000年を正法、次の1000年を像法、その後を末法とし、末法の世は仏法が衰える乱世といわれた。日本では1052(永承7)年が末法の初年とされ、人々は動揺した。

❷ **寄木造**　仏像の各部分を別々につくり、つなぎ合わせる手法。

❸ **寝殿造**　主人の住む寝殿を中心に多くの建物があり、庭園には池や築山があった。

19 荘園制の発達

1 律令体制の崩壊

1 班田の後退 農民の浮浪・逃亡・偽籍などで，班田制が衰退➡財政難に陥る。9世紀にはほとんど行われず，醍醐天皇のときの902年を最後に行われなくなった。口分田は私有化され有力農民がそれを集積した。

2 政府の対策 班田制による税収の依存を弱めるため，各地に直営田を置いた。
①公営田…大宰府に置いた政府の直営田。
②官田（元慶官田）…畿内に置いた政府の直営田。
③勅旨田…天皇が全国各地に置いた直営田。国家の費用で開墾された。

3 名の成立 10世紀では，税の対象となる土地を名とよび，その所有者（田堵）は負名とよばれた。

> **要点** 律令体制の中心である戸籍に基づく人頭税から，土地（名）の広さに基づき徴税する体制へと移行

2 受領の地方支配

1 国司の権限拡大 政府は国司に一定の税を納めさせるかわりに，任国での国司の権限を拡大した。国司の最高責任者は，交代時に任国の財産を引き継ぐことから受領とよばれるようになった。

2 政治体制の腐敗
①遙任…受領以外の国司は任国に赴かず，目代とよばれるかわりの役人を現地に派遣し，収入だけ得ていた。❶
②成功・重任…私財で朝廷の儀式や寺社の修理にかかる費用を負担した者に，官職や位階を与える成功や，収入の多い官職に再任する重任が行われた。
③受領の暴政…「尾張国郡司百姓等解」では，国司藤原元命の暴政に対し，郡司・農民らが訴えをおこした。

> **要点** 律令体制の崩壊➡国司の権限拡大（任国の統治）➡受領の出現
> ➡遙任・成功・重任

3 寄進地系荘園の成立と展開

1 寄進地系荘園の成立 重要
① 10世紀以降，負名が**名の所有権を中央の貴族に寄進**。
② 寄進の理由は，領地にかかる税の負担から逃れるため。
③ 土地の実質的支配権は負名が維持。

2 構造　基本的には荘園領主(本家・領家)・荘官・荘民の3階層で構成。

① 荘園領主
- 領家…最初に負名から寄進を受けた貴族。
- 本家(本所)❷…領家から寄進を受けた貴族。おもに皇族・摂関家。

② 荘官…預所・下司・公文とよばれ，中央より派遣されたり，負名が任命された。
③ 荘民…実際に耕作を行う名主や作人。

3 特権 重要
① **不輸の権**❸…本家の地位を利用して，政府からの徴税を免除(**不輸**)してもらう権利。のちには，国司などによって不輸の権が認められる荘園も出現。
- **官省符荘**…太政官符や民部省符によって不輸を認められた荘園。
- **国免荘**…国司によって不輸が認められた荘園。

② **不入の権**…検田使などの国司の使者の荘園の立ち入りを拒否する権利。

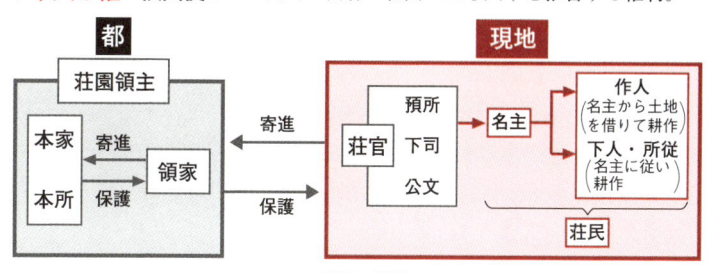

▲荘園の構造

> **要点　寄進地系荘園**
> ① 税の負担から逃れるため，中央の貴族や寺院に寄進
> ② 荘園領主(本家・領家)←荘官←荘民
> ③ 不輸の権，不入の権を得る

+α

❶ **遙任**　遙任を行う国司自体も指す。
❷ **本所**　本家・領家のうち，実質的な支配権をもつものを指す。
❸ **不輸の権**　律令規定では寺田・神田などが不輸租田であった。これにならい9世紀以後，不輸の権が墾田にも認められた。

20 武士の誕生と成長

1 武士団の発生

1│武士の誕生
① 押領使・追捕使…もとは盗賊の追捕などに任命される臨時の職であったが、のちに常設された。

② 武士(兵)…もとは朝廷に武芸で仕える官人であった。押領使・追捕使となった貴族がそのまま武士(兵)となった。

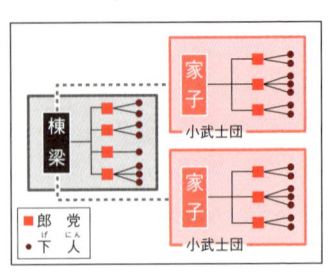

▲武士団のしくみ

2│武士団
武士たちは家子(同族)や郎党(従者)を従え、武士団を形成。

3│武士の棟梁
11世紀頃には、それぞれ独立して小武士団を形成していたが、やがて、これを統合する棟梁が現れた。

① 桓武平氏…桓武天皇の子孫である平高望が上総介として土着し、その子孫が北関東で勢力をのばした。

② 清和源氏…清和天皇の子孫である源経基が祖となり、畿内で勢力をのばした。

> **要点** 押領使・追捕使➡武士となり武士団の形成
> ➡棟梁の出現(桓武平氏・清和源氏)

2 武士の反乱 重要

平将門の乱と藤原純友の乱を合わせて、承平・天慶の乱(939～941年)という。

1│平将門の乱(939年)
① 経過…935年、一族との間で土地争いがおこり、平将門は叔父を殺害。939年、常陸・下野・上野など東国の諸国府を襲撃➡新皇と自称した。

② 結果…東国武士である平貞盛と藤原秀郷によって討たれた。

2│藤原純友の乱(939年)
① 内容…伊予の元国司であった藤原純友が、瀬戸内海の海賊を率いて讃岐などの国府を襲撃し、九州の大宰府に侵入した。

② 結果…清和源氏の祖である源経基らによって鎮圧された。

③意義

- 地方における**中央政権の権威の失墜**が露呈
- 朝廷の**軍事力の低さ**が明らかになった➡地方武士を重用するようになった。❶

  - **滝口の武者**…宮中・貴族の警護や、都の警護に当たらせる。
    源満仲や頼光・頼信兄弟は摂関家に仕え、保護を受ける。
  - **館侍・国侍**…受領直属の武士(館侍)や、国衙の軍事を担当した国侍の出現。

> **要点**
> 平将門の乱
> 藤原純友の乱 ➡朝廷の権威の失墜、武士の力によって平定

3 清和源氏の進出

1 源満仲 摂津に土着➡**安和の変**に関与して、摂関家の侍として活躍。

2 源頼信
- **平忠常の乱**(1028〜31年)…上総で平忠常が反乱➡源頼信が平定。源氏が関東に基盤を置くきっかけとなった。

3 源頼義・義家
- **前九年合戦**(1051〜62年)…陸奥で**安倍頼時**が反乱➡出羽の豪族**清原氏**の援助を得て平定した。

4 源義家
- **後三年合戦**(1083〜87年)…清原氏の内紛に源義家が介入❷➡**藤原清衡**❸を助け、制圧。

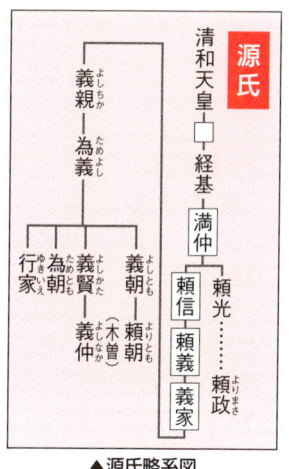

▲源氏略系図

源氏系図:
清和天皇─経基─満仲─┬頼光……頼政
　　　　　　　　　　├頼信─頼義─義家─義親─為義─┬義朝─┬義賢(木曽)義仲
　　　　　　　　　　　　　　　　　　　　　　　　　├義賢
　　　　　　　　　　　　　　　　　　　　　　　　　├為朝
　　　　　　　　　　　　　　　　　　　　　　　　　├行家
　　　　　　　　　　　　　　　　　　　　　　　　　└義朝─頼朝

+α

❶**刀伊の入寇** 1019(寛仁3)年に九州北部を刀伊(遼支配下の女真人)が襲った。このとき大宰権帥の藤原隆家を中心とする九州の武士たちが撃退した。

❷**源氏の進出** 朝廷は後三年合戦を一族の私闘であるとして恩賞を出さなかったので、義家は自らの所領を彼に従った武士に恩賞として与えた。これにより、義家は信望を高め、多くの荘園を寄進された。

❸**藤原清衡** 清衡・基衡・秀衡の3代の約100年間にわたる繁栄の中で、平泉文化の華を咲かせ、奥州藤原氏とよぶ。

要点チェック

↓答えられたらマーク　　　　　　　　　　　　　　　　　　　　わからなければ ⤴

- [ ] **1** 桓武天皇の政策について，次の問いに答えよ。 … p.40 **2**
    - ①794年に長岡京から遷都してできた都は何か。
    - ②国司の不正を監視するために設置された役職は何か。
    - ③兵役を廃して郡司の子弟を組織したものを何というか。
- [ ] **2** 征夷大将軍となり，胆沢城・志波城を築いた人物はだれか。 … p.40 **2** 2」
- [ ] **3** 次のア～エの中で，嵯峨天皇に関係のないものは何か。 … p.41 **3**
    ア 関白　イ 蔵人所　ウ 検非違使　エ 弘仁格式
- [ ] **4** 次のア～エの中で，天皇の秘書官を務める役職はどれか。 … p.41 **3** 1」
    ア 中納言　イ 蔵人　ウ 検非違使　エ 受領
- [ ] **5** 三代格式のうち，最初に制定されたのは何か。 … p.41 **3** 2」
- [ ] **6** 唐風の書にすぐれた嵯峨天皇・空海・橘 逸勢の3人を何とよんだか。 … p.42 **3** 2」
- [ ] **7** 最澄が開いた宗派と，その主要寺院は何か。 … p.43 **4** 1」
- [ ] **8** 空海が開いた宗派と，その主要寺院は何か。 … p.43 **4** 1」
- [ ] **9** 弘仁・貞観文化の頃の仏像は何造であったか。 … p.43 **5** 2」
- [ ] **10** 仏の世界観を図式化した仏教絵画を何というか。 … p.43 **5** 3」
- [ ] **11** 藤原冬嗣は，藤原四家のうち何家の出身であったか。 … p.44 **1**
- [ ] **12** 清和天皇の即位で摂政に就任したのはだれか。 … p.44 **1**
- [ ] **13** 最初に関白となったのはだれか。 … p.44 **1**
- [ ] **14** 延喜・天暦の治について次の文章に○または×で答えよ。 … p.44 **2**
    - ①延喜・天暦とは，天皇の名前である。
    - ②荘園制の弊害が著しく，最初の荘園整理令が出された。
- [ ] **15** 摂政・関白が常置されるきっかけとなった事件は何か。 … p.44 **3** 1」
- [ ] **16** 摂関政治の全盛期のときの父子の名を答えよ。 … p.44 **3** 1」
- [ ] **17** 唐が滅亡したあと，中国を統一した王朝は何か。 … p.45 **4** 1」

答え
1 ①平安京　②勘解由使　③健児　**2** 坂上田村麻呂　**3** ア　**4** イ　**5** 弘仁格式　**6** 三筆
7 天台宗・延暦寺　**8** 真言宗・金剛峰寺　**9** 一木造　**10** 曼荼羅　**11** 北家　**12** 藤原良房
13 藤原基経　**14** ①×　②○　**15** 安和の変　**16** 藤原道長・頼通　**17** 宋

要点チェック

- **18** 新羅を滅ぼし、朝鮮半島を統一した国は何か。 p.45 4 1
- **19** 文化の国風化のきっかけとなった外交上の出来事は何か。 p.46 1
- **20** 平安時代に編集された、最初の勅撰和歌集は何か。また、その編者はだれか。 p.46 2 2
- **21** 『土佐日記』、『枕草子』の作者はそれぞれだれか。 p.46 2
- **22** 10世紀に、浄土信仰を世間に広げた僧はだれか(2人)。 p.46 3 3
- **23** 藤原頼通が建てた阿弥陀堂を何というか。 p.47 3 4
- **24** 平安時代の貴族の住宅様式を何というか。 p.47 4 1
- **25** 班田制崩壊のため、財政を補う目的で律令政府の経営した土地のうち、天皇の命によって設置された土地を何というか。 p.48 1 2
- **26** 受領以外の国司が、任地に行かず収入だけを得ていたことを何というか。 p.48 2 2
- **27** 受領の藤原元命の悪政を訴えた上申文書を何というか。 p.48 2 2
- **28** 10世紀以降、貴族や寺社が荘園領主となったこの頃の荘園を何というか。 p.49 3 1
- **29** 28の特権は何か(2つ)。 p.49 3 3
- **30** 政府から不輸租公認の符を得てできた荘園を何というか。 p.49 3 3
- **31** もとは盗賊の追捕などにあたる臨時職で、のちに常設になった役職は何か(2つ)。 p.50 1 1
- **32** 武士の反乱について、次の問いに答えよ。 p.50 2
  - ①939年、反乱をおこし東国の諸国府を襲撃し、自らを新皇と称したのはだれか。
  - ②①の乱を鎮定したのはだれか(2人)。
  - ③939年、海賊を率いて大宰府に侵入した事件は何か。
- **33** 宮中の警護を任された武士を何というか。 p.51 2 2
- **34** 平忠常の乱を平定し、源氏が関東に基盤を置くきっかけをつくった人物はだれか。 p.51 3 2
- **35** 1083～87年、清原氏の内紛を源義家が鎮定した乱は何か。 p.51 3 4

答え

18 高麗 **19** 遣唐使の廃止 **20** 『古今和歌集』、紀貫之 **21** 『土佐日記』=紀貫之、『枕草子』=清少納言 **22** 空也・源信 **23** 平等院鳳凰堂 **24** 寝殿造 **25** 勅旨田 **26** 遙任 **27** 尾張国郡司百姓等解 **28** 寄進地系荘園 **29** 不輸の権・不入の権 **30** 官省符荘 **31** 押領使・追捕使 **32** ①平将門 ②平貞盛・藤原秀郷 ③藤原純友の乱 **33** 滝口の武者 **34** 源頼信 **35** 後三年合戦

21 院政期の社会

1 後三条天皇の政治

1068年に即位した**後三条天皇**は、摂関家を外戚としないため、天皇親政を行った。

1| 延久の荘園整理令

① **内容**…1069年に荘園整理令を出し、**記録荘園券契所**(記録所)で審査を行った。

② **対象**
- 1045年以後にできた新しい荘園。
- 1045年以前のもので国務を妨げるもの、券契(証拠書類)不明のもの。

③ **効果**…摂関家や寺社に打撃を与え、公領および皇室領が増加。

2| 延久の宣旨枡
1072年に、地方によってさまざまだった枡を統一させた。

2 荘園公領制

1| 公領の再編成
荘園の拡大に対抗し、公領(国衙領)内を**郡・郷・保**などに再編成した。それぞれに郡司・郷司・保司を任命し、荘園と同様に徴税。

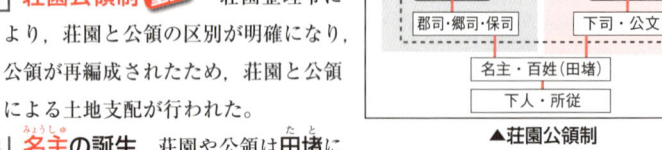

2| 荘園公領制 重要
荘園整理令により、荘園と公領の区別が明確になり、公領が再編成されたため、荘園と公領による土地支配が行われた。

〔荘公領主〕

〔公領〕		〔荘園〕
朝廷		本家
国司		領家
目代	〔在地・領主〕	預所
在庁官人		預所代
郡司・郷司・保司		下司・公文
	名主・百姓(田堵)	
	下人・所従	

▲荘園公領制

3| 名主の誕生
荘園や公領は**田堵**に割り当てられた。彼らは作人などを従えるようになり、**名主**とよばれた。

名主の負担
- ① **年貢**…田地にかかる税で、米や絹布で納める。律令の租にあたる。
- ② **公事**…律令の調にあたる。野菜・炭などの日用品や特産物など。
- ③ **夫役**…労役など。律令の歳役・雑徭にあたる。

3 院 政

1| 院政のはじまり 重要

① 1086年、**白河天皇**が幼少の堀河天皇に皇位を譲ったあとも、上皇(**院**)❶として天皇を後見し、実権をもった(**院政**の開始)。

② 院政は**白河・鳥羽・後白河**上皇により、約100年間続いた。

2 | 体制

①役所…**院庁**を設置。**院庁下文**や**院宣**❷によって，院の命令を伝達。
②役人…受領層や，后妃・乳母の一族などによる**院近臣**が院を補佐した。
③警護…白河上皇のとき，**北面の武士**を設置(源平の武士が登用)。
④財源 {
　知行国…貴族が**知行国主**となり一国を支配するかわりに，収益を上納。
　院分国…上皇(院)自身が収益を得る領地。院の知行国。
　寄進地系荘園…**八条院領**❸，**長講堂領**❹
}

3 | 院政による乱れ

①**政治の腐敗**…国司の成功・重任がさかんに行われた。
②**仏教保護**…白河・鳥羽・後白河上皇は仏教に厚く，出家して**法皇**となった➡**六勝寺**❺の造営，高野詣・熊野詣による浪費。
③**僧兵**の横行…大寺院の僧侶が**僧兵**として，**強訴**で朝廷に要求を通そうとした。
・**南都**…奈良興福寺の僧兵は，春日神社の神木を用いて強訴。
・**北嶺**…近江延暦寺の僧兵は，日吉神社の神輿を用いて強訴。

4 | **奥州藤原氏**の政治

奥羽地方では，**藤原清衡・基衡・秀衡**が3代にわたり，**平泉**を拠点として繁栄した。

> **要点　院政**
> ①**白河**(1086年)➡**鳥羽**➡**後白河**上皇による政治。約100年間
> ②院庁の設置，院庁下文・院宣により命令，院近臣が補佐

4 伊勢平氏の進出

桓武平氏のうち，伊勢・伊賀を地盤とする**伊勢平氏**が，院と結んで発展した。
①**平正盛**…源義家の子である義親を討ち，白河上皇の**院近臣**となった。
②**平忠盛**…瀬戸内海の海賊平定などの業績で殿上人となり，鳥羽上皇に仕えた。
　　　　　　　　　　　　　　　　　　　↳昇殿を許された人
③**平清盛**…保元・平治の乱に勝利し，政治の実権をにぎる。
(→p.56)

用語

❶**院**　上皇や法皇の御所を院といい，四方を築地などで囲った。のち院は上皇や法皇の別称となった。

❷**院庁下文・院宣**　院庁下文は院庁を通して出された上皇の命令で，院宣は上皇が直接出す命令のこと。

❸**八条院領**　鳥羽上皇の皇女八条院暲子に伝えた荘園。のちに大覚寺統が継承。

❹**長講堂領**　長講堂とは後白河法皇の持仏堂のこと。のちに持明院統が継承。

❺**六勝寺**　法勝寺・尊勝寺・最勝寺・円勝寺・成勝寺・延勝寺の6寺。

22 平氏政権と院政期の文化

1 保元・平治の乱 重要

1│保元の乱（1156年）

①原因
- 皇室の対立…後白河天皇と崇徳上皇の政権争い。
- 摂関家の対立…関白藤原忠通と左大臣藤原頼長との対立。

②経過…鳥羽上皇の死後，乱がおこり，後白河天皇側が勝利した。

③意義…皇室・貴族の政権争いも武士の力によって勝敗が決まった。

勝　利		敗　北
後白河天皇(弟)	天皇家	崇徳上皇（兄）
関白忠通（兄）	藤原氏	左大臣頼長(弟)
清盛（甥）	平　氏	忠正（叔父）
義朝（子・兄）	源　氏	為義(父)・為朝(弟)

▲保元の乱

2│平治の乱（1159年）

①原因
- 保元の乱で功績のあった平清盛と源義朝の対立。
- 後白河法皇の近臣であった藤原通憲（信西）と藤原信頼の対立。

②結果…平清盛が源義朝・藤原信頼側を倒す。

③意義…政治の実権が貴族から武士に移った➡平氏政権の誕生へ。

> **要点**
> 保元の乱(1156年)…天皇・貴族の争いにも武士の力が不可欠になった
> 平治の乱(1159年)…平清盛が源義朝を破る➡平氏政権の誕生

2 平氏政権

1│平氏政権の確立

①太政大臣…1167年，平清盛は武士ではじめて太政大臣に昇進。

②高位の独占❶…清盛は子の重盛をはじめ，一族を高位高官に昇格させた。

2│平氏政権の政治 重要

①中央…後白河法皇の政治を武力で支える。やがて一族が高位高官を占めると，貴族的な性格が強くなる。

②地方…畿内・西国の武士と主従関係を結ぶ➡彼らを地頭にしたり，知行国の在庁官人と結び，地方支配を強化した。❷

③日宋貿易…清盛は**大輪田泊**(今の神戸港)を修築し，音戸の瀬戸(広島県)を開き航路の安全を確保➡貿易の利権を独占し，平氏の経済基盤の1つとなった。

貿易品 ｛ 輸出品…金・硫黄・刀剣・漆器
　　　　輸入品…**宋銭**・書籍

④**福原京**遷都…1180年，清盛は海上交通の重要地であった**福原**に遷都❸➡失敗。

3 平氏政権への反感　貴族的な性格が強く，高位高官を独占した平氏一門による政治に対して，次第に武士や貴族たちの間で反感が強まった。

①**鹿ヶ谷の陰謀**…後白河法皇の近臣**藤原成親・俊寛**らが平氏打倒計画➡失敗。
②1172年，清盛の娘**徳子**が高倉天皇の中宮(建礼門院)となる。
③高倉天皇と徳子の間に生まれた**安徳天皇**が即位➡清盛は天皇の**外戚**となる。

要点　平氏政権
①**平清盛**が太政大臣に➡平氏一族が高位高官を占める
②**日宋貿易**…大輪田泊や音戸の瀬戸を整備して，利益を得る
③天皇の**外戚**となり貴族的な性格➡公家や武士からの反感

---

3 院政期の文化

文学	歴史	『**栄華物語**』…藤原道長の栄華を中心に約200年間を記す 『**大鏡**』…藤原氏の栄華を批判的に記す。四鏡の最初
	説話集	『**今昔物語集**』…中国・インド・日本の説話を集めたもの
	軍記物	『**将門記**』…平将門の乱を記す　『**陸奥話記**』…前九年合戦を記す
	歌謡集	『**梁塵秘抄**』…後白河上皇が民間で流行していた**今様**を集成
美術	建築	**中尊寺金色堂**(岩手県) **富貴寺大堂**(大分県) ｝浄土教文化が地方へ普及
	絵画	絵巻物…「**源氏物語絵巻**」，「**伴大納言絵巻**」，「**鳥獣戯画**」 装飾経…厳島神社「**平家納経**」，「**扇面古写経**」

+α

❶**平氏の栄華**　平時忠(清盛の妻時子の弟)は「此一門にあらざらむ人は皆人非人なるべし」と述べたという。

❷**地頭の設置**　清盛は，荘園領主の許しを得て武士を地頭として荘園に送り込んだが，これは源頼朝の施策に先行する。自分の希望する人物をその知行国の国司に任命できる知行国制が展開された。

❸**福原遷都**　貴族や大寺院からの反発で，半年で京都に戻った。

23 鎌倉幕府の成立

1 治承・寿永の乱

1180～85年におきた，平氏滅亡までの源平の内乱を，治承・寿永の乱という。

1) 源頼政の挙兵

1180年，源頼政が後白河法皇の皇子以仁王の命令（令旨）を奉じて挙兵➡宇治で敗死。

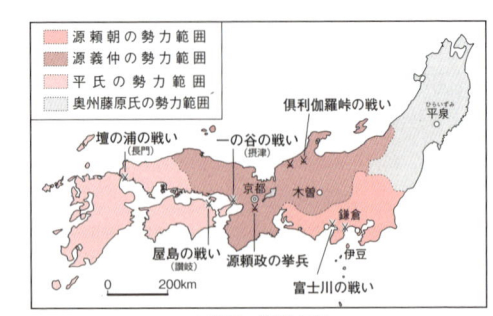

▲治承・寿永の乱

2) 源頼朝の挙兵 重要
伊豆（静岡県）に流されていた源頼朝が挙兵➡石橋山の戦い（神奈川県）で敗北➡富士川の戦い（静岡県）で勝利。
└→1180年　　　　　　　　　　　　　　　　　　　　└→1180年

3) 源義仲の挙兵
木曽（長野県）の源義仲が，倶利伽羅峠の戦い（富山県）で平氏を破り京都に入る➡平氏は安徳天皇を奉じて西国に逃走➡義仲が京都で孤立➡義仲追討の院宣発令➡義仲が近江で敗死（1884年）。

4) 平氏の滅亡 重要
頼朝の異母兄弟である源範頼・源義経が平氏を追討。
一の谷の合戦（摂津）➡屋島の合戦（讃岐）➡壇の浦の戦い（長門）で平氏滅亡。
└→1184年　　　　　　└→1185年　　　　　└→1185年

2 鎌倉幕府の成立

頼朝は鎌倉を根拠地とした。12世紀末から滅亡まで，約150年間（=鎌倉時代）。

1180年	侍所を設置…軍事警察・御家人の統制
1183年	東国支配権を後白河法皇に認められた
1184年	・公文所（のちの政所）を設置…財政・庶務 ・問注所を設置…裁判・訴訟事務
1185年	・諸国に守護を設置…任国の御家人統制のほか大犯三カ条❶の任務 ・荘園に地頭❷を設置…荘園内の年貢徴収・土地管理・治安維持
1189年	奥州藤原氏を滅ぼす （→p.55）
1192年	後白河法皇の死後，頼朝は征夷大将軍に任命された

3 鎌倉幕府のしくみ

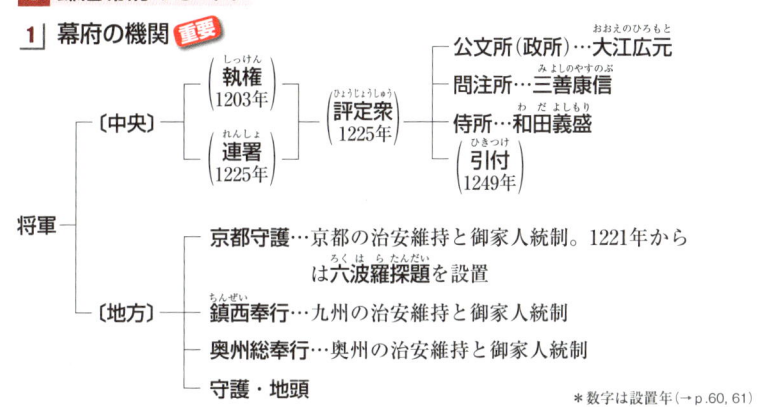

1 幕府の機関 重要

```
                    ┌ 執権 ┐              ┌ 公文所(政所)…大江広元
                    │ 1203年 │              │ 問注所…三善康信
           〔中央〕─┤        ├─評定衆 ──┤ 侍所…和田義盛
                    │ 連署   │   1225年     │ 引付
                    └ 1225年 ┘              └ 1249年
将軍─┤
           ┌ 京都守護…京都の治安維持と御家人統制。1221年から
           │           は六波羅探題を設置
     〔地方〕┤ 鎮西奉行…九州の治安維持と御家人統制
           │ 奥州総奉行…奥州の治安維持と御家人統制
           └ 守護・地頭
```

＊数字は設置年(→p.60, 61)

2 封建制度 重要　　将軍と**御家人**は，**御恩**と**奉公**で結ばれた。

① 御恩 ┤ **本領安堵**…地頭に任命することで先祖からの領地を保障する。
　　　　└ **新恩給与**…功績のあった者に新たな土地を与える。

② 奉公…平時には**京都大番役**や鎌倉番役，戦時には軍役を担う。

3 経済基盤

① **関東御領**…頼朝自身の荘園。平家没官領500余か所を含む。
② **関東知行国**(関東御分国)…朝廷が頼朝に与えた知行国。伊豆など最大で9か国。

> **要点**
> 鎌倉幕府
> ① 1185年…**守護・地頭**の設置。1192年…頼朝が**征夷大将軍**
> ② **侍所**…和田義盛，**政所**…大江広元，**問注所**…三善康信
> ③ **御恩**(本領安堵・新恩給与)と**奉公**による封建制度

4 幕府と朝廷

　全国に守護・地頭が設置されても，京都では依然として院政が行われ，国司や荘園領主の権限が強かった(**公武二元支配**)。

用語

❶ **大犯三カ条**　謀叛人の逮捕，殺害人の逮捕，京都大番役(諸国の御家人に皇居を警護させる役)の催促の3つのこと。御成敗式目で成文化。

❷ **地頭**　このとき設置された地頭を本補地頭といい，田畑1段当り5升の兵粮米(戦時に食料・軍事費にする米)を徴収する権利が与えられていた。

24 執権政治の成立

1 北条氏の台頭

1 合議制の採用 頼朝の死後，**源頼家**が2代将軍になった➡**北条政子**や**北条時政**は，頼家の独裁を防ぐため，重臣13人の**合議制**を採用。

2 将軍の交代 1203年，時政は頼家を補佐する御家人**比企能員**を殺し，頼家の弟**源実朝**を3代将軍にした。

3 執権政治の開始 重要

①1203年，時政が**執権**となる。

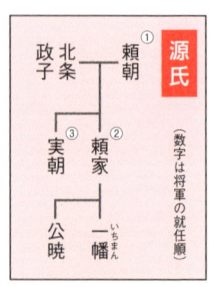

②**北条義時**の台頭…1205年，義時は父時政のあと執権に就任し，1213年，侍所長官の**和田義盛**を滅ぼして(和田合戦)，侍所長官も兼任した。

4 源氏将軍の終わり 1219年，**実朝が公暁**に暗殺された。義時は摂関家出身の**藤原頼経**を将軍に迎えた(**藤原将軍**または**摂家将軍**)。
└頼家の子

▲源氏略系図

2 承久の乱 重要

1 原因 源氏断絶を機に**後鳥羽上皇**は**西面の武士**を設置し，倒幕をはかる。

2 経過 1221年，後鳥羽上皇は北条義時の追討を命令。上京して戦った北条泰時・時房の大軍は，約1か月で上皇側に勝利。

3 結果 朝廷・公家勢力の決定的敗北により，幕府の支配権は全国に及んだ。

①天皇の廃立…**仲恭天皇**を廃して，**後堀河天皇**が即位。
②三上皇の配流…後鳥羽上皇➡**隠岐**，土御門上皇➡土佐，順徳上皇➡佐渡
③**新補地頭**の設置…戦功のあった御家人を，上皇方についた公家・武士から没収した所領3000余か所の地頭(新補地頭)に任命した。❶

新補地頭は { ・田畑11町ごとに1町の免田 / ・1段につき5升の加徴米 } が与えられた。

④**六波羅探題**の設置 ❷…朝廷の監視，西国御家人の統轄。

> **要点**
> 承久の乱(1221年)…**後鳥羽上皇**が挙兵➡失敗
> ➡**新補地頭・六波羅探題**の設置で幕府の支配が全国に広がった

3 執権政治の展開 重要

1 北条泰時(3代) 承久の乱後の幕府は、義時の子**北条泰時**の指導のもとに発展した。

①**連署の設置**(1225年)…執権を補佐する連署を置き、北条時房を任命した。

②**評定衆の設置**(1225年)…最高政務決定と訴訟の裁決を行う。有力御家人・老臣など11人を評定衆とし、執権・連署と合同で協議した。

③**御成敗式目の制定**(1232年)…御家人の関係する訴訟を公平に裁くための基準として制定。❸
51か条からなり、守護・地頭の職務、領地の支配、相続について記す。**貞永式目**ともいう。

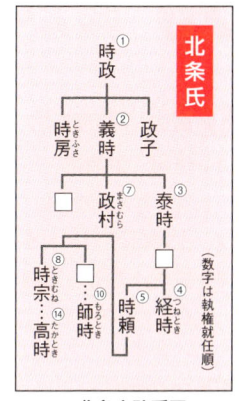

御成敗式目の特徴
- 頼朝以来の先例と武家社会の**道理**(武家社会の慣習・道徳)に基づく。
- **分割相続**制で、女子にも相続権を認める。
- 文章は平易で、鎌倉幕府の勢力範囲で施行。

▲北条家略系図

2 北条時頼(5代) 泰時の政策は、孫の時頼に受け継がれた。

①**他氏排斥**…有力御家人**三浦泰村**を滅ぼし、北条氏の地位を固めた(**宝治合戦**)。

②**引付の設置**(1249年)…評定衆の補佐と裁判の公平・迅速化をはかるため、評定衆の下に**引付**を設置し、**引付衆**を任命した。

③**皇族将軍の開始**…1252年、5代将軍**藤原頼嗣**を廃して、**後嵯峨天皇**の皇子**宗尊親王**を将軍として迎えた。以後、幕府滅亡まで皇族将軍が続いた。

> **要点**
> 執権政治
> - 3代**北条泰時**…連署・評定衆(1225年)、御成敗式目(1232年)
> - 5代**北条時頼**…宝治合戦、引付の設置、皇族将軍の設置

+α

❶**地頭の配置** 本補地頭(→p.59用語)の任地はかたよっていたが、新補地頭の設置により、地頭は全国に広がった。

❷**六波羅探題** 泰時・時房は六波羅に残り、京都内外の警備と朝廷の監視、三河以西の御家人の統轄を行った。これが六波羅探題のはじまりで、以後北条一門が就任。

❸**御成敗式目の施行範囲** 朝廷の支配下には公家法、荘園領主のもとでは本所法が効力をもっていた。しかし、幕府の勢力が広がるとともに御成敗式目の武家法の効力をもつ範囲も広がった。なお、以後追加されたものを式目追加という。

2編 中世の日本

25 武士の社会と産業・経済の発達

1 武士の農村生活

1 住居 武家造といわれる防衛と農耕に配慮された家(館)に居住。土塁または板塀・堀を周囲にめぐらし、矢倉(櫓)・武器庫・馬小屋や、広い中庭をもつ。

2 土地経営 直営地は佃*とよばれ、下人・所従に耕作させた。

3 生活・習慣 自給自足の質素な生活で、騎射三物(犬追物・笠懸・流鏑馬)など武芸の訓練を行った。また「兵の道」とよばれる武士の道徳も身につけた。

*ほかにも門田・正作・用作などとよばれた

2 惣領制

一族の嫡子が**惣領**となり、庶子を率いて一族をまとめる体制を**惣領制**❶という。
↳一族のほかの男子

1 惣領の職務
①戦時における一門の指揮・統率。
②京都大番役・鎌倉番役(奉公)や、年貢の割当・納入。
③氏神・先祖の祭の執行。

2 相続 **分割相続**で、惣領となる嫡子のほか、娘を含む庶子にも相続権があった。❷

3 武士の荘園侵略 重要

承久の乱後、地頭による年貢の横領、農民に対する不当支配が横行し、現地での支配権が荘園領主から地頭へと移った。

1 地頭請所 荘園領主は荘園の管理一切を地頭に委任。これに対し、地頭は所定の年貢を領主に納める➡武士の荘園管理権が確立して、荘園の一円支配が実現。

2 下地中分 荘園領主と地頭が荘園を折半して、それぞれ独立して支配する。

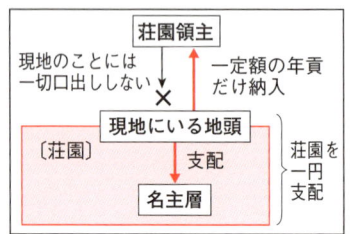

①**和与中分**…領主と地頭の話し合い(和与)で決定。
②**強制中分**…領主側の要請により幕府が裁決する。

▲地頭請所

要点
武士の生活…**惣領制**、**分割相続**
武士の荘園侵略…**地頭請所**・**下地中分**➡現地の支配権が地頭に移行

4 産業・経済の発達

1 農業技術の発達

① **牛馬耕**の普及
② **二毛作**(米と麦の栽培)の開始
③ **刈敷・草木灰**など肥料使用

➡ 作人・下人が生産力向上にともない経済力をつけ，名主として独立する。

2 商業の発展 重要

① **貨幣の流通**…日宋貿易により大量の**宋銭**が流入し，貨幣経済が発達する。
② **定期市**…**三斎市**といって月に3回，交通の要地・荘園の中心地・寺社の門前などで市が開かれた。
③ 商業 ｛ **行商人**…中央の商品(織物や工芸品)を地方にもたらした。
　　　　 見世棚…京都や奈良に出現した**常設の小売店**。
④ **座の結成**…荘園領主の保護を受けた手工業者・商人の同業者組合を**座**といった。彼らは**本所**である公家や寺社の保護を受け，さまざまな特権を得た。

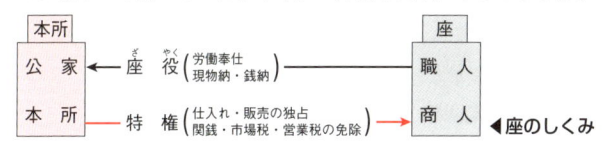

```
[本所]                                    [座]
公 家 ←──座役(労働奉仕/現物納・銭納)────→ 職 人
本 所 ──特権(仕入れ・販売の独占/関銭・市場税・営業税の免除)→ 商 人
```
◀座のしくみ

⑤ **遠隔地の取引**
・**問**(問丸)という運送業者が年貢商品を運送・保管。
・**為替**の制度により，遠隔地取引の代金決済に手形が用いられた。
・年貢の**銭納**(宋銭を利用)も開始。
⑥ 金融…**借上**(高利貸)が出現➡御家人も土地を担保に借金するようになった。

> **要点**
> ① 商業…**三斎市，行商人・見世棚**の出現，**座**の結成
> ② 農業…**牛馬耕，二毛作**　③ 金融…**借上**の出現

+α

❶ **惣領制**　一族は惣領によって統率され，惣領は庶子を率いて将軍への軍役奉仕にあたる，党的結合の形態がとられた。この惣領制は御家人制の基盤となった。

❷ **女性の地位**　鎌倉時代，女性の地位は比較的高く，財産を相続するほか，地頭になる例もあった。また嫁入婚が一般的。

❸ **貨幣の流通**　奈良〜平安時代の本朝十二銭は一部の地域にしか流通せず，律令制の衰退とともに使用されなくなった。ようやく，12世紀後半から宋銭が流通するようになった。

26 蒙古襲来と鎌倉幕府の衰退

1 元の成立

1. **チンギス＝ハン（成吉思汗）** 13世紀初めに、モンゴル（蒙古）を統一。東ヨーロッパから朝鮮半島にわたる大帝国を築いた。
2. **フビライ（忽必烈）＝ハン** 首都を大都（北京）に移した。1271年に国号を元にかえ、1276年には南宋を滅ぼした。

▲ 13世紀の東アジア

2 蒙古襲来（元寇）重要

1. **発端** フビライが高麗を従え、日本に服属を要求➡8代執権北条時宗は拒否。
2. **文永の役**（1274年）
   ① 元軍の上陸…元・高麗軍3万人が対馬・壱岐から博多へ上陸。
   ② 元軍の戦法…元軍は集団戦・火器の使用で、日本軍を苦しめた。（→てつはう）
   ③ 結果…元軍側の損害も大きく、内部対立もおきたため、元軍は退却。
3. **幕府の防衛策**
   ① **異国警固番役**…御家人に九州北部の要地を警備させ、元軍の再来に備えた。
   ② **防塁（石築地）**…博多湾沿岸の一部に、上陸防止のための石塁を構築。
4. **弘安の役**（1281年）
   ① 元軍の再襲…元・高麗軍が14万人という大軍で再び襲来。
   ② 結果…暴風雨により元軍の撤退。

> **要点 蒙古襲来（元寇）**
> ① 文永の役（1274年）➡異国警固番役、防塁を設置
> ② 弘安の役（1281年）➡元軍の再来➡暴風雨で退却

3 蒙古襲来後の政治

1. **鎮西探題** 北条氏一門を任命し、九州の防備と統治を行った。
2. **得宗専制政治** 重要 蒙古襲来を契機に北条氏は西国にも勢力を強めていった。その中でも家督を継ぐ得宗（北条氏の嫡流）の地位が高まった。

①霜月騒動…1285年，内管領❷平頼綱は有力御家人の安達泰盛一族を滅ぼした。これ以後，得宗の家政を担当していた内管領が幕政を左右する。

②北条氏一門への守護職の集中…全国守護の半分以上を北条氏が占めた。

4 幕府の衰退

1 御家人の窮乏

原因
- ①分割相続によって**所領が細分化**された。
- ②蒙古襲来による負担が多大であったが，恩賞がほとんどなかった。
- ③**貨幣経済の発展**にまき込まれ，所領の質入・売買で土地を手放した。

2 永仁の徳政令（1297年）【重要】

幕府は窮乏する御家人を救済するため，**徳政令**を出した。

①内容
- ・御家人の土地の売買。質入禁止。
- ・売却後20年に満たない土地を無償でもとの所有者へ返還する。
- ・御家人に対する金銭貸借の訴訟を不受理とする。

②結果…永仁の徳政令は，一時的には御家人を救済したが，経済界を混乱させ，金融業者は御家人に対する金融をしぶったため，御家人はいっそう窮乏した。

3 御家人制度の動揺
御家人は分割相続による弱小化を防ぐため，惣領に所領を一括して相続させて庶子を養わせる**単独相続**を行う➡惣領制崩壊。

4 守護の領主化

①権限の拡大…**大犯三カ条**による警察権を日常的に行使し，一国を全体的に支配➡御家人を統率。

②家臣団の編成…国内の御家人だけでなく非御家人も，**国人**として家臣化した。

③地縁的結合の形成…惣領制の解体にともない，武士の血縁的結合は弱まり，守護を中心に地縁的結合が出現してくる。

要点
①御家人の窮乏➡永仁の徳政令（1297年）
②惣領制の崩壊
}鎌倉幕府の衰退

+α

❶**異国警固番役** 西国の御家人に京都大番役を免じて九州の要地や長門（山口県）の沿岸を交代で防備させた。

❷**内管領** 得宗家の家臣を総称して御内人といい，その最高地位にある実力者を内管領とよんだ。

27 鎌倉文化

1 鎌倉時代の宗教

1 鎌倉新仏教のおこり 重要
従来の仏教が学問・祈禱中心であったのに対し、内面的な信仰を重視した鎌倉新仏教が、地方武士・庶民を中心に広まった。

宗派	開祖	主要著書	中心寺院	特色	支持層
浄土宗	法然	『選択本願念仏集』	知恩院（京都）	専修念仏	貴族・武士
浄土真宗	親鸞	『教行信証』	本願寺（京都）	悪人正機説[1]	武士・庶民
時宗	一遍	（一遍上人語録）	清浄光寺（神奈川）	踊念仏	商工業者 庶民
臨済宗	栄西	『興禅護国論』	建仁寺（京都）	坐禅・公案	上級武士
曹洞宗	道元	『正法眼蔵』	永平寺（福井）	只管打坐	下級武士 庶民
日蓮宗	日蓮	『立正安国論』	久遠寺（山梨）	題目	商工業者 武士

2 旧仏教の革新
新仏教の成立に刺激された反省と、新仏教に対する批判。
① **明恵**（高弁）…京都高山寺で**華厳宗**を再興。『摧邪輪』を著し、法然を批判。
② **貞慶**（解脱）…念仏門徒の破壊を攻撃し、**法相宗**に新風をふきこむ。
③ **叡尊**（思円）…**律宗**の戒律を唱え、奈良仏教を復興。西大寺（奈良）を再興。
④ **忍性**（良観）…叡尊の弟子。北山十八間戸（病人の救済施設）を奈良に建設。

3 幕府と臨済宗
① 北条時頼…南宋から**蘭溪道隆**を招き、建長寺を開いた。
② 北条時宗…南宋から**無学祖元**を招き、円覚寺を開いた。

4 伊勢神道（度会神道）
伊勢外宮の神官**度会家行**が**神本仏迹説**を提唱。
　　　　　　　　　　　　　　　　→本地垂迹説と反対の考え

| 要点 | 新仏教 | 浄土宗（法然）, 浄土真宗（親鸞）, 時宗（一遍）, 臨済宗（栄西）, 曹洞宗（道元）, 日蓮宗（日蓮） |

2 学問と思想

1 公家の学問　懐古的傾向から**有職故実**の学や古典の研究が行われた。
　①**有職故実**(朝廷の儀式・先例を研究)…『**禁秘抄**』(順徳天皇)
　②**古典の研究**…『**万葉集註釈**』(仙覚)

2 武士の学問　**金沢実時**は和漢の書を集め、六浦の金沢に**金沢文庫**をつくり、学問を奨励。

3 宋学(朱子学)　宋の**朱熹**による儒学。**大義名分論**が後代に影響を与えた。

3 文学と美術　重要

種別	書名	編著者
和歌集	『新古今和歌集』 『金槐和歌集』 『山家集』	藤原定家 源実朝 西行
説話集	『宇治拾遺物語』 『古今著聞集』 『十訓抄』 『沙石集』	橘成季 無住
随筆	『方丈記』 『徒然草』	鴨長明 兼好法師
紀行文	『十六夜日記』	阿仏尼
史書	『愚管抄』❷ 『吾妻鏡』 『元亨釈書』	慈円 虎関師錬
軍記物	『保元物語』 『平治物語』 『平家物語』❸	(信濃前司行長)

種別	遺構・遺物(制作者)など
建築	東大寺南大門…**大仏様** 円覚寺舎利殿…**禅宗様** 観心寺金堂…**折衷様** 三十三間堂…**和様**
彫刻	興福寺無著・世親像…**運慶** 東大寺南大門金剛力士像…**運慶**・快慶ら 興福寺天灯鬼・龍灯鬼像…康弁 六波羅蜜寺空也上人像…康勝
似絵❹	神護寺「伝源頼朝像」｜藤原隆信 「伝平重盛像」　　　｜(?)
頂相	禅宗の僧侶の肖像画
絵巻物	「北野天神縁起絵巻」 「春日権現験記」…高階隆兼 「一遍上人絵伝」…円伊 「平治物語絵巻」
書道	**青蓮院流**…宋風の書

用語

❶**悪人正機説**　善人よりも、煩悩の多い人(悪人)の方が救われるという考え。弟子の唯円がまとめた『歎異抄』の中で記述。

❷**愚管抄**　道理と末法思想で歴史を解釈した歴史書。

❸**平家物語**　琵琶法師によって平曲(琵琶の伴奏で語ること)として語られた。

❹**似絵**　似絵は大和絵の個人の肖像画のことで藤原隆信・信実父子が名手だった。

要点チェック

↓答えられたらマーク　　　　　　　　　　　　　　　　　　　わからなければ ⤴

- □ **1** 次のア〜エの中で，後三条天皇と関係のないものは何か。　　p.54 **1**
  - ア 藤原氏を外戚としない　　イ 延久の荘園整理令
  - ウ 前九年合戦　　エ 記録荘園券契所の設置
- □ **2** 院政をはじめた上皇はだれか。　　p.54 **3** 1)
- □ **3** 受領層の貴族や，后妃・乳母などで構成される院を補佐する勢力は何か。　　p.55 **3** 2)
- □ **4** 平清盛と源義朝が対立して戦った乱は何か。　　p.56 **1** 2)
- □ **5** 平清盛が昇進した最高の官職は何か。　　p.56 **2** 1)
- □ **6** 平氏政権について，次の問いに答えよ。　　p.56 **2**
  - ①日宋貿易のために修築された港はどこか。
  - ②清盛が1180年に遷都した都は何か。
  - ③清盛は何天皇の外戚となったか。
- □ **7** 後白河法皇がみずから編集した歌謡集は何か。またそこに書かれている民間の流行歌謡を何というか。　　p.57 **3**
- □ **8** 1180年，平氏追討の令旨を出した皇子はだれか。　　p.58 **1** 1)
- □ **9** 平氏追討の兵をあげ，鎌倉に根拠地を置いたのはだれか。　　p.58 **2**
- □ **10** 鎌倉幕府の主要機関の中で1180年に設置されたのは何か。　　p.58 **2**
- □ **11** 大犯三カ条の任務をもつ役職は何か。　　p.58 **2**
- □ **12** 源頼朝が征夷大将軍に任命されたのは何年か。　　p.58 **2**
- □ **13** 封建制度について，次の問いに答えよ。　　p.59 **3** 2)
  - ①将軍の従者は何とよばれるか。
  - ②先祖からの土地所有を将軍が保障することを何というか。
- □ **14** 鎌倉幕府の経済基盤のうち，将軍が支配した荘園は何か。　　p.59 **3** 3)
- □ **15** 北条義時は1213年の和田義盛の敗死以後，政所の長官のほかに何の長官も兼ねたか。　　p.60 **1** 3)

答え

1 ウ　**2** 白河上皇　**3** 院近臣　**4** 平治の乱　**5** 太政大臣　**6** ①大輪田泊　②福原京　③安徳天皇　**7**『梁塵秘抄』，今様　**8** 以仁王　**9** 源頼朝　**10** 侍所　**11** 守護　**12** 1192年　**13** ①御家人　②本領安堵　**14** 関東御領　**15** 侍所

要点チェック

- **16** 承久の乱について、次の問いに答えよ。 　p.60 ②
  - ①この乱をおこした人物はだれか。
  - ②乱後に没収した上皇側所領に派遣された地頭を何というか。
  - ③乱後に幕府が京都に置いた役所は何か。
- **17** 北条泰時が1232年に制定した法律は何か。 　p.61 ③①
- **18** 北条時頼が裁判の迅速化のため設置した訴訟機関は何か。 　p.61 ③②
- **19** 武士の一族の嫡子は何とよばれるか。 　p.62 ②
- **20** 武士の所領相続は原則的には分割相続か、単独相続か。 　p.62 ②②
- **21** 武士が荘園を侵略して、権益を確保する方法を2つ答えよ。 　p.62 ③
- **22** 次のア～エの中で、鎌倉時代の農業発達と関係のないものは何か。 　p.63 ④①
  - ア 牛馬耕の普及　イ 二毛作の開始　ウ 穂首刈り
  - エ 刈敷・草木灰の使用
- **23** 鎌倉時代の貨幣はおもに何が使われていたか。 　p.63 ④②
- **24** 鎌倉時代の金融業者は何とよばれたか。 　p.63 ④②
- **25** 蒙古襲来について、次の問いに答えよ。 　p.64 ②
  - ①蒙古襲来のときの執権はだれか。
  - ②2回の襲来のうち、最初の襲来を何というか。
  - ③②の後、西国御家人に新しく課せられた義務は何か。
- **26** 北条氏の嫡流を何とよぶか。 　p.64 ③②
- **27** 霜月騒動で滅ぼされた御家人はだれか。 　p.65 ③②
- **28** 霜月騒動後、幕政を左右するようになった役職は何か。 　p.65 ③②
- **29** 御家人の窮乏を救済するため、1297年に幕府が出した法令は何か。 　p.65 ④②
- **30** 鎌倉仏教の中で悪人正機説を主張したのはだれか。 　p.66 ①①
- **31** 『正法眼蔵』を書き、坐禅中心の教えを広めたのはだれか。 　p.66 ①①
- **32** 琵琶法師によって広まった軍記物の代表作は何か。 　p.67 ③
- **33** 鎌倉時代に発達した大和絵の個人肖像画を何というか。 　p.67 ③

答え
16 ①後鳥羽上皇　②新補地頭　③六波羅探題　**17** 御成敗式目(貞永式目)　**18** 引付　**19** 惣領　**20** 分割相続　**21** 地頭請所・下地中分　**22** ウ　**23** 宋銭　**24** 借上　**25** ①北条時宗　②文永の役　③異国警固番役　**26** 得宗　**27** 安達泰盛　**28** 内管領　**29** 永仁の徳政令　**30** 親鸞　**31** 道元　**32** 『平家物語』　**33** 似絵

28 鎌倉幕府の滅亡と建武の新政

1 朝廷の分裂

天皇家は後嵯峨天皇の皇位継承をめぐって**後深草天皇**の**持明院統**と**亀山天皇**の**大覚寺統**に分裂し対立した。幕府は解決策として両統が交代で皇位につく方式を定めた(**両統迭立**)。

2 反幕府勢力の形成

1. **後醍醐天皇** 後醍醐天皇は宋学(朱子学)の大義名分論を信奉して，臣下である幕府が皇位継承に介入する事に不満を抱いていた。
2. **御家人** 北条氏の独裁強化に反発する守護らは，幕府が有効な御家人救済策を行わないため，窮乏化する御家人たちと主従関係を結び，反北条氏の気運を強めた。
3. **悪党の出現** 重要　経済の発達した畿内やその周辺では，幕府や荘園領主に反抗を示す武士が出てきた。彼らは**悪党**とよばれ，各地に広がったが，幕府はそれを鎮圧する力がなかった。

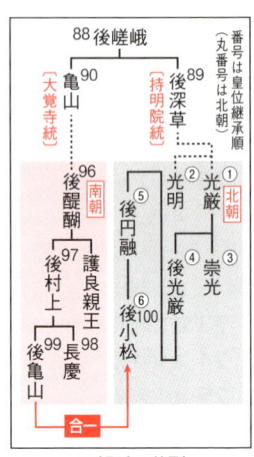

▲朝廷の分裂

3 倒幕の経過

1. **執権政治の腐敗** 14代執権**北条高時**のもとで内管領**長崎高資**が実権をにぎり，御家人を制する力も失った。
2. **後醍醐天皇の策謀** 重要
   ①**正中の変**(1324年)(正中元年)…討幕計画が幕府にもれ，**日野資朝**が流罪となった。　←後醍醐天皇の側近の公家
   ②**元弘の変**(1331年)(元弘元年)…後醍醐天皇は挙兵を企てたが，笠置(京都府)で捕えられ，隠岐(島根県)に流された。幕府は持明院統の**光厳天皇**を即位させた。
3. **全国的な内乱**
   ①**護良親王の挙兵**…後醍醐天皇の皇子である護良親王が僧兵を率いて挙兵した。
   ②**悪党の活動**…**楠木正成**ら近畿地方の悪党が，幕府に対して反抗した。

4 | 幕府の滅亡

①反北条氏勢力の協力で，**後醍醐天皇が隠岐を脱出**(1333年)。
②**足利高氏**(のちに**尊氏**)が京都の**六波羅探題**を討滅(1333年)。
③**新田義貞**が鎌倉に攻めこみ，**北条高時**を滅ぼす➡鎌倉幕府の滅亡(1333年)。

> **要点**
> 14代執権北条高時…幕府の衰退➡**後醍醐天皇**の討幕計画
> 足利尊氏・楠木正成・新田義貞らの活躍➡鎌倉幕府の滅亡(1333年)

4 建武の新政 重要

後醍醐天皇は京都に戻り，新政治を行った(**建武の新政**)。

▼新政の組織

1 | 新政の組織❶
国政の最高機関として**記録所**を復活させ，天皇親政を行う方針であったが，右のような諸機関を設け，旧幕府の御家人も採用した。

〔中央〕
天皇 ─ 記録所(行政・司法)
　　 ─ 雑訴決断所(所領関係の訴訟)
　　 ─ 武者所(皇居の警備)
　　 ─ 恩賞方(恩賞事務)

〔地方〕
　　 ─ 鎌倉将軍府(関東の統轄)
　　 ─ 陸奥将軍府(東北の統轄)
　　 ─ 国司・守護(諸国に設置)

2 | 新政の混乱❷

①**行政の停滞**…本領安堵を**綸旨**によって行うようにしたが，土地の所有者が都に殺到し，事務が停滞。
②**不公平な恩賞**…武士は恩賞が目当てであったが，公家は恩恵を受けた一方で，武士は得るところが少なかった。
③**公家の重視**…公家を重要な官職につけたので，武家は反発。
④**武家内部の分裂**…朝廷方(新田義貞)と，反朝廷方(足利尊氏)が対立した。
⑤**大内裏造営**…費用調達のため諸国の地頭に重税が課され，武士や農民が反発。

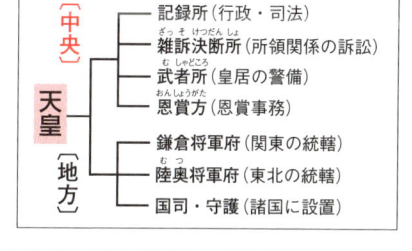

> **要点**
> **建武の新政**（後醍醐天皇） ｛ 公家重視の政策，ぜい弱な体制，内部対立
> ➡武士や民衆が反発

+α

❶**鎌倉将軍府と陸奥将軍府** 関東を統治する鎌倉将軍府は，成良親王が将軍となり，足利直義が補佐した。一方，奥州を統治する陸奥将軍府は，義良親王が将軍となり北畠顕家が補佐した。

❷**新政の混乱** 政府内部は公家と武家が対立し，京都の治安維持すら保てず混乱した状態となった。こうした世の混乱を風刺したものが，京都鴨川の二条河原に貼り出された「二条河原の落書」である。

29 南北朝の動乱と守護大名

1 南北朝の分立

1│足利尊氏の挙兵　1335年,北条高時の子**時行**が鎌倉を占領した(**中先代の乱**)。尊氏はこれを鎮圧後,弟の**直義**とともに新政に反旗をひるがえした。

2│新政府の崩壊　尊氏は入京前,**湊川の戦い**(神戸市)で**楠木正成**を破った。

3│南北朝の対立 重要
① 北朝…足利尊氏は**持明院統**の**光明天皇**を擁立して,京都に北朝を開く。
② 南朝…後醍醐天皇は京都を脱出して**吉野**(奈良県)に入り,南朝を開く。

2 南北朝の動乱

1│北朝の体制固め 重要
①**建武式目**❶の発布(1336年)…尊氏は幕府を開くため,当面の政治方針を表明。
②**室町幕府**の成立(1338年)…**尊氏**が北朝から**征夷大将軍**に任命➡幕府を開く。

2│南朝の衰退　新田義貞・後醍醐天皇の死後,北畠親房らを中心に抗戦するも,南朝は衰退。また四条畷の戦い(大阪府)で楠木**正行**らが戦死。

3│観応の擾乱(1350〜52年)
①尊氏の執事**高師直**と,尊氏の弟**直義**が対立➡武力対決に発展➡直義の勝利。
②1351年に尊氏と直義が対立➡尊氏は南朝に降伏を申し出て,直義を討った。

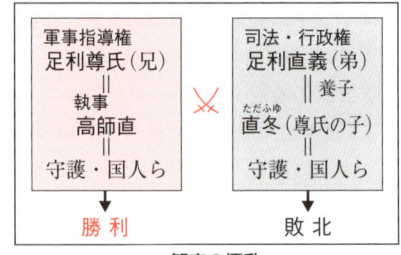

軍事指導権 足利尊氏(兄) ‖ 執事 高師直 ‖ 守護・国人ら	司法・行政権 足利直義(弟) ‖ 養子 直冬(尊氏の子) ‖ 守護・国人ら
勝利	敗北

▲観応の擾乱

4│動乱の長期化　観応の擾乱後,北朝の尊氏派(幕府),旧直義派,南朝が三分し,三者が離合集散を繰り返し,対立が長期化。また,惣領制が解体したことで,家の内部で対立がおこり,一方が北朝につくと他方が南朝につき,動乱が拡大した。

要点
北朝(足利尊氏)…建武式目,**室町幕府**の成立
南朝(後醍醐天皇)…楠木正成・新田義貞らの死➡衰退

3 守護大名の出現 重要

1 守護権限の拡大
南北朝の動乱の中で、地方武士を統括する守護が重要になり、鎌倉時代の大犯三カ条のほか、以下の2つの特権も与えられた。

①**刈田狼藉**(他人の田の作物を、収穫前に一方的に刈り取る行為)の取り締まり。

②所領争いなどの裁判の判決を実施する権限(**使節遵行**)。

2 守護の荘園侵略

①**半済令**…荘園の年貢の半分を兵粮米として守護に与えること。1352年に**近江・美濃・尾張**で臨時に施行➡のちに諸国に拡大され、恒常化。

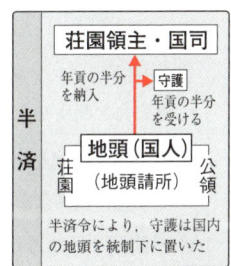

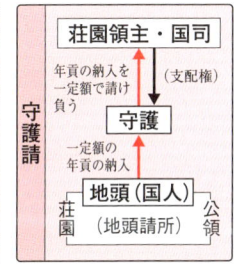

②**守護請**…守護の力が強大になってきたので、荘園領主はその力に依存して荘園から年貢を徴収。

▲半済令と守護請

3 守護大名の領地支配 重要
種々の権限を得た守護は、それらの権限を国内の武士(**国人**)に分与し、彼らとの主従関係を強化した。それにより荘園・国衙領を問わず領地内を支配した。❷

4 室町幕府と守護大名

①**関係**…鎌倉時代の将軍と御家人のような主従関係とは異なり、幕府(将軍)は守護大名の協力を得て地方支配を貫徹でき、守護大名も幕府から守護の任命を受け、半済も許可されることで領国支配を行うことができた。

②**組織**…幕府は、その直轄領である**御料所**を守護大名の領国内の要地に配しており、これを**奉公衆**とよばれる将軍直属の武士に管理させた。

> **要点　守護大名**
> ①守護の権限が拡大。**刈田狼藉**の取り締まり・**使節遵行**
> ②荘園侵略(**半済令・守護請**)➡領地を一円支配

+α

❶**建武式目**　問答形式でつくられた全文17条の条文。注意しておきたいことは、室町幕府の政治の根本法典も御成敗式目であり、建武以来、これに対する追加法令も出された。これを建武以来追加という。

❷**守護領国制**　領国は世襲に近く、中国の大内氏は6か国の守護を兼任し、山名氏は氏清の代に日本全国66か国のうち11か国の守護を兼ねて六分一殿(六分の一衆)とよばれた。

30 室町幕府の成立と支配

1 幕府支配の確立

第3代将軍**足利義満**の時代には，南北朝の争いはおさまっていった。

年代	項目	内容
1371年	今川了俊の九州平定	**九州探題**となった今川了俊(貞世)は九州の南朝側勢力を制圧した
1378年	花の御所の造営	京都の室町に室町殿とよばれる邸宅を造営➡邸宅はその豪華さから花の御所とよばれた
1391年	**明徳の乱**	**山名氏清**を敗死させ，山名氏の勢力をおさえた
1392年	**南北朝の合一**	義満の要請で，南朝の**後亀山天皇**が北朝の**後小松天皇**に譲位する形で，**南北朝の合一**が達成
1394年	公武の頂点	義満は**太政大臣**になり，公武の最高権力の座についた
1399年	**応永の乱**	周防・長門など6か国の守護を兼ねていた**大内義弘**の反乱を平定

2 室町幕府のしくみ 重要

鎌倉幕府の機構をほぼ踏襲しており，義満の頃にほぼ固まった。❶

〔中央〕
```
                          ┌ 評定衆 ── 引付 ❷
         ┌ 管領(将軍補佐)─┼ 政所(将軍家の家政・財政)
         │                ├ 問注所(記録保管)
         │                └ 侍所(京都市中の警備・刑事裁判)
将軍 ────┤
         ├ 鎌倉府(関東8か国と甲斐・伊豆の10か国を支配)
         ├ 奥州探題(陸奥の統治)
〔地方〕  ├ 羽州探題(奥州探題から分立，出羽の統治)
         ├ 九州探題(九州の統治)
         └ 守護・地頭
```

1 <u>管領</u> 足利氏一門の有力守護である<u>細川・斯波・畠山</u>の3氏➡<u>三管領</u>

2 侍所の長官 <u>所司</u>とよばれ，<u>赤松・一色・山名・京極</u>の4氏➡<u>四職</u>

3 <u>鎌倉府</u>❸ 長官は<u>鎌倉公方</u>(初代長官は<u>足利基氏</u>。以後，基氏の子孫が世襲。鎌倉公方の補佐は<u>関東管領</u>が行い，<u>上杉氏</u>が世襲。

> **要点**
> **室町幕府**
> ┌ <u>管領</u>…<u>三管領</u>(細川・斯波・畠山氏)
> ├ <u>侍所の長官</u>(<u>所司</u>)…<u>四職</u>(赤松・一色・山名・京極氏)
> └ <u>鎌倉府</u>…鎌倉公方(初代は足利基氏)と関東管領(上杉氏)

3 室町幕府の財政

幕府の財源は，<u>御料所</u>(直轄地)からの貢納と，必要に応じての守護・地頭からの献金であった。しかし，御料所は多くなく，守護・地頭への統制力が弱かったため，献金も期待できなかった。そこで，臨時に<u>段銭・棟別銭</u>などの税を課した。

種別	内　　　容
直轄地経営	御料所からの貢納を受ける
庶民課税	①<u>段銭</u>…田畑1段ごとに臨時に課税 ②<u>棟別銭</u>…家1軒ごとに臨時に課税
業者課税	①<u>土倉役</u>…高利貸を営む質屋の土倉へ課税 ②<u>酒屋役</u>…高利貸を兼業する酒屋へ課税
通行課税	関所を通る通行人に<u>関銭</u>を課す❹
貿易収益	<u>日明貿易</u>(→p.76)による<u>抽分銭</u>❺などで利益を得る

田にかけるのが→段銭
家にかけるのが→棟別銭

+α

❶ **幕府の政治方針** ほぼ鎌倉幕府にならっており，荘園制を肯定して貴族の権力をも温存するという方向をとった。これは，室町幕府が守護大名の連合政権であり，将軍の権力が絶対的に強い状況でなかったためである。すなわち，朝廷勢力を保存しながら，ほかの守護大名に対抗して支配しようとしたのである。

❷ **評定衆・引付** 鎌倉幕府のときほどの重要性はなく，形式化した。

❸ **鎌倉府** 軍事・行政上で特別の地域とされ，幕府と同じく，侍所・問注所・政所・評定衆・引付をもっていた。

❹ **津料** 関銭のうち，幕府・寺社・貴族などが港で徴収する入港税を津料という。

❺ **抽分銭** 商人が利益の一部を幕府に上納。

31 室町時代の外交・貿易

1 元との関係

蒙古襲来以後も，日本と元の間に正式な国交はなかったが，鎌倉末期から**建長寺船**や**天龍寺船**など私的な交易が行われた。

① **建長寺船**…鎌倉幕府は，鎌倉の建長寺再建費を得るため，貿易船を元に派遣。
② **天龍寺船**…足利尊氏は**夢窓疎石**のすすめで，後醍醐天皇の菩提を弔うため，
　　　　　　　　　　　　↳臨済宗の僧
京都に天龍寺を建立することにし，その費用を得るため貿易船を派遣。

2 明との関係

1 **明**の成立(1368年)　中国では**朱元璋**(**太祖洪武帝**)が元の支配を排し，明を建国した。

2 **倭寇**との関係 重要　14世紀後半～15世紀頃，中国・朝鮮の沿岸で対馬・壱岐・肥前松浦地方の海賊集団(**倭寇**)が船を襲い，略奪を行った。

① **明の禁圧要求**…1369年，明は倭寇の禁止を求め，入貢を促す➡南朝の征西将軍**懐良親王**はこれを拒否。
② **取り締まり**…**今川了俊**は，九州の南朝側勢力を一掃し，倭寇を取り締まった。
　　　　　　　　(→p.74)

3 日明貿易の開始 重要

1 **明への遣使**　1401年，3代将軍**義満**は僧**祖阿**と博多商人**肥富**を明に派遣し，国交を要求。明の返書では義満を「**日本国王源道義**」と認め，義満も明に「**日本国王臣源**」と署名した上表文を送って臣下の礼をとった。

▲勘合

2 **貿易の形態**　明は1404年，日本に**勘合**を与え，**朝貢**形式をとる貿易を開始。

3 **日明貿易**

① 貿易品 ｛ 輸出品…銅・硫黄・金・刀剣・扇・漆器
　　　　　　輸入品…**銅銭**(永楽通宝・洪武通宝など)・**生糸**・綿糸・絹織物

② **利益**…朝貢のため関税がなく，諸費用も明が負担➡日本の利益は大きかった。

5章　武家社会の成長

4｜日明貿易の推移
①貿易の中断と再開
- 4代将軍**義持**は朝貢貿易を屈辱であるとし，1411年に貿易を中止。
- 1432年，6代将軍**義教**は財政上の利益から貿易を再開。

②**実権の移行**…はじめ幕府が利益を独占➡15世紀後半から**堺商人**と結んだ**細川氏**と，**博多商人**と結んだ**大内氏**に移る。

③**寧波の乱**(1523年)…大内氏と細川氏の貿易船が寧波で争乱をおこし，大内氏が勝利➡以後，貿易の実権は**大内氏**が独占。
　(大永3年)

④**途絶**…1551年，大内氏が滅亡し，貿易は途絶えた。

> **要点**　**日明貿易**(勘合貿易)…**義満**が開始➡**義持**が中断➡**義教**が再開
> ➡幕府の衰退後は**大内氏**と**細川氏**が利権争い➡**大内氏**が独占

4 朝鮮との関係

1｜**朝鮮の建国**(1392年)　倭寇を鎮圧した**李成桂**が高麗を滅ぼし，**朝鮮**を建国。

2｜**応永の外寇**(1419年)　朝鮮は倭寇の根拠地を一掃するため，対馬を攻撃した。
　(応永26年)
その後，1443年に，対馬の**宗氏**を通じて幕府と朝鮮は貿易協定を結んだ。

3｜**日朝貿易**　勘合と同じ性質の通信符をもたせ，宗氏が運営した。

貿易品 ｛輸出品…銅・硫黄・琉球貿易で手に入れた染料や香料
　　　　輸入品…綿布・木綿・人参・**大蔵経**

4｜**三浦の乱**　日朝貿易の貿易港は**富山浦**(釜山)・**乃而浦**(薺浦)・**塩浦**(蔚山)
の3港(三浦)であった。1510年，朝鮮側が三浦の在留日本人の貿易を制限した
　　　　　　　　　　(永正7年)
ため，日本人が暴動をおこした。乱は鎮圧されたが，日朝貿易は衰退した。

5 琉球・蝦夷ヶ島との関係

1｜琉球　15世紀前半に中山王の**尚巴志**がそれまでの北山・中山・南山の3王国
を統一して**琉球王国**を建て，東アジアの**中継貿易**で活躍。

2｜蝦夷ヶ島(北海道の南部)
①日本海ルートによる交易が行われ，**十三湊**を中心に繁栄。北海道南部に進出し
　　　　　　　　　　　　　　　　　　　　↳津軽
た日本人は**和人**とよばれ，**安藤**(安東)氏に属した。
　　　　　　　　　　　　　　↳津軽の豪族
②**コシャマインの蜂起**(1457年)…和人の圧迫に対し，**アイヌ**はコシャマイン
を中心に蜂起したが，**蠣崎氏**によって鎮圧された。

2編 中世の日本

32 惣の形成と一揆

1 惣の形成

1｜惣の形成 鎌倉後期から南北朝時代にかけて、戦乱に対する自衛や農業生産の面での協力のため地域的な結合が生じるようになり、農民たちは、惣(惣村)とよばれる**自治組織**をつくった。

発達の背景
- 荘園制の解体がすすみ、農民の主体的農業生産が可能になる。
- 農業生産力が向上し、作人が名主化し、自立農民が増加。
- 領主・国人の不当で非合理な要求に対抗。
- 悪党や戦乱期の略奪から自衛。

2｜惣の構成
① 指導者…番頭・おとな(長・乙名)・沙汰人などとよばれる地侍化した有力上層農民(名主)の代表。
② 構成員…自立したばかりの小農民を含む村民で、**惣百姓**ともいう。

＊複数の惣が結合したものを、惣荘・惣郷という

3｜惣の自治 重要
① 協議機関…**寄合**とよばれ、村の鎮守の祭礼を行う**宮座**と重なる事が多い。
② **惣掟**(村掟)…寄合で決めた規約。違反者は村で処罰(**地下検断・自検断**)。
③ 寄合の仕事…惣掟を制定するほか、**入会地**や灌漑用水の管理。 └→山野などの共有地
④ **地下請**(百姓請)…年貢の納入は、村が責任をもってをまとめて行った。

> **要点** 惣(惣村)
> ① 農村ではみずから定めた**惣掟**に従い、自治を行う
> ② 寄合、地下検断、地下請

2 農民の反抗

非法代官の罷免や租税の減免を要求して、農民が惣を基盤にして反抗する。おもに畿内やその周辺の先進地域でおこった。

反抗の方法
① **強訴**…集団的訴訟(領主のもとにおしかける)。
② **逃散**…農民が集団で耕作を放棄し、荘園外に逃亡する。
③ **一揆**…最後の手段として、武装蜂起する。

3 一揆の種類 【重要】

1. **土一揆**(徳政一揆)　徳政令の発布や，年貢の減免を要求しておこった一揆。
2. **国一揆**　国人・地侍と惣が広範囲に連帯して，守護大名の支配を排除しようとしておこった一揆。
3. **一向一揆**　一向宗(浄土真宗)の浸透した近畿・東海・北陸地方では，惣結合を利用して，信仰組織である講が結成され，これが一揆の母体となった。

4 おもな一揆

徳政一揆	**正長の徳政一揆**(1428年)❸…近江坂本の馬借が蜂起し，京都に乱入➡酒屋・土倉・寺院などの高利貸を襲撃➡周辺国に波及。惣の農民が一揆に参加し，各地で私徳政を獲得。
	播磨の土一揆(1429年)…播磨(兵庫県)で守護大名の赤松氏を追い出そうとしたが，鎮圧された。
	嘉吉の徳政一揆(1441年)…嘉吉の変を契機に，京都中心におこる❹➡幕府は徳政令を発布。
国一揆	**山城の国一揆**(1485年)…南山城(京都府)の国人たちは，応仁の乱後も戦っていた畠山政長・義就両軍を国外に追放➡宇治の平等院で掟を定め，以後**月行事**を置き**8年間**自治的支配。
一向一揆	**加賀の一向一揆**(1488年)…加賀(石川県)の一向宗徒が蜂起➡守護富樫政親を滅ぼし，以後**約100年間**，国人・坊主・農民らが加賀を自治支配。

要点
一揆
- 徳政一揆…**正長の徳政一揆**，嘉吉の徳政一揆
- 国一揆…**山城の国一揆**
- 一向一揆…**加賀の一向一揆**

+α

❶ **自検断**　検断は侍所・守護・地頭などの職務で，検挙・断罪を意味する。すなわち，自検断は重要な国家的権限を惣が行うということに意味の重さがある。

❷ **入会地**　薪・炭・肥料・牛馬の飼料としての下草をとるために利用された。

❸ **正長の徳政一揆**　当時の支配者はこの一揆を「天下の土民蜂起す。…凡そ亡国の基，これに過ぐべからず。日本開白以来，土民蜂起是れ初めなり」と述べている。

❹ **代始めの徳政**　将軍が7代義勝にかわることにちなんだ徳政を要求した。

33 室町幕府の衰退と応仁の乱

1 室町幕府の衰退

1. **義持**時代（4代） 将軍と有力守護大名の勢力は均衡がとれ，幕政は安定。
2. **義教**時代（6代） 義教は1度出家して僧になっていたことと，くじで将軍に就任したということで権威がなかった。一方で守護領国制は進展し，力をつけた守護大名は義教を軽んじたので，義教は専制的になった。
3. 守護大名の反乱
   ① **永享の乱**（1438～39年）…鎌倉公方**足利持氏**は将軍になれなかった不満から，反乱をおこした➡義教に征討され，鎌倉府の実権は関東管領**上杉氏**に移った。（→p.75）
   ② **嘉吉の変**（1441年）…播磨の守護大名**赤松満祐**が義教を暗殺した。赤松満祐は**山名持豊**（**宗全**）らに討たれた。
4. 幕府への不信 嘉吉の変を契機に土一揆がおこり（**嘉吉の徳政一揆**），幕府はしばしば徳政令を出すようになった。のちには，その発布によって負債を破棄する代償となる手数料（**分一銭**）❶をとり，幕府の財源にあてたので不信を招いた。

> **要点**
> 4代将軍**義持**…安定した幕政
> 6代将軍**義教**…専制的な政治（永享の乱）➡**嘉吉の変**で殺害される

2 応仁の乱 重要

1. 原因 おもに次の3つが考えられる。
   ①**室町幕府の弱体化**…8代将軍**義政**は，ぜいたくな生活で財政を窮迫させ，また，政治を夫人の**日野富子**❷らに任せていた。そのうえ，管領の**細川勝元**と，四職の1人**山名持豊**が幕府の実権をめぐって対立するようになった。
   ②**守護大名の家督争い**…守護大名の家では嫡子の単独相続が一般となったため，**斯波・畠山**両氏にそれぞれ家督相続の争いがおこった。これに，幕府内の指導権確立をねらう細川勝元と山名持豊がそれぞれを援助して対立した。
   ③**将軍家の継嗣争い**…最初，子供のいなかった義政は，弟の**義視**を後継者とした。しかし，日野富子が**義尚**を生んだため，富子は義尚を将軍にしようとして山名持豊に頼り，義視は細川勝元に頼って，双方の対立は激化した。

◀応仁の乱関係図（1468年頃）*

	将軍家	斯波氏	畠山氏	幕府内部
東軍	┬（足利義政） ├─足利義尚 日野富子	─義敏	─持富─政長	細川勝元
西軍	└─足利義視	─義廉	─持国─義就	山名持豊（宗全）

＊開戦直後は、東軍が義視側、西軍が義政・義尚側についていたが、68年に左図のようにかわった

2 経過

開始	1467年、**細川勝元**と**山名持豊**の対立が激化し、この両者にそれぞれ対立する勢力がついて戦乱がおこった。
経過	・東軍細川勝元側につく守護大名は24か国で、その兵力は16万人。 ・西軍山名持豊側につく守護大名は20か国で、その兵力は11万人。 ・**足軽**❸の活躍で、決着がつかない。 ・持豊も勝元も、ともに1473年に死去したが、戦乱は続いた。 ・この間、守護大名の領国経営のすきをついて、守護代や国人が**戦国大名**となり、領国を支配するようになった。
終結	守護大名らは、家臣に領国の支配権を奪われそうな状況に不安を感じ、帰国。これにより1477年、**11年**におよぶ乱は終結。

3 結果

①**京都の衰え**…町は戦火に焼かれ荒廃➡文化人の地方下向。
②**幕府権威の失墜**…将軍の支配力は山城国(→p.89)にしか及ばなくなる。
③**下剋上の世相**…身分の下の者が上の者に打ち勝つ**下剋上**が、応仁の乱以後さかんになった（山城の国一揆、加賀の一向一揆など）。

> **要点** **応仁の乱**（1467年）
> ①幕府の弱体化、守護大名の争いなどが発端
> ②**足軽**の活躍などにより、11年間続く➡戦国時代へ

+α

❶**分一銭** 幕府は徳政一揆が多くなると、債務者から負債の何分の1（10分の1か5分の1）を分一銭として納入することを条件に徳政令を出した。

❷**日野富子** 公家の出である富子は米相場や大名へ高利貸を行い、京都の入口に関所を設けて関銭を徴収したので、人々の不評を買い、幕政混乱の一因をつくった。

❸**足軽** 応仁の乱以後の戦国時代に陣中で使われた雑兵を足軽という。農民、とくに名主層出身の者が多いが、集団戦法の採用につれて不可欠のものとなった。

34 室町時代の産業の発達

1 農業の発達

1｜耕地の拡大 近畿地方を中心に棚田が開発され，斜面利用がすすむ。

2｜稲作技術の進歩

項　目	内　　　容
品種改良	早稲・中稲・晩稲の基本的な3つの品種を，その地方の自然条件に応じて植える。❶
裏作の発展	水田では米と麦，畑では麦と大豆，麦とそばといった二毛作が関東へも普及。畿内では米・麦・そばの三毛作も行われた。
灌漑用水	水車を使用。また，排水の効率化のため，分木を設置したり，時間給水を行ったりした。
肥　料	刈敷・草木灰のほか，下肥(人糞肥料)の使用もはじまる。

3｜商品作物の栽培 京都・奈良近郊で瓜・なす・かぶなどの蔬菜や大豆・小豆・茶・荏胡麻(油の原料)・苧(麻織物の原料)・桑(絹生産に必要)・楮(和紙の原料)・漆・藍(染料の原料)などの商品作物が栽培された。

2 水産業・鉱業

1｜漁業 専業漁師が出現し，鵜飼・一本釣のほか地引網が現れ，漁法が発達。

2｜製塩 瀬戸内海地方を中心に発展し，自然浜(揚浜塩田)のほか古式入浜もつくられるようになった。❷ →のちの入浜塩田

3｜鉱業 戦国大名が開発につとめた。

種別	お　も　な　産　地
金山	佐渡(上杉氏)・甲斐(武田氏)
銅山	備中・備前・美作など中国山地
銀山	石見(大内氏)・但馬(毛利氏)
砂鉄	中国山地

▲おもな鉱山

3 手工業の発達

1｜背景 農業生産力が向上し，社会全体の富が増加すると，副業で手工業を行っていた農民や，公家や寺社に隷属していた技術者が独立して専門職人になった。彼らは注文生産のほか，市場向けの生産を行い，各地で特産物が生まれた。

2 おもな特産物

種別	手工業品（おもな産地）	備考
鋳物 鍛冶	なべ・かま・農具など **刀剣**（備前・備中・相模・山城・筑前・美濃）	鋳物師の出現 対外貿易の輸出品として重要
織物	麻（越後・信濃）　木綿（三河） **絹**（**京都・加賀**・越前・足利など）	**京都西陣**・博多・山口・堺に 高級絹織物業がおこる
和紙	美濃紙（美濃）　杉原紙（播磨） 檀紙（讃岐）　鳥の子紙（越前）	
陶器	河内の樟葉・尾張の瀬戸・備前の伊部	
醸造	酒 油（山城大山崎）	大山崎の油座は、原料・製品の 売買で、10国の独占権をもった

3 座の発達 【重要】

室町時代，手工業者の同業者組合である**座**の数は飛躍的に増加。

①多種にわたる生産部門に手工業者の座が登場。

②大寺社や天皇家から**神人**・**供御人**の称号が与えられた。

③全国的に結成されるようになり，上記の特産物などを生産。❸

地域	本所	座
奈良	興福寺	油座・酒座 塩座など多数
京都	祇園社 北野神社 大山崎離宮八幡宮	綿座など多数 酒麴座 油座
近江	日吉神社	紙座

▲おもな座

> **要点**　室町時代の産業
> ①農業…**三毛作**，**下肥**の使用，商品作物の栽培
> ②**手工業の発達**（特産物），**座**の発展（大山崎油座など）

+α

❶**稲の品種**　東日本ではおもに早稲を，西日本では晩稲を栽培した。

❷**揚浜と古式入浜**　浜辺まで人力で海水を運び，塩田に海水をまく製法が揚浜塩田。一方，潮の干満を利用し，堤に海水を入れる方法が古式入浜である。

❸**座の消滅**　室町時代中頃になると，座の商人は座に属さない新興の商工業者と対立し，座は戦国大名や織田信長が行った楽市・楽座（→p.95）によって消滅した。

35 室町時代の商業・都市の発達

1 商業の発達

1│ 発達の原因
①手工業の発達。
②領主が年貢の銭納を要求➡農民が作物を貨幣にかえるようになった。

2│ 定期市の発達 重要
①六斎市…鎌倉時代の三斎市から発展し，月に6回市を開くようになった。
②見世棚(店棚)…都市では見世棚をかまえた常設の店舗が一般的になった。
③卸売市場…大都市とその周辺・特産地には，特定の商品を扱う専門の市場も生まれた。京都の米場，淀の魚市など。

3│ 行商人
市場と市場を行き来する行商人も現れ，振売や連雀商人などが活躍。
①大原女…炭や薪を売る
②桂女…鵜飼集団の女性で，鮎を売る
} 女性が多いのが特色

2 貨幣の流通と金融

1│ 貨幣の流通
①貫高制❶…年貢の銭納が行われ，年貢収納量を銭で換算する貫高制を採用。
②貨幣…日明貿易で輸入された明銭(永楽通宝・洪武通宝など)が主要な貨幣となった。また，粗悪な私鋳銭も流通。
③撰銭と撰銭令…私鋳銭の流通とともに，貨幣を選ぶ撰銭が行われ，円滑な流通が阻害➡幕府や戦国大名は貨幣間の交換率を決めたり，悪貨の使用を禁止する撰銭令を発布。

2│ 金融機関 重要
貨幣経済の進展にともない，金融業が発達した。
・酒屋・土倉…鎌倉時代の借上にかわり，幕府・寺院の保護を受けて栄えた。それぞれ酒屋役・土倉役を納め，それが幕府の財源となった。

3│ 為替
鎌倉時代より一層さかんになり，割符とよばれる手形が使われた。

> **要点**
> ①商業…六斎市，行商人(振売・連雀商人，大原女・桂女)
> ②貨幣…貫高制，撰銭令 ③金融業…土倉・酒屋

3 交通の発達

1 海上運輸　主要港を結ぶ廻船（かいせん）が定期的に運航された。

2 陸上運輸

①**物資輸送**…**馬借**（ばしゃく）・**車借**（しゃしゃく）とよばれる運輸業者が京都・奈良近郊で活躍した。

②**問屋の発達**…鎌倉時代の**問**（問丸）が，仲買・運送・保管・委託販売を行って，専門卸売業者の**問屋**に発達した。

3 関所の設置　交通・運輸の増加に注目した幕府・寺社・公家が水陸交通の要地に関所を設け，**津料**や**関銭**を徴収。このため交通や通商の発達が妨げられた。

4 都市の発達　重要

産業・商業・交通の発達や，寺社参詣（さんけい）の流行などによって，都市が発達した。

城　下　町	港　町	門前町❷（寺内町）❸
小田原（北条氏）	坂本・大津（琵琶湖）	坂本（延暦寺）
甲府（武田氏）	淀（淀川）	長野（善光寺）
一乗谷（朝倉氏）	兵庫・堺・尾道（瀬戸内海）	宇治・山田（伊勢神宮）
山口（大内氏）	三国・敦賀・小浜（日本海）	大坂（石山本願寺）
豊後府内（大友氏）	桑名・四日市・大湊（太平洋）	吉崎（吉崎道場）
鹿児島（島津氏）	博多・平戸・坊津（九州）	（大坂・吉崎は寺内町）

1 自治の成立　都市の中には，商工業者が経済力をつけ，地域的に団結し，大名支配から独立し，寄合によって町政を運営するものもあった。

2 自由都市

①**堺**…36人の**会合衆**（かいごうしゅう・えごうしゅう）で合議を行う。傭兵と環濠により自衛。

②**博多**…12人の**年行司**（ねんぎょうじ）によって自治を運営。

③京都
- **町衆**（ちょうしゅう）とよばれる裕福な商工業者が自治的団体（**町**（ちょう））を組織。
- 独自の**町法**を定め，町衆の中から**月行事**（がちぎょうじ）を選び，自治を行う。応仁の乱後，戦火で焼かれた京都の町も町衆によって復興された。

用語

❶**貫高制**　土地の広さを銭納による年貢収納額で表す方法。このうち，永楽通宝を使用した場合，永高とよぶ。

❷**門前町**　寺社参詣人の増加により，寺社門前に発達した町。

❸**寺内町**　浄土真宗の勢力の強い地域でその寺院や道場を中心につくられた町。

36 室町文化

1 室町文化の流れ

1｜南北朝文化
担い手は新興武士。その派手な気風を「バサラ」という。

文学	南北朝の動乱の推移を記したものが現れた。 ①歴史書…南朝の正統性を強調した北畠親房『神皇正統記』,『増鏡』 ②軍記物語 ・足利氏(北朝)の正当性を強調した『梅松論』 　　　　　 ・南北朝の動乱を描いた『太平記』
芸能	田楽と猿楽が融合して能楽が大成された
茶寄合	闘茶などが催された

2｜北山文化 重要
3代将軍義満時代。公家文化と武家文化が融合し発展。

建築	金閣…義満が建てた。寝殿造と禅宗様の混合したもの
絵画	水墨画…東福寺の明兆, 相国寺の如拙(「瓢鮎図」), 周文
芸能	寺社の保護を受けて能を演じる専門的芸能集団(座)が現れた。観世座の観阿弥・世阿弥父子は義満の保護を受け, 能(猿楽能)を大成 ➡世阿弥は能の真髄を述べた『風姿花伝』(花伝書)を著す

3｜東山文化 重要
8代将軍義政時代。簡素で幽玄・侘の精神をもつ。

建築	住宅建築では書院造がおこった ①銀閣…義政が建てた。下層および東求堂は書院造 ②慈照寺東求堂同仁斎は, 書院造で義政の書斎だった
絵画	①水墨画…雪舟が, 日本的な水墨画様式を創造した。 　代表作は「四季山水図巻」 ②大和絵…狩野正信・元信父子は水墨画に伝統的な大和絵の手法を取り入れ, 狩野派を大成。土佐派では土佐光信が現れた
庭園	石や砂で作庭する枯山水が発達。龍安寺石庭や大徳寺大仙院庭園
茶の湯	村田珠光…四畳半の侘茶をはじめる 武野紹鷗…戦国時代に現れ, さらに簡素化させる

花道	**池坊専慶**が生け花を花道として大成した
工芸	**後藤祐乗**が刀剣の目貫などを制作し，義政に仕えた
有職故実・古典研究	北畠親房の『職原抄』，**一条兼良**の『花鳥余情』が有名

> **要点**
> **北山文化**(義満時代)…**金閣**，能楽(観阿弥・**世阿弥**)
> **東山文化**(義政時代)…**銀閣**(**書院造**)，水墨画(**雪舟**)，枯山水など

2 民衆文化の発達 重要

1 **連歌** 和歌の上の句と下の句を次々と唱和。南北朝時代から大流行した。
①**二条良基**…『菟玖波集』を撰し，1372年には連歌の規則の『応安新式』を制定。
②**宗祇**…**正風連歌**を確立し，『新撰菟玖波集』を撰集した。
③**宗鑑**…自由な気風をもつ**俳諧連歌**をはじめ，『犬筑波集』を編集した。

2 **御伽草子** 庶民生活に題材をとる短編小説で，この時代に流行。『浦島太郎』『一寸法師』『物くさ太郎』など。

3 **狂言** 能の合間に演じられ，庶民的な滑稽さが特色である。

4 **小歌・舞** 小歌集の『閑吟集』がつくられ，幸若舞などが現れた。

3 仏教・神道

1 **禅宗** 重要 幕府の保護を受けて臨済宗が栄え，**五山・十刹**の制が整備。五山の僧は政治・外交の顧問となったり，**五山文学**❸で活躍する者が多かった。
→五山に次ぐ官寺

2 **浄土真宗**(一向宗) 本願寺の**蓮如**が越前吉崎(福井県)に進出して北陸に布教した。平易な文章(**御文**)と，**講**を組織して惣村に広め，各地に勢力をのばした。

3 **日蓮宗**(法華宗) **日親**が京都で布教➡京都の町衆に浸透。
①1532年…**法華一揆**で一向一揆と対立。
②1536年…延暦寺と対立し，争乱➡日蓮宗は京都を追われた(**天文法華の乱**)。

4 **唯一神道** **吉田兼倶**は**反本地垂迹説**に基づき，唯一神道を確立。
→吉田神社の神官

+α

❶ **大和四座** 興福寺を本所とする観世・宝生・金春・金剛の大和四座が有名である。
❷ **書院造** 床・棚・付書院などをもち，明障子・襖を用いる。現代の日本住宅の源。
❸ **五山文学** 朱子学の研究とともに漢詩文が流行した。義満の頃の義堂周信・絶海中津らが代表者で，木版印刷で五山版といわれる図書を刊行した。

37 戦国大名の出現

1 下剋上の風潮

応仁の乱で幕府の無力さが露呈すると，守護代や国人などの実力ある在地の支配者が守護大名の支配権を奪っていった（下剋上）。

```
守護上杉氏(越後) ➡ 守護代長尾為景
守護斯波氏 ┌(尾張) ➡ 守護代織田氏 ➡ 織田信長
          └(越前) ➡ 守護代朝倉孝景
管領細川氏 ➡ 執事三好長慶 ➡ 家臣松永久秀
守護大内氏(周防) ➡ 家臣陶晴賢 ➡ 国人毛利元就
```
▲下剋上の例

2 各地の戦国大名

1│関東地方 鎌倉公方は下総の**古河公方**と伊豆の**堀越公方**とに分かれ，関東管領の**上杉氏**も山内・扇谷の両家に分かれて争った。結局，小田原に本拠をもつ**北条早雲**（伊勢宗瑞）とその子孫が征覇。 →相模

2│東海・北陸地方 重要
①越後（新潟県）…上杉氏の守護代**長尾景虎**が主家の名跡を受け，**上杉謙信**と称し，勢力をのばした。**武田信玄**（晴信）とは川中島（長野県）で戦った。
②甲斐（山梨県）…守護**武田氏**が下剋上の風潮の中で，在地との結びつきを強化する中で力をつけ，**武田信玄**は甲斐を中心に中部地方一帯を侵略した。
③駿河・遠江（静岡県）…**今川義元**が勢力をのばした。
④尾張（愛知県）…斯波氏の守護代だった**織田氏**が進出した。
⑤越前（福井県）…斯波氏の守護代**朝倉孝景**が進出し，一乗谷を本拠とした。

3│近畿地方 室町幕府は，管領細川氏が将軍を廃し，実権をにぎる➡その家臣**三好長慶**，さらにその家臣**松永久秀**に実権が移った。近江北部で浅井氏が台頭。

4│中国地方 山陰の出雲・石見には**尼子氏**。山陽の周防・長門に勢力をもった大内氏は，その家臣**陶晴賢**に滅ぼされた。1555年には**毛利元就**が**厳島の戦い**（広島県）で陶氏を破り，やがて尼子氏をも破って中国地方を統一した。

5│四国地方 土佐（高知県）の**長宗我部元親**が，国人・地侍を組織し四国を統一。

6│九州地方
①肥前（佐賀・長崎県）…**龍造寺氏**が西北九州を平定。 ←地頭出身
②豊後（大分県）…**大友氏**が強大となった。
③薩摩（鹿児島県）…鎌倉以来，守護であった**島津氏**が薩摩・大隅・日向などの南九州を平定。

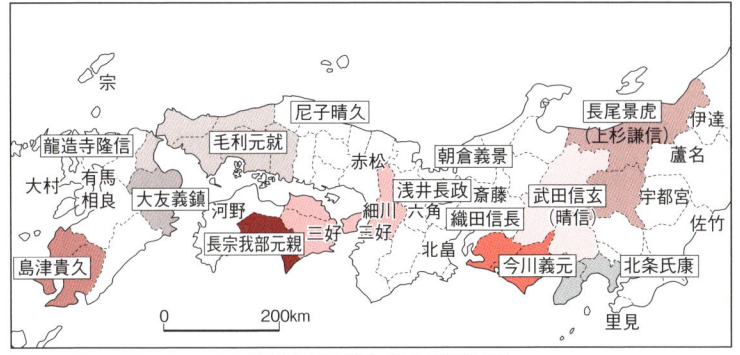

▲戦国大名の割拠（16世紀中頃）

> **要点** **戦国大名**｛守護代や国人から戦国大名へ
> ➡一国の領主となっていく

3 文化の地方普及

応仁の乱をさけて公家や僧侶が地方へ下ったことや，戦国大名が積極的に都の文化を吸収しようとしたため，中央の文化が地方へ普及した。

1｜大内氏と山口　大内氏の城下町**山口**には多くの文化人が集まり，**雪舟**もここで「四季山水図巻」を描いた。また，多数の書籍も出版された（大内版）。

2｜朱子学の地方普及

①五山の禅僧により研究された朱子学は，応仁の乱以後地方に広まった。とくに肥後（熊本県）の**菊池氏**や薩摩の**島津氏**に招かれた**桂庵玄樹**は，朱熹の『大学章句』を出版するなど，のちの**薩南学派**の祖となった。

②**南村梅軒**は土佐の吉良氏に仕え，後の**南学**（海南学派）の祖となった。

3｜足利学校の再興　地方の武士も，学問に対する関心を次第に高めた。関東管領**上杉憲実**は**足利学校**を再興➡禅僧を師とし，多くの武士や僧侶が学んだ。

4｜武士・庶民の教育　大学や公家の私学などの教育機関は衰退したが，武士や富裕な町人の子弟は，寺入りをして僧侶から初等教育を受けた。その教科書として『庭訓往来』『いろは歌』『実語教』などが用いられた。

5｜庶民の学問　庶民の間にも，次第に学問が浸透し，堺の阿佐井野宗瑞が医書を出版，奈良の商人が一般向けの辞書『節用集』を刊行した。

38 戦国大名の分国支配

1 分国支配の確立 *

*戦国大名の領国は分国とよばれた

1 一国の支配

戦国大名は，幕府の威令に服さなかった。このため，ほかの権力者と競合することなく，分国内を完全に支配することができた。

	守護大名	戦国大名
幕府との関係	将軍の**任命**。領国支配のため幕府権力に依存	将軍から**独立**。実力で地位を獲得。
大名の居所	有力守護は**京都**。領国には**守護代**や有力国人	**領国**に居住。**城下町**の建設。家臣は城下に集住
家臣の統制	国人を被官化。所領給与は不明確➡主従関係は弱い	国人を家臣に組織。所領を給与➡主従関係は強い
支配力	一円領国化は不十分➡一揆に悩む	**検地**を実施。一揆は強力に鎮圧
政治・経済策	領国での政治・経済力の掌握は不十分	**分国法**を制定。富国強兵策。産業の保護育成

▲守護大名と戦国大名のちがい

2 家臣団の編成

戦国大名は，国人・地侍など現地の武士を家臣に取り込んだ。

① **家臣の編成**…家臣を一族衆（大名の一族），国衆・外様衆（新たに家臣となった武士）に分けた。
② **寄親・寄子制**…大名の家臣のうち，有力武士が組頭（**寄親**）として，下級武士（**寄子**）を支配した。これにより，家臣団の連携を高め，槍組・鉄砲組などの集団戦を可能にした。

2 富国強兵策

戦国大名は，それぞれ富国強兵の政策をとった。

1 築城　軍事および政治の拠点として城をつくる。

2 **城下町**の形成　城のそばに家臣団を集住させ，また，商工業者も住まわせた。

3 農村の支配　土地や農民は全て大名が直接支配する方策をとった。

・**指出検地**❶…貢納を確実にするために，家臣や寺社に土地の面積などを自己申告させて，検地を行った。

4 商工業の促進　座の商人以外の商工業者を城下に集め，市場税を設けない**楽市**❷を行ったり，分国内の関所を廃止したりして，彼らを保護した。

5 その他　治水工事を行って農業生産力の増産につとめたり，鉱山を開発した。❸

> **要点**　戦国大名の支配
> ①将軍から独立。**寄親・寄子制**
> ②富国強兵策…**城下町の形成，検地**，商業の促進，鉱山開発

3 分国法の制定

分国法とは，分国支配のため定められた基本法で，大名の領主権を強化する面と，家臣たちが大名の権力を規制しようとする面があった。

1│内容 重要　御成敗式目の影響を受けている。

① 家臣の**所領の売買は禁止**，または制限つきで許可する。
② 嫡子(惣領)の**単独相続**とし，女子の相続権は認めない。
③ 訴訟の裁決は，双方にうらみを残さないよう**喧嘩両成敗**とする。
④ 家臣が分国外の武士と通交すること，分国内でも家臣が同盟することを禁止。
⑤ 個人の罪について一族が連帯責任を負い(**縁坐**)，また，主従関係にある者や，犯罪に加担したとみなされた者も責任を負う(**連坐**)。

2│おもな分国法　＊がついているものは家訓

国名	大名	法令名	制定年
陸奥	伊達氏	**塵芥集**	1536
下総	結城氏	結城氏新法度	1556
伊豆	北条氏	早雲寺殿廿一箇条＊	不明
駿河	今川氏	**今川仮名目録**	1526・1553
甲斐	武田氏	**甲州法度之次第**	1547
越前	朝倉氏	**朝倉孝景条々**	1479〜81年
近江	六角氏	六角氏式目	1567
周防	大内氏	大内氏掟書	1495頃
土佐	長宗我部氏	長宗我部氏掟書	1596

+α

❶**指出**　土地所有者に面積・耕作者・収穫高などの明細を指し出させたもの。
❷**楽市**　従来の座の特権廃止，新興商人への市場税・営業税の免除をいう。
❸**信玄堤**　武田信玄が甲府盆地の釜無川の岸に造成したといわれている。

要点チェック

↓答えられたらマーク　　　　　　　　　　　　　　　　　　　わからなければ⤴

- [ ] **1** 農民を率いて、幕府や荘園領主に反抗するようになった武士を何というか。　p.70
- [ ] **2** 六波羅探題を滅ぼしたのはだれか。　p.71
- [ ] **3** 建武の新政の混乱の大きな原因は、恩賞の不公平と、本領安堵にあるものが必要になったことだが、それは何か。　p.71
- [ ] **4** 建武の新政に反旗をひるがえした足利尊氏と戦って敗れた、悪党出身の武士はだれか。　p.72
- [ ] **5** 足利尊氏が実質的に幕府を開くときに制定した式目は何か。　p.72
- [ ] **6** 南北朝の動乱の中で足利尊氏と直義が対立した乱は何か。　p.72
- [ ] **7** 守護が大犯三カ条のほかに新たに得た権限は何か(2つ)。　p.73
- [ ] **8** 守護が守護大名に成長するきっかけとなった荘園侵略の方法を2つ答えよ。　p.73
- [ ] **9** 足利義満が山名氏を制圧した争乱は何か。　p.74
- [ ] **10** 足利義満は征夷大将軍になったあと、公家政権の最高の地位についたが、それは何か。　p.74
- [ ] **11** 室町幕府の管領に就任できる三家は何か。　p.75
- [ ] **12** 鎌倉府の長官を何というか。　p.75
- [ ] **13** 室町幕府の財源のうち金融業者に賦課したものは何か(2つ)。　p.75
- [ ] **14** 日明貿易について、次の問いに答えよ。　p.76
  ①貿易の際に用いられた合札のことを何というか。
  ②朝貢形式を不満に思い、貿易を中止した人物はだれか。
- [ ] **15** 日朝貿易は対馬の何氏を通じて行われたか。　p.77
- [ ] **16** 鎌倉時代末頃に、村の中にできた農民の自治的組織は何か。　p.78
- [ ] **17** 農村が年貢納入を請け負うことを何というか。　p.78
- [ ] **18** 1428年、近江坂本の運送業者がおこした一揆は何か。　p.79

答え

1 悪党　**2** 足利尊氏　**3** 綸旨　**4** 楠木正成　**5** 建武式目　**6** 観応の擾乱　**7** 刈田狼藉の取り締まり・使節遵行　**8** 半済・守護請　**9** 明徳の乱　**10** 太政大臣　**11** 細川氏・斯波氏・畠山氏　**12** 鎌倉公方　**13** 土倉役・酒屋役　**14** ①勘合　②足利義持　**15** 宗氏　**16** 惣(惣村)　**17** 地下請(百姓請)　**18** 正長の徳政一揆

要点チェック

- **19** 国人が畠山氏を追放し8年間、国を支配した一揆は何か。 p.79 ③④
- **20** 浄土真宗の信者たちが富樫政親を殺害し、約1世紀の間、当国を支配した一揆は何か。 p.79 ③④
- **21** 鎌倉公方の足利持氏がおこした反乱を何というか。 p.80 ①③
- **22** 将軍足利義教が播磨の赤松満祐に殺害された乱は何か。 p.80 ①③
- **23** 応仁の乱について、次の問いに答えよ。 p.80 ②
  ①応仁の乱がおこったときの将軍はだれか。
  ②応仁の乱の東西両軍、それぞれの総大将はだれか。
  ③この乱のときに活躍した軽装の雑兵を何というか。
- **24** 応仁の乱後、下位の者が上位の者を倒すようになった風潮を何というか。 p.81 ②③
- **25** 室町時代に使用された人糞肥料は何か。 p.82 ①②
- **26** 日明貿易の重要輸出品となった鍛冶製品は何か。 p.83 ③②
- **27** 鎌倉時代に成立し、室町時代に発達した同業者組合は何か。 p.83 ③③
- **28** 私鋳銭の流通で経済が混乱した際、幕府が出した法令は何か。 p.84 ②①
- **29** 物資の仲買・運送・保管・委託販売を行った業者は何か。 p.85 ③②
- **30** 36人の会合衆による自治が行われていた都市はどこか。 p.85 ④②
- **31** 京都の町人による自治を支えた商工業者を何というか。 p.85 ④②
- **32** 観阿弥・世阿弥父子によって大成された芸能は何か。 p.86 ①②
- **33** 水墨画を日本的に大成させた画家はだれか。 p.86 ①③
- **34** 『新撰菟玖波集』を編纂した人物はだれか。 p.87 ②①
- **35** 室町時代の五山・十刹の制と関係があるのは何宗か。 p.87 ③①
- **36** 唯一神道を確立した人物はだれか。 p.87 ③④
- **37** 北条氏は相模のどこに本拠地を置いたか。 p.88 ②①
- **38** 足利学校を再興した人物はだれか。 p.89 ③③
- **39** 戦国大名の領国統治方針を示した法令を何というか。 p.91 ③
- **40** 39のうちで伊達氏、武田氏の法令はそれぞれ何か。 p.91 ③②

答え

19 山城の国一揆 20 加賀の一向一揆 21 永享の乱 22 嘉吉の変 23 ①足利義政 ②東軍＝細川勝元、西軍＝山名持豊(宗全) ③足軽 24 下剋上 25 下肥 26 刀剣 27 座 28 撰銭令 29 問屋 30 堺 31 町衆 32 能(猿楽能) 33 雪舟 34 宗祇 35 臨済宗 36 吉田兼倶 37 小田原 38 上杉憲実 39 分国法 40 伊達氏＝塵芥集、武田氏＝甲州法度之次第

39 南蛮文化の伝来と織田信長の統一

1 大航海時代

ヨーロッパでは封建時代のあとに中央集権的国家が成立し，**キリスト教の布教**活動や，**植民地**や**貿易相手国**を求めて積極的に東洋進出に乗り出した。
① **スペイン**（イスパニア）…フィリピンの**マニラ**を根拠地とする。
② **ポルトガル**…インドのゴア，中国の**マカオ**を根拠地とする。

2 南蛮貿易とキリスト教の伝来 【重要】

1│最初の来航

① **ポルトガル**…1543年（天文12年），**種子島**に漂着し，島主**種子島時堯**に**鉄砲**❶を伝える ➡ 以後九州各地に来航。
② **スペイン**…1584年，肥前の**平戸**に来航。

2│南蛮貿易
当時の日本では，ポルトガル人とスペイン人を**南蛮人**とよんだ。
① **性格**…**中継貿易**で，キリスト教の布教と一体化。
② 貿易品
　　輸出品…**銀**・刀剣・海産物・漆器
　　輸入品…**生糸**（中国産）・**鉄砲**・火薬・皮革・鉄・絹布・薬品

3│キリスト教の伝来

① **イエズス会の布教**…1549年（天文18年），イエズス会❷の宣教師**フランシスコ＝ザビエル**が**鹿児島**に上陸し，キリスト教を伝えた ➡ 山口・府内（大分）などで布教。
② **キリスト教の普及**…ザビエル以降，来日した宣教師は布教とともに，各地に南蛮寺や**コレジオ**（宣教師の養成学校）・**セミナリオ**（神学校）の建設や，慈善事業を行った。そうして，キリスト教は近畿や九州北部を中心に広まった。
③ **キリシタン大名**…貿易の利益や武器の輸入を求めた大名の中には，キリスト教の洗礼を受ける者が現れた。
④ **天正遣欧使節**❸（1582年（天正10年））…**大友義鎮**（宗麟）・**大村純忠**・**有馬晴信**は，宣教師の**ヴァリニャーニ**のすすめで少年使節をローマ教皇のもとに派遣。

> **要点**
> ポルトガル人が種子島に漂着（1543年）➡ **鉄砲伝来**，南蛮貿易
> **フランシスコ＝ザビエルの来日**（1549年）➡ **キリスト教伝来**，天正遣欧使節（1582年）

3 織田信長の統一事業

応仁の乱以来，約100年間にわたる戦乱が続いたが，その中から**尾張**(愛知県)の**織田信長**が台頭してきた。

1 信長の統一過程

年代	ことがら	敵対者	内　容
1560	**桶狭間の戦い**	今川義元	駿河の今川義元を破り，中央進出の機会を得る
1568	京都へ入る		**足利義昭**を15代将軍とする
1570	姉川の戦い	浅井長政 朝倉義景	近江の浅井氏，越前の朝倉氏を討つ
1571	延暦寺焼打ち	延暦寺	浅井・朝倉氏と結んだ延暦寺を焼き払う
1573	室町幕府滅亡	足利義昭	信長に対立した将軍義昭を京都から追放
1575	**長篠合戦**	武田勝頼	足軽鉄砲隊を用いて武田氏を滅ぼす
1570〜80	石山戦争	顕如	石山本願寺に立ち退きを命令➡11年の戦争のあと明け渡す
1582	**本能寺の変**	明智光秀	家臣の**明智光秀**に襲われ，信長は自害

2 信長の政策 重要

①**土地政策**…領土を拡大するごとに**指出検地**を実施した。

②**経済政策**…**楽市令**を出し，市や座の特権を否定➡商業の発展を推進。

③**都市政策**
- **大津・草津・堺**など重要都市を直轄領とした。
- 近江に**安土城**を築城。城下町を形成。

④**通貨政策**…1569年，撰銭令を出して，商品流通の円滑化をはかった。

⑤**交通政策**…関所の撤廃。道路補修・架橋を行う。

⑥**宗教政策**
- **仏教の弾圧**…浄土真宗(一向宗)・日蓮宗・比叡山延暦寺を弾圧。
- **キリスト教の保護**…宣教師ルイス＝フロイスに京都布教を許可。

+α

❶**鉄砲の影響**　従来の騎馬隊中心の戦法から足軽の鉄砲隊の登場となり，築城法も山城から平城へと変化した。まもなく和泉の堺，紀伊の根来，近江の国友などで鉄砲を製造するようになった。

❷**イエズス会**　スペインのイグナティウス＝ロヨラを中心に結成され，新教(プロテスタント)に対抗して旧教(カトリック)の発展をはかった。耶蘇会ともよばれる。

❸**天正遣欧使節**　伊東マンショ・千々石ミゲルを正使，原マルチノ・中浦ジュリアンを副使とする4名がローマ教皇グレゴリウス13世に謁見し，1590年に帰国した。

40 豊臣秀吉の天下統一

1 豊臣秀吉の統一過程

信長の統一事業を引き継いだのは、地侍出身で信長の家臣だった**豊臣秀吉**であった。秀吉は、ほかの武将や戦国大名を倒し、天下統一に成功した。

年代	内　　　　容
1582年	・毛利氏征討のため備中高松城を包囲中、**本能寺の変**がおこる
	・山崎の合戦で**明智光秀**を討つ
1583年	・賤ヶ岳の戦いで、**柴田勝家**を滅ぼす
	・**大坂城**の築城を開始
1584年	・小牧・長久手の戦いで、**徳川家康**と和睦
1585年	・**関白**となる
	・長宗我部元親を降伏させ、**四国**を平定
1586年	・**太政大臣**になる（豊臣の姓を賜る）❶
1587年	・**惣無事令**❷に違反した**島津義久**を降伏させ、**九州**を平定
	・バテレン追放令を出す
	・京都に**聚楽第**を築く➡翌年、後陽成天皇を迎えて歓待する
1588年	・**天正大判**などを鋳造
	・**刀狩令・海賊取締令**を出す
1590年	・小田原の**北条氏政**を滅ぼす（小田原攻め）
	・**伊達政宗**ら東北地方・諸大名を服属（**奥州平定**）➡全国を統一
1591年	・**人掃令**を出す
1592年	・**朝鮮侵略（文禄の役）**（→p.99）
1594年	・京都に伏見城を築く
1596年	・26聖人殉教
1597年	・**2度目の朝鮮侵略（慶長の役）**
1598年	・秀吉没する

豊臣秀吉▶

要点
① 1585年に**豊臣秀吉**が**関白**となる➡惣無事令➡1590年に全国統一
② 秀吉が**大坂城**、聚楽第、伏見城を築く

2 豊臣政権の性格

秀吉は幕府を開くことができる征夷大将軍にはなれず，関白・太政大臣に任命される➡天皇の権威の利用（**後陽成天皇**を聚楽第に迎え，諸大名に服従を誓わせた）。❸

3 豊臣政権の組織 重要

1｜政治機構

①**五奉行** { 行政・財政・司法を担当する側近大名。
（**石田三成**・増田長盛・浅野長政・前田玄以・長束正家）

②**五大老**＊ { 秀吉の晩年に重要政務の合議のために設置。
（**徳川家康**・前田利家・毛利輝元・小早川隆景・宇喜多秀家・上杉景勝）

＊小早川隆景の死後，五大老とよばれた

2｜財政基盤

①**直轄領**…**蔵入地**とよばれ，おもに畿内にあった。広さは約220万石。
②**直轄都市**…京都・大坂・堺・伏見・長崎を直轄とし，富裕商人を統制した。❹
③**直轄鉱山**…**佐渡**・**石見**（鳥取県）・**生野**（兵庫県）を直轄とし，貨幣を鋳造した。

4 交通・貨幣制度

1｜交通
関所を撤廃し，おもな街道に**一里塚**を築いて交通制度を整えた。

2｜貨幣
天正大判（金貨）などを鋳造した。

> **要点** 豊臣政権
> ①秀吉は**関白**➡**太政大臣**
> ②**五奉行**・**五大老**の設置
> ③重要都市を直轄，鉱山の開発，貨幣の鋳造

+α

❶**太閤の呼称** 秀吉は羽柴姓であったが，1586年に豊臣姓を与えられて以後，太閤の称を好んで用いた。太閤とは摂政・太政大臣の尊称だったが，のち関白を子息に譲った人の意味にも使われた。

❷**惣無事令** 1585年に全国の支配権は秀吉にあることを示すため，戦国大名に停戦を命じた。

❸**秀吉と征夷大将軍** 足利義満以来，征夷大将軍は，源氏出身の武家がなっていたため，秀吉は征夷大将軍ではなく関白の地位を授かり，実権をにぎった。

❹**商人の統制** 戦国大名は豪商の力を借り，武器や兵糧の調達・輸送をした。秀吉も京都の角倉・茶屋，大坂の末吉，堺の千利休，博多の神谷などの豪商の協力を得た。

41 豊臣秀吉の政治と外交

1 太閤検地 重要

秀吉は山崎の合戦直後，山城の検地に着手し，以後勢力範囲を拡大すると検地を実施(**太閤検地**)。信長までの指出検地と異なり，検地役人を現地に派遣し，田畑を厳重に実測させた。1582～98年(天正10～慶長3年)まで行われたので，天正の石直しともいう。

1 検地の方法
① **単位の統一**…面積の単位を，**町・段・畝・歩**に統一。
② **京枡の採用**…これまで不統一であった枡の大きさを，**京枡**に統一。
③ **石高の制定**…田畑の等級を上田・中田・下田・下々田に分け，その1段あたりの生産力を**石盛**といった。**石高**は，石盛×面積。
④ **一地一作人**…実際の耕作者をその土地の所有者とし，他人の所有を認めない。
⑤ **税率**…年貢の納入額は石高3分の2を納める**二公一民**とした。

2 検地の意義
① **荘園の消滅**…一地一作人の原則により，荘園制が崩壊した。
② **大名知行制の確立**…秀吉は全ての大名に**検地帳**(御前帳)と**国絵図**を提出させる➡石高を基準に大名の知行高を定め，それに応じた軍役を負担させた。

2 刀狩令と人掃令

1 刀狩令(1588年) 重要
秀吉は農民を耕作に専念させ，一揆を防止するために京都方広寺の大仏造営を口実に刀狩令を発し，農民の武器を没収➡**兵農分離**。

2 人掃令
① 秀吉は1591年に人掃令を出し，武士が農民や町人になったり，農民が町人になることを禁止。
② 1592年に，関白豊臣秀次が再び人掃令を出して，全国の戸口調査を行った➡**兵農分離**が完成。江戸時代の**士農工商**の身分制度の基礎になる。

要点
- **太閤検地**｛面積の単位の統一，**京枡**，石高制
　　　　　　　一地一作人…荘園の消滅　　　➡**兵農分離**
- **刀狩令・人掃令**…身分の確定

3 外交政策

秀吉は当初キリスト教を認めていたが、のちに禁教政策に転換した。

1 バテレン追放令(1587年)　キリシタン大名の**大村純忠**が領地の長崎の一部を教会に寄進したことを知った秀吉が、外国人**宣教師の国外追放**を命令。

2 海賊取締令(1588年)　倭寇を取り締まり、貿易を奨励➡貿易とキリスト教の布教が一体となっていたため禁教は不徹底。

3 サン=フェリペ号事件(1596年)　遭難したサン=フェリペ号の乗組員が「スペインは布教して植民地化をはかる」と失言➡秀吉はスペインやポルトガルを警戒➡同年長崎で6名の宣教師と20名の日本人信者を処刑(**26聖人殉教**)。
　　　　　　　　　　　　　　　　　　　↳スペイン

4 朝鮮侵略 重要

1 発端 ①朝鮮に明攻略のための協力を要請。❺
　　　　 ②対馬の宗氏を通じて朝鮮に朝貢を要請➡朝鮮側が拒否。

2 2回の出兵

①**文禄の役**(1592～93年)…本陣は肥前名護屋➡漢城(ソウル)を占領したが、**李舜臣**の活躍や明の援軍により日本は窮地に陥る➡講和成立で停戦。

②**慶長の役**(1597～98年)…文禄の役の講和が破れ、再度出兵。日本軍の戦意は低く、苦戦➡秀吉の死を機に撤兵。

3 結果 ①豊臣政権の出費が多大で、衰退が早まる。
　　　　 ②朝鮮の活字印刷術(慶長版本)や製陶技術が伝えられた。

> **要点**　朝鮮侵略 { ①**文禄の役**(1592～93年) / ②**慶長の役**(1597～98年) } ➡豊臣政権の衰退を早めた

+α

❶**面積の単位**　6尺3寸(約191cm)四方を1歩、30歩を1畝、10畝を1段、10段を1町とした。

❷**石高**　上田1段につき1石5斗、以下それぞれ2斗減が基準となり、それに実測した面積をかける。【例】下田8段3畝の場合、1石1斗×8.3＝9石1斗3升

❸**一地一作人**　この原則により、これまでの1つの土地に何人もの権利が重なる状態や、領主と耕作者の中間で利益を得ていた名主が否定された。

❹**検地帳**　耕地の種別・面積・石高・耕作者名などが記載された。

❺**入貢の要求**　明が衰退する中で、秀吉はゴアのポルトガル政庁、ルソンのスペイン政庁、台湾(高山国)に入貢を要求。

42 桃山文化

1 文化の特色

信長・秀吉の治世を**安土・桃山時代**といい，この時代の文化を**桃山文化**とよぶ。❶
①豪放・斬新・華麗。
②仏教の影響が薄れ，現実的➡**大名・豪商**の気風や経済力を反映。
③南蛮文化の影響がみられる。

2 美術

1｜建築 封建権力の象徴である城郭建築が中心。

①**城郭**…**安土城・大坂城・姫路城・伏見城・聚楽第**が代表的。**天守閣**をはじめ，城郭の内部には，城主の居館として**書院造**の建物があった。❷

②**茶室**…**千利休**による**妙喜庵待庵**（京都山崎）が有名。

2｜絵画 重要　壮大な建築にふさわしい豪壮・華麗な**障壁画**が発達。金箔を貼った襖や屏風に絵の具を濃厚に盛って強い色彩効果を示す**濃絵**の手法を使用。

①障壁画 { **狩野永徳**「**唐獅子図屏風**」
　　　　　 狩野山楽「**牡丹図**」
　　　　　 長谷川等伯「**智積院襖絵**」 }

②風俗画…身近な都市生活を描いたもの。「**洛中洛外図屏風**」（狩野永徳），「**花下遊楽図屏風**」（狩野長信）など。

③水墨画…「**山水図屏風**」（海北友松）など。

▲「唐獅子図屏風」

3｜工芸 住宅の**欄間彫刻**がさかんとなり，蒔絵の家具調度品や建物の飾り金具も装飾性の強い作品がつくられた。

4｜木版の活字印刷術 朝鮮侵略のときに朝鮮から**木版の活字印刷術**が伝来。**後陽成天皇**の勅命による出版（**慶長勅版**）がある。

要点

桃山文化の美術
- ①**大名や豪商の気風・経済力を反映し，豪華で壮大**
- ②**城郭建築**（大坂城・姫路城など）
- ③**障壁画**（濃絵）…**狩野永徳**，長谷川等伯

6章 幕藩体制の成立と近世文化の成立

3 芸能と風俗

安土・桃山時代は新興大名、京都・大坂・博多・堺などの町衆が文化の担い手。

1 | 茶の湯 重要
堺の豪商**千利休**は、村田珠光・武野紹鷗の茶を受け継ぎ、簡素で精神的深みのある**侘茶**を大成。

2 | 芸能 重要
①**阿国歌舞伎**…出雲阿国がはじめた**かぶき踊り**が、たちまち人気となった。**女歌舞伎→若衆歌舞伎→野郎歌舞伎**へと展開。

②**浄瑠璃**…琉球から伝わった蛇皮線を改良した三味線を伴奏として語り、さかんとなった。これと操り人形が結びついた**人形浄瑠璃**も流行した。

③**小歌**…堺の商人**高三隆達**は、小歌に節づけして**隆達節**をはじめた。また、盆踊りも各地で流行した。

3 | 生活
①**衣服** ｛ 男性…肩衣・袴・裃(以前の略装)が訪問着として許される。
女性…腰巻・打掛が礼服となる。普段は**小袖**が一般に用いられた。

②**食事**…朝昼晩の3食が一般化。主食は公家・武家が米、庶民は雑穀。

③**住居**…都市では2階建ての住宅や、従来の板屋根のほかに瓦屋根も現れた。

> **要点** 桃山文化の芸能 ｛ ①**侘茶(千利休)**、②**阿国歌舞伎(出雲阿国)** ③**人形浄瑠璃**

4 南蛮文化 重要

宣教師や南蛮貿易により西洋の学問や美術・風俗が日本に流入した(**南蛮文化**)。

1 | 金属製の活字印刷術
宣教師**ヴァリニャーニ**が金属製の活字印刷機を伝え、宗教書や日本の書籍を出版(**キリシタン版・天草版**)。

2 | 南蛮屏風
日本人画家が描いた、南蛮人との交易や風俗を主題とした屏風。

+α

❶**桃山文化の呼称** 秀吉の晩年の居城であった伏見城の跡が、後代になって桃山とよばれたことに由来する。

❷**城郭建築** 安土城や聚楽第は完成後、数年たって破壊され、現在の大坂城や伏見城は昭和に入ってからの再建である。姫路城のみがほぼ当時の遺構を留めている。

❸**北野大茶湯** 秀吉も茶を愛好し、京都北野神社の境内で茶会を催した。身分を問わず大勢の人々が集まった。

❹**キリシタン版** 日本語辞典のほか、『平家物語』など日本の古典をローマ字本で出した。おもに天草(熊本県)で出版されたので、天草版ともいう。

43 江戸幕府の成立と初期の幕政

1 徳川家康の覇権確立

秀吉のあと天下統一を遂げたのは，三河の戦国大名であった**徳川家康**である。

1| 関ヶ原の戦い（1600年）　豊臣政権を守ろうとする**石田三成**と対立。

〔西軍〕石田三成・毛利輝元　VS　〔東軍〕徳川家康・福島正則・黒田長政ら　➡家康の勝利

2| 江戸幕府の成立（1603年）　家康は**征夷大将軍**となり，江戸幕府を開いた。

3| 将軍職の世襲　家康は将軍職を子の**秀忠**に譲り，みずからは**大御所**（前将軍）として政治を行った（＝徳川家が将軍職を世襲することを示した）。

4| 大坂の役* 　＊大坂の陣ともいう

① 大坂冬の陣（1614年）…京都方広寺の鐘銘を口実に，**豊臣秀頼**を攻めた。

② 大坂夏の陣（1615年）…豊臣氏が滅亡。

> **要点**　関ヶ原の戦い（1600年）➡家康が征夷大将軍となり，**江戸幕府の成立**（1603年）
> ➡**大坂の役**で豊臣氏の滅亡（1615年）

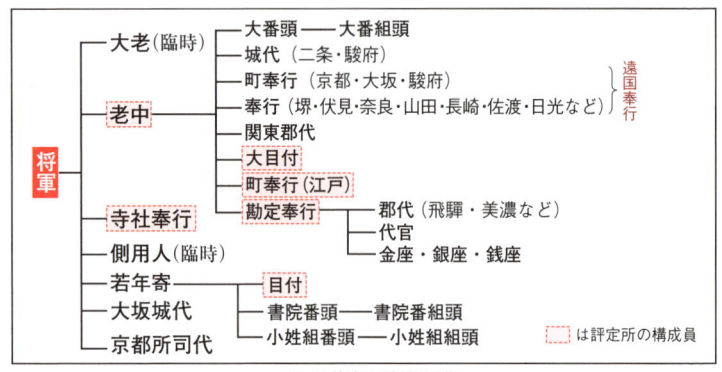

2 江戸幕府の政治組織　重要

1| 中央組織　多くの職が数名で構成され，**月番交代**・**合議制**を採用。
→権力の集中を防いだ

```
将軍 ─┬─ 大老（臨時）
      ├─ 老中 ─┬─ 大番頭 ── 大番組頭
      │        ├─ 城代（二条・駿府）
      │        ├─ 町奉行（京都・大坂・駿府）  ┐
      │        ├─ 奉行（堺・伏見・奈良・山田・長崎・佐渡・日光など） ├ 遠国奉行
      │        ├─ 関東郡代
      │        ├─ [大目付]
      │        ├─ [町奉行（江戸）]
      │        └─ [勘定奉行] ─┬─ 郡代（飛騨・美濃など）
      │                       ├─ 代官
      │                       └─ 金座・銀座・銭座
      ├─ [寺社奉行]
      ├─ 側用人（臨時）
      ├─ 若年寄 ─┬─ [目付]
      │          ├─ 書院番頭 ── 書院番組頭
      │          └─ 小姓組番頭 ── 小姓組組頭
      ├─ 大坂城代
      └─ 京都所司代
```

[　] は評定所の構成員

▲江戸幕府の政治組織

① **大老**…臨時の職で,重大時局に際して**譜代**大名が任にあたる。
② **老中**…譜代大名より5〜6人を採用し,政務を統轄する。ただし,重要政務・訴訟は**評定所**(老中・三奉行で構成)の合議決裁とした。
③ **若年寄**…老中を補佐する。
④ **寺社奉行**…寺社・神官・僧侶の統轄。 ⎫
⑤ **勘定奉行**…財政・幕領の監督,関八州の訴訟を担当。⎬ **三奉行**
⑥ **町奉行**…江戸の市政・治安・裁判にあたる。 ⎭

2│地方組織 地方には**藩**を置き,藩主(大名)が統治したが,幕府は重要地を直轄地(**幕領**)とし,そこに次の機関を設置。

① **京都所司代**…皇室・公家および西国諸大名の監督にあたる。
② **郡代・代官**…幕領のうち,関東・飛騨・美濃・西国筋(豊後)など広大な幕領には**郡代**を,狭い幕領には**代官**を派遣。ともに**勘定奉行**が統轄。
③ **城代**…二条(京都)・大坂・駿府の城を守る。
④ **町奉行**…京都・大坂・駿府などの重要都市で,民政を担当。 ⎫
⑤ **奉行**…佐渡・長崎・堺などの都市で民政などを担当。 ⎬ **遠国奉行**

3│軍事基盤 *中央・地方とも,幕府の役職に就くのは譜代大名・旗本・御家人のみ

将軍──直参*─┬─ **大名**(1万石以上の領地をもつ)──家臣
　　　　　　 ├─ **旗本**(1万石未満,将軍に謁見を許される)
　　　　　　 └─ **御家人**(1万石未満,将軍に謁見できない)

> **要点**
> 中央組織 ⎰ **大老**…臨時の最高職, **老中**…常置(政治を統轄)
> 　　　　 ⎱ **三奉行**…寺社奉行・町奉行・勘定奉行
> 地方組織…**京都所司代**,大坂城代,**遠国奉行**(町奉行・奉行)

3 経済基盤

幕府財政は,直轄領の年貢と主要鉱山からの収入で,安定。

1│直轄領 **幕領**400万石と旗本領300万石の計700万石が幕府の直轄領(全国の石高の4分の1)。

2│重要都市 江戸・京都・大坂・堺・長崎など。

3│重要鉱山 佐渡・伊豆の金山,**但馬生野・石見大森**の銀山,足尾の銅山➡幕府が貨幣鋳造権を独占。

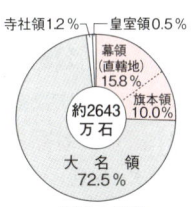

寺社領1.2%　皇室領0.5%
幕領(直轄地)15.8%
旗本領10.0%
約2643万石
大名領72.5%
▲領地の割合

44 幕藩体制と身分統制

1 幕藩体制

1｜幕藩体制 地方には藩を置き，各大名が統治し，幕府と藩が人民と土地を支配した。各大名は軍役を負い，その指揮権をもつ将軍と主従関係で結ばれた。

2｜藩の統治 藩では地方知行制①から俸禄制度②に移行した。

3｜大名の統制 重要

①江戸時代の身分…士農工商という身分制度を定め，支配を固めた。

②特権…武士は支配階級として絶対的権力をもち，苗字・帯刀を許された。

③大名の配置
- 親藩（尾張・水戸・紀伊の三家など，徳川氏一族）
- 譜代（徳川氏の元からの家臣）
　　　　　　　　　　　　　　　　　　　　　　　　　　　江戸周辺や重要地
- 外様（関ヶ原の戦い後，徳川氏に従う）…なるべく中心地から離れた場所

④一国一城令（1615年）…幕府は，大名の居城を1つに限る命令を出した。

⑤武家諸法度…大名を統制する基本となる法典。

年代	将軍	内　容
1615年 （元和令）	秀忠	・金地院崇伝の起草 ・城郭の新築を禁じ，修理にも幕府の許可が必要 ・諸大名が勝手に婚姻を結び，同盟を結ぶことを禁止
1635年 （寛永令）	家光	参勤交代 ・大名は1年江戸在府，1年在国を繰り返す ・大名の妻子は人質として江戸に居住

> **要点**
> 大名…親藩・譜代・外様
> 武家諸法度…1615年制定。参勤交代は3代将軍家光が制定

2 朝廷・公家の統制

禁裏御料（天皇家の領地）は3万石で，独自の力はもちえなかった。

1｜禁中並公家諸法度（1615年） 重要　天皇を政治から遠ざけ，皇族・公家の席次・服制・任免などを規定。幕府は武家伝奏を通じて朝廷を操作した。

2｜紫衣事件（1627年）③　後水尾天皇が高僧に紫衣を与えた➡幕府はこれを取消。

3 寺社の統制

寺社領は年貢が免除されたが、厳しく統制された。

1 幕府の寺院利用　幕府は庶民支配の末端機構として寺院を利用した。

① **寺檀制度**…庶民は必ずどこかの寺の檀家になることを強制された。

② **寺請制度**…結婚・奉公などの移動には寺院の証明が必要であった。

2 **本末制度**　寺院法度を出し、宗派ごとに**本山・末寺**の制を確立。

3 法令
① **諸宗寺院法度**(1665年)…宗派をこえ、僧侶全体に対する統制。
② **諸社禰宜神主法度**(1665年)…神社・神職に対する統制。

4 村と百姓　重要

1 村の組織　農民は村役人(**村方三役**)・**本百姓**・**水吞百姓**❹の3つに区分。

① 村方三役…**名主**(庄屋・肝煎)・**組頭**・**百姓代**。

② **村法**(村掟)…村の運営のためのきまり。違反者は**村八分**という制裁。

③ **五人組**…本百姓5戸で租税・犯罪について連帯責任を負う。

2 租税　村単位で年貢・諸役の納入の責任を負う(**村請制**)。

① **本途物成**…田畑・屋敷地にかかる年貢。石高の40〜50％。
　　　　　　　　　　　　　　　　　　　　　　　　→四公六民・五公五民

② **小物成**…山野河海での収益に課税する雑税。

③ **国役**…土木工事の労役。

3 農民の生活統制　重要

① **1642年の農村法令**…農民の日常生活を細かく規制。

② **田畑永代売買の禁止令**(1643年)…農民の自由な土地処分を禁止。

　➡本百姓の維持と年貢の確保をはかる➡1872年に解禁。
　　　　　　　　　　　　　　　　　　　(→p.143)

③ **分地制限令**(1673年)…石高10石、面積1町歩以下の土地の分割を禁止。

　➡分割相続による耕地の細分化をおさえる。

④ **田畑勝手作りの禁**…田畑の五穀以外の栽培を禁止➡1871年に解禁。
　　　　　　　　　　　　　　　　　　　　　　　　(→p.143)

用語

❶**地方知行制**　藩の領地を家臣に分割して与え、各自に統治させる制度。

❷**俸禄制度**　家臣に藩政の役職を分担させ、藩の直轄領(蔵入地)の年貢から俸禄を支給する制度。

❸**紫衣事件**　後水尾天皇が幕府に無断で与えた紫衣(高僧に与えられる紫色の袈裟・法衣)を1627年に幕府が取りあげた。これに抗議した大徳寺の沢庵が1629年に流罪となり、天皇が突然譲位した事件。

❹**水吞百姓**　検地帳に記載されず、田畑をもたない無高の農民。

3編 近世の日本

45 鎖国の完成

1 江戸時代初期の外交

1 西洋諸国との交流

国　名	年代	内　　容
オランダ	1600	・オランダ船リーフデ号が豊後に漂着➡家康は**ヤン゠ヨーステン**(耶揚子)と**ウィリアム゠アダムズ**(三浦按針)を外交・貿易の顧問に採用
	1609	・**平戸**に商館を建設➡自由貿易の開始
ポルトガル	1604	対日貿易の主導権をにぎっていたが、**糸割符制度**❶で打撃を受け、以後後退➡**五カ所商人**が利益を上げる →堺・京都・長崎・江戸・大坂
スペイン	1610	・家康は京都の商人**田中勝介**をメキシコ(スペイン領)に送る
	1613	・仙台藩主**伊達政宗**は家臣**支倉常長**をスペインに派遣して貿易を求めた(**慶長遣欧使節**)➡失敗
イギリス	1613	・**平戸**に商館を建設➡自由貿易の開始
	1623	・オランダとの競争に敗れ、みずから退去

2 朱印船貿易　日本人の海外渡航も秀吉時代に引き続きさかんに行われ、幕府は彼らに海外渡航を許可する朱印状を与えた(**朱印船**)。

①渡航先…ルソン・トンキン・アンナン・カンボジア・タイなど。

②貿易家
- 大名…**島津家久**・**有馬晴信**など。
- 商人 ┌ 長崎…**末次平蔵**
　　　├ 大坂…**末吉孫左衛門**
　　　└ 京都…**角倉了以**・**茶屋四郎次郎**

③貿易品 ┌ 輸出品…銀・銅・刀剣
　　　　└ 輸入品…生糸・絹織物・砂糖

3 日本町　東南アジアに渡航した日本人がつくった自治制の町。プノンペンなど。
山田長政はアユタヤ王朝で重用された。
　　　　　　↳タイ　　　↳リゴール太守

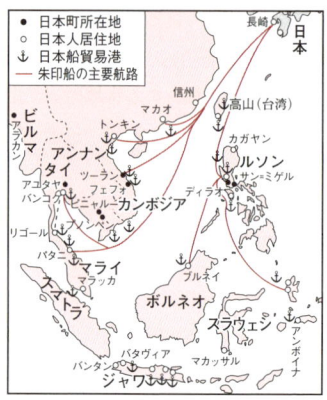

▲朱印船の航路と日本町

6章　幕藩体制の成立と近世文化の成立

2 鎖国 重要

1｜過程　幕府は，キリスト教の禁止と，貿易利益の独占のため鎖国を行った。

1612年	家康，幕領に**禁教令**を出す➡翌年全国に及ぶ
1616年	ヨーロッパ船の来航を平戸・長崎に制限
1624年	スペイン船の来航を禁止
1633年	**奉書船**以外の海外渡航を禁止 └老中が発行した許可証（老中奉書）をもつ船
1635年	日本船の海外渡航および帰国を全面禁止
1636年	ポルトガル人を長崎港内の**出島**に移す
1637年	**島原の乱**(〜38年)❷➡キリスト教徒の弾圧に反抗
1639年	**ポルトガル船の来航を禁止**
1641年	オランダ人を**出島**に移す➡鎖国の完成

2｜キリスト教対策　幕府は寺請制度をはじめ，キリスト教徒の多かった九州北部で**絵踏**を行わせ，また**宗門改め**を実施してキリスト教を監視した。

> **要点**
> 鎖国の目的…キリスト教の禁止，幕府の貿易利益の独占
> 政策…禁教令，日本人の海外渡航禁止，外国船の制限

3 鎖国後の対外関係

1｜オランダ　出島で貿易を続行。幕府にとって，オランダ商館長が毎年提出する**オランダ風説書**が，海外情勢を知る唯一の資料となる。

2｜中国（清）　清王朝が誕生すると，長崎での貿易が増加。**唐人屋敷**の設置。
　　　　　　　　　　　　　　　　　　　　　　　　　長崎のある範囲に限定した清国人の居住地

3｜朝鮮　1607年には朝鮮使節が来朝し，以後，将軍の代がわりごとに**通信使**が来日。1609年，朝鮮と対馬の**宗氏**との間に条約が締結（**己酉約条**），国交が回復。

4｜琉球　1609年，薩摩の**島津家久**に征服された➡以後，琉球王国は日本と明（のちの清）の両国に服属した。幕府には**謝恩使・慶賀使**を派遣。

5｜蝦夷地　**松前氏**が，交易を独占。**シャクシャインの戦い**➡**場所請負制度**。
　　　　　　　　　　　　　　　　　　和人商人が場所（交易対象地域）を請け負う

用語

❶**糸割符制度**　生糸買い取り業者を限定し，彼らが決めた買い取り価格で一括購入し，仲間構成員に再分配する制度。

❷**島原の乱**　島原領主松倉氏，天草領主寺沢氏の圧政に対して，**益田（天草四郎）時貞**を首領に農民らが原城でおこした反乱。

107

46 文治政治の展開

1 文治政治への転換

1651年に家光が死去し，幼少の**家綱**が第4代将軍となり，会津藩主の**保科正之**らが将軍を支えた。この頃，家康～家光時代の改易・減封による牢人の増加が問題となった。

1 由井正雪の乱(1651年)
由井(比)正雪が牢人らと幕府転覆をはかったが失敗。
↳慶安の変　　↳兵学者
以後，幕府は儒学の思想に基づき，法律・制度を整え社会秩序を保つ文治政治へと移った。

2 家綱の政治
① **末期養子**の禁止の緩和 ❶…牢人の増加を防止。
② **殉死の禁止**…主人の死後，新しい主人に仕えるよう義務付けた。

3 諸藩の文教奨励
諸藩でも文治政治の政策が行われるようになった。

藩名	藩主	招かれた儒者	内容
岡山藩	池田光政	熊沢蕃山	藩校の花畠教場を開設し，庶民のために郷学の閑谷学校を開く
加賀藩	前田綱紀	木下順庵	古文献を整理
水戸藩	徳川光圀	朱舜水	江戸に彰考館を開き，『大日本史』を編纂
会津藩	保科正之	山崎闇斎	藩校の稽古堂(のちの日新館)を開く

2 元禄時代の政治

5代将軍**綱吉**の治世(1680～1709年)の後半期(=**元禄**時代)。

1 特色
将軍と，将軍の側近である**側用人**の**柳沢吉保**❷による独裁政治。

2 施策　重要
① 儒学の奨励…綱吉は，江戸上野忍ヶ岡にあった林家の私塾と孔子廟を湯島に移し，前者を**聖堂学問所**，後者を**湯島聖堂**とした。そして林羅山の孫である**林鳳岡(信篤)**を**大学頭**に任じ，儒教を指導させた。
② **服忌令**(1684年)…身内の者が死んだ際，喪に服すことや忌引の日数を定める。
③ **生類憐みの令**…1685年から公布。犬をはじめ，あらゆる動物に対する極端な愛護令で，社会は混乱した。1709年に廃止。
④ そのほか…**北村季吟**を歌学方，**渋川春海**(安井算哲)を天文方に登用。

3 | 幕府財政の悪化

①原因
- 貨幣経済が発展，幕府の支出が増大。
- **明暦の大火**や，綱吉の仏教保護などで出費が増大。
- **佐渡金山**など，金銀の産出量が激減。
- 鎖国によって貿易の利益が激減。

②対策…**勘定吟味役**(のち勘定奉行)の**荻原重秀**は，金銀の含有量を減らした**元禄小判**を発行➡幕府は利益を得るが，物価は高騰。

> **要点**
> **綱吉**の政治 ┤ ①側用人の**柳沢吉保**が台頭
> ②文治政治…**湯島聖堂**，林鳳岡の登用
> ③政策…**生類憐みの令**，元禄小判の発行

3 正徳の政治 重要

綱吉のあと，6代将軍**家宣**・7代将軍**家継**を補佐した朱子学者**新井白石**が政治の刷新をはかった。これを**正徳の政治**という(1709〜16年)。

1│生類憐みの令の廃止　家宣が将軍に就任すると，ただちに廃止された。
2│朝鮮通信使の待遇簡素化　待遇を簡素化して経費の軽減をはかった。
3│閑院宮家の創設　当時の皇室は，財政難で新しく宮家をつくる余裕がなく，皇子・皇女は出家する以外になかった。白石は，費用を献じて**閑院宮家**を創設し，将軍と天皇家の結びつきを深めた。
4│正徳小判の鋳造　金の含有率を以前の慶長小判と同率に戻す➡経済が混乱。
5│海舶互市新例の発布(1715年)（正徳5年）　長崎貿易は輸入超過となり，多くの金銀が国 →長崎新令
外へ流出した。そのため，清やオランダとの**貿易を制限**して，金銀の流出を防いだ。❸

> **要点**
> **正徳の政治**（新井白石） ┤ ①政治改革…生類憐みの令の廃止，正徳小判の鋳造
> ②海舶互市新例

+α

❶**末期養子の禁止の緩和**　跡継ぎのない大名が死にのぞんで，急に養子を決める末期養子は原則認められなかったが，この緩和で50歳未満の大名は許可された。

❷**柳沢吉保**　はじめ大老の堀田正俊が補佐をしていたが，暗殺されたため，側用人の柳沢吉保が台頭した。

❸**貿易の制限**　幕府は，清船を年間30隻・銀高6000貫，オランダ船を年間2隻・銀高3000貫に制限した。

3編 近世の日本

47 江戸時代前期の産業の発達

1 農業の発達 重要

幕府・諸藩では年貢増収のために農業政策を推進。

1｜新田開発　耕地が江戸初期の約2倍に増加
➡年貢収入も大きく増えた。

2｜農業技術の進歩
① 肥料…油粕・干鰯などの**金肥**が普及。
② 農具…**備中鍬，千歯扱，千石簁・唐箕**など。
③ 商品作物…**四木**（桑・茶・楮・漆），**三草**（紅花・藍・麻）のほか，木綿・綿・たばこなどを生産。

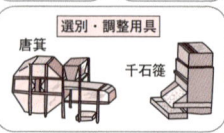

農耕用具：備中鍬
脱穀用具：千歯扱
選別・調整用具：唐箕，千石簁

▲さまざまな農具

2 諸産業の発達

1｜水産業　地引網などの漁法が全国に普及。九十九里浜の鰯，土佐の鰹，紀伊・土佐などの鯨，蝦夷地の**俵物**。製塩業では赤穂・撫養などで**入浜塩田**の開発。

2｜林業　建築資材として都市で木材の需要が増加。**秋田杉，木曽檜**など。

3｜鉱業 重要　貨幣の鋳造や重要輸出品として，幕府は増産に力を入れた。おもな鉱山には，相川（佐渡）・伊豆の金山，**但馬生野・石見大森**の銀山，**足尾銅山**がある。また，民間でも**住友家**によって**別子銅山**（伊予）が開発された。

4｜手工業 重要　農村では家内工業から**問屋制家内工業**がすすみ，都市では職人が株仲間を結成し，各地で手工業特産物がつくられるようになった。

品目	主要特産物・産地	品目	主要特産物・産地
絹織物	西陣・足利・桐生・伊勢崎	染物	京都の友禅染，鹿子絞
麻織物	奈良の晒・小千谷縮	漆器	能登の輪島塗，会津の会津塗
綿織物	三河・河内の木綿，久留米絣		能代・飛驒の春慶塗
陶磁器	京都の京焼，肥前の有田焼	製紙	越前の奉書紙・鳥の子紙，美濃紙
	加賀の九谷焼	醸造業	伏見・灘の酒，野田・銚子の醤油

要点
農業…**新田開発，農具の発達**，商品作物の栽培
手工業…**問屋制家内工業**の出現

3 交通の発達

参勤交代，商品流通の発展などにより，陸上・水上交通が発達。

1│陸上交通
五街道は幕府の直轄となり，**道中奉行**が管理。

①**五街道**…**東海道**(三都を結ぶ)・**中山道**・**甲州道中**・**日光道中**・**奥州道中**。

②**脇街道**(脇往還)…伊勢街道・北国街道・中国街道・長崎街道など。

③街道の整備…要所には**関所**を置き，1里(約4km)毎に**一里塚**を置いた。おもな関所は，東海道の**箱根・新居**，中山道の**碓氷**など。

④**宿駅**…宿駅には人馬の乗りかえなどの事務をする**問屋場**，大名の宿泊する**本陣**，これを補う**脇本陣**，庶民が宿泊する**旅籠屋**がある。

⑤**伝馬役**…武士の公用で人馬が必要な場合に人馬を徴発する制度。人馬が不足した場合は付近の指定された村(助郷)が補う(**助郷役**)。

⑥**飛脚**…飛脚による通信制度が整い，幕府公用の**継飛脚**，大名専用の**大名飛脚**，民間の**町飛脚**などが出現。

2│水上交通* 重要

①河川…**角倉了以**が賀茂川・富士川などを，**河村瑞賢**が淀川河口の安治川を開いた。

②海上…河村瑞賢が幕命を受け，**東廻り海運・西廻り海運**を整備。また，江戸・大坂間では**菱垣廻船・樽廻船❸**が就航。

*18世紀末頃には，北前船や内海船など遠隔地を結ぶ廻船が各地で発展

▲江戸時代の交通

要点
陸上…**五街道・脇街道**に宿駅，関所，一里塚を設置
海上…**東廻り海運・西廻り海運**，江戸〜大坂間は**菱垣廻船・樽廻船**

用語
❶**俵物** 干し鮑・いりこ・ふかひれなど，俵につめた海産物。

❷**問屋制家内工業** 問屋(商業資本家)が資本や原料を農民や職人に前貸しし，製品を安価で買い上げる生産方式。

❸**樽廻船** おもに酒荷(酒樽)を運んだので，このようにいう。菱垣廻船と競合したが，のちに菱垣廻船を圧倒した。

48 江戸時代前期の経済の発達

1 都市の発達

商工業の発達により、都市はめざましく発展し、各地に特色のある都市が生まれた。とくに江戸・大坂・京都は**三都**といわれた。

城下町	江戸・金沢・名古屋・広島・仙台・岡山
港町	堺・長崎・博多・新潟・敦賀・小浜・三国
宿場町	品川・三島・島田・金谷・草津・沼津
門前町	奈良・宇治山田・長野・日光・成田・琴平

▲おもな都市

1] **江戸** 「**将軍のお膝元**」として日本の政治の中心地。
2] **大坂** 「**天下の台所**」と称され、経済の中心地。
3] **京都** 天皇・公家が住み、寺社が集中する。**西陣織**や**京染**など手工業が発達。
　　　　　　　　　　　　　　　　　　　　↳京都でつくられる染物の総称

2 町人の生活

都市に住む商人・職人を町人という。町には**町名主**や**町年寄**がおり、農村と同じく五人組が置かれた。

1] **町人の負担** 農民より軽かったが、**町人足**（夫役）で都市機能の維持に貢献。
2] **町人の身分** **家持**と土地や家を借りる**地借・店借**に分かれ、商人は**主人・番頭・手代・丁稚**、職人は**親方・徒弟**の主従関係で結ばれた。

3 商業の発達

産業・交通の発達により江戸や大坂で商業が発達した。

1] **蔵屋敷** 重要　大名は、年貢や特産物（**蔵物**）を大坂や江戸の**蔵屋敷**に運送し、これを**蔵元・掛屋**とよばれる商人を通じて取引した。また、江戸で旗本・御家人の蔵米を売却した商人を**札差**といった。**蔵元・掛屋・札差**は、蔵物や蔵米を担保に金貸しを営み、巨利を得た。

2] **卸売市場** 蔵屋敷を通さず、民間から市場へ出された商品を**納屋物**という。また、専門的な卸売市場が、江戸・大坂をはじめ各地につくられた。また、これと並行して、**問屋・仲買・小売人**の職務が分離するようになった。

大坂	堂島の米市 雑喉場の魚市 天満の青物市
江戸	日本橋の魚市 神田の青物市

▲おもな卸売市場

6章 幕藩体制の成立と近世文化の成立

> **要点** 大坂 ┃ 「天下の台所」…全国から商品が集まる経済の中心地
> ┃ 蔵屋敷…蔵物（年貢・特産物）を保管。取引は蔵元・掛屋が行う

3│仲間 問屋の中には、多様な職種の連合組合をつくり、商業の独占をねらう仲間が現れた。江戸の**十組問屋**、大坂の**二十四組問屋**❶ など。

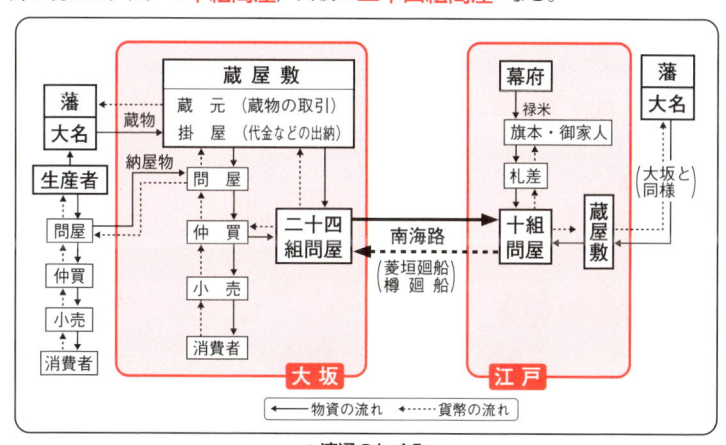

▲流通のしくみ

4 貨幣制度と金融業の発達 重要

1│貨幣鋳造 幕府は**金座・銀座・銭座**を設け、銭座では**寛永通宝**が鋳造された。17世紀後半からは、諸藩は、藩内だけで通用する**藩札**を発行した。

2│貨幣の使用 金・銀・銭の三貨が全国で用いられた。
・東日本…おもに金貨を使用（**金遣い**）　・西日本…おもに銀貨を使用（**銀遣い**）

3│金融組織 貨幣による換算率の相違や、銀貨が秤量貨幣❷ であったことから、都市には三貨間の両替や秤量を営む両替商が現れた。
・**本両替**…金銀交換のほか、預金・貸付・為替を行う。江戸の三井、大坂の天王寺屋・平野屋・鴻池など。

用語

❶**十組、二十四組問屋** 大坂・江戸間の荷物運送の問屋組合。十組問屋は、大坂から送られてくる商品の荷受け問屋で、二十四組問屋は、十組問屋に対応して結成された江戸向けの荷積問屋である。

❷**秤量貨幣** 実際の重さによって価値が決まる貨幣のこと。江戸時代では銀貨が秤量貨幣の代表であった。

49 学問の発達

1 幕府による学問の奨励

幕府は、儒学の中でもとりわけ封建的秩序を重んじる**朱子学**を教学とした。

1 | **家康と学問** 家康は近世朱子学の祖**藤原惺窩**の講義を受け、惺窩の弟子**林羅山**を侍講❶とした。

2 | **林家と幕府** 羅山およびその子孫(林家)は代々、幕府に仕えた。
- ①**林羅山**(道春)…家康〜家綱時代の侍講。外交文書・法令の作成など幕政に参与。
- ②**林鵞峰**…家光に仕え、五経を講義。幕政にも参与。
- ③**林鳳岡**(信篤)…家綱〜吉宗に仕える。鳳岡は大学頭となり、代々林家が世襲。

2 儒学の展開 重要

朱子学を批判する立場として**陽明学**や**古学**が学ばれた。

1 | **朱子学** 京学と南学に大きく二分された。
- ①京学…藤原惺窩の系統➡**林羅山**と**松永尺五**に分化。
- ②南学…**南村梅軒**がおこす。**山崎闇斎**が**垂加神道**❷を創始。

2 | **陽明学** 明の王陽明がはじめた儒学の一派。実践を重視。現実を批判する態度であったため、幕府から警戒された。
- ①**中江藤樹**…日本陽明学の祖。近江に藤樹書院を開き、近江聖人とよばれた。
- ②**熊沢蕃山**…藤樹の弟子。岡山藩に仕え、藩政に取り組んだ。『**大学或問**』で幕政を強く批判し、処罰された。

3 | **古学** 孔子・孟子の古典から、直接教えを学びとろうとする学派。その提唱者**山鹿素行**は、『**聖教要録**』で朱子学を否定➡赤穂(兵庫県)に流され、そこで『**中朝事実**』❸を著す。
その後、古学は2つの学派が有力となった。
- ①堀川学派(古義学)…**伊藤仁斎**➡伊藤東涯。京都堀川に古義堂を開き、経験と徳行を重んじた。
- ②古文辞学派(蘐園学派)…**荻生徂徠**は**経世論**を説いて柳沢吉保に仕え、弟子の**太宰春台**❹が経世論を発展。

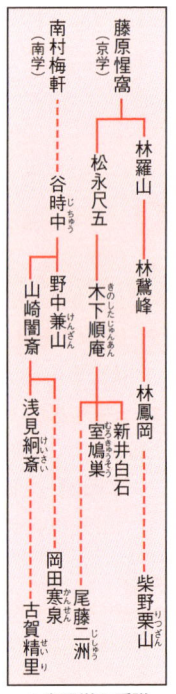

▲朱子学の系譜

藤原惺窩(京学)─松永尺五─木下順庵─新井白石/室鳩巣
藤原惺窩─林羅山─林鵞峰─林鳳岡
南村梅軒(南学)─谷時中─野中兼山/山崎闇斎─浅見絅斎/岡田寒泉/尾藤二洲/古賀精里/柴野栗山

> **要点**
> **朱子学**…幕府により奨励。**京学**(藤原惺窩・林家),**南学**
> ➡朱子学を批判 ┃ **陽明学**…中江藤樹
> 　　　　　　　 ┃ **古学**…山鹿素行➡**堀川学派**,**古文辞学派**

3 諸学問の発達

歴史学	幕府の史書	林羅山が『**本朝通鑑**』の編集にあたり,**鵞峰**が完成
	新井白石の史書	・『**古史通**』…古代史を合理主義的な立場で解釈した ・『**読史余論**』…公家政権から武家政権への推移と徳川政権の正統性を記す ・『**藩翰譜**』…大名の系譜と事績を収録 ・『**折たく柴の記**』…新井白石の回顧録
古典研究	和学 (のち国学)	・**北村季吟**『**源氏物語湖月抄**』…『源氏物語』の注釈 ・**契沖**『**万葉代匠記**』…『万葉集』を研究
自然科学	暦学	1684年,**渋川春海**(**安井算哲**)が当時用いられていた暦の誤差を正して,日本独自の暦(**貞享暦**)を作成
	医学	**山脇東洋**は死体解剖を行い,解剖図録『**蔵志**』を著した
	数学	江戸初期に**吉田光由**が『**塵劫記**』を著す。元禄期には高等数理法を発見した**関孝和**が『**発微算法**』を著し**和算**を大成
	本草学 (博物学)	薬用植物を研究する学問。**稲生若水**が『**庶物類纂**』を,朱子学者**貝原益軒**が『**大和本草**』を著した
	農学	・**宮崎安貞**は『**農業全書**』で農業技術を紹介。 ・江戸後期には**大蔵永常**の『**広益国産考**』『**農具便利論**』など

> **用語**
> ❶**侍講** 君主に対して学問を教える人物。
> ❷**垂加神道** 吉田神道と朱子学を結合して道徳性の強い神道。尊王論の傾向が強く,のちの尊王攘夷運動に影響を与えた。
> ❸**中朝事実** 明が滅びたことで,中国崇拝を廃し,日本主義を主張した。
> ❹**太宰春台** 経済学の分野を研究し,経世論の発展に寄与。主著は『経済録』。

50 寛永の文化と元禄文化

1 寛永の文化

1| 建築 重要
①霊廟建築…家康の霊廟である日光東照宮で，権現造が用いられた。
②数寄屋造…書院造に茶室を取り入れた様式。桂離宮が代表的。

2| 絵画 重要
①狩野派…狩野探幽が幕府の御用絵師となる。
②俵屋宗達…装飾画を発展させる。「風神雷神図屏風」。

3| 工芸
①本阿弥光悦…書や蒔絵に優れた作品を残す。「舟橋蒔絵硯箱」。
②酒井田柿右衛門…赤絵(上絵付)の一種)による磁器を制作。

4| 文学
①仮名草子…室町時代の御伽草子の流れを受けた仮名草子が出現。
②俳諧…連歌から俳諧が独立。松永貞徳の貞門俳諧が流行した。

> **要点 寛永の文化**
> ①建築…権現造(日光東照宮)，数寄屋造(桂離宮)
> ②装飾画…俵屋宗達　③工芸…本阿弥光悦, 酒井田柿右衛門

2 元禄文化

1| 特色
①時期・地域…17世紀後半～18世紀前半の上方(京都・大坂)が中心。
②担い手…上方の豪商と武士。
③性格…現実主義・合理主義的，人間性の追求，洗練された華麗さ。

2| 文学 重要
①浮世草子…井原西鶴は仮名草子を発展させ，享楽的な浮世草子を完成させた。
・好色物…『好色一代男』『好色五人女』
・町人物…『世間胸算用』『日本永代蔵』　・武家物…『武道伝来記』
②俳諧
　談林派…奇抜で自由軽快な趣向。
　蕉風(正風)俳諧…松尾芭蕉が俳諧を芸術に高める。『奥の細道』など。
③浄瑠璃…浄瑠璃と操り人形が結びついた人形浄瑠璃が，大坂で流行。
・近松門左衛門…義理と人情のもつれを題材とした世話物を得意とした。
・世話物…『曽根崎心中』『冥途の飛脚』『心中天網島』
・時代物…『国性(姓)爺合戦』

6章　幕藩体制の成立と近世文化の成立

④歌舞伎　江戸や上方に芝居小屋が置かれ，庶民の娯楽となった。
・市川団十郎…荒事　・坂田藤十郎…和事　・芳沢あやめ…女形の代表

3 | 絵画 **重要**　狩野派が画風の継承にとどまる中で，土佐派や住吉派が活躍した。

大和絵	・土佐派…土佐光起が，朝廷の絵所預となる ・住吉派…住吉如慶・具慶が，幕府の御用絵師となる
装飾画	尾形光琳…俵屋宗達の画風を取り入れ，独自の作風をうみ出した（琳派）。代表作は，「燕子花図屏風」「紅白梅図屏風」
浮世絵	菱川師宣…前代から発達した風俗画は，師宣によって浮世絵として確立された。「見返り美人図」が代表作。はじめは肉筆画であったが，大衆の需要に応じるため版画でつくられるようになった

4 | 工芸　町人生活の向上と奢侈化などにより進歩した。

①陶磁器
・尾形乾山…兄の光琳との合作で，高雅な作品を残す。
・野々村仁清…上絵付の手法から色絵を完成させ，京焼の祖となる。

②染物…京都の宮崎友禅が友禅染を創始し，あでやかな模様を表現した。

要点　元禄文化
①上方の町人を中心とした文化
②浮世草子…井原西鶴，浄瑠璃…近松門左衛門
　俳諧…松尾芭蕉
③装飾画…尾形光琳　④浮世絵…菱川師宣

3 生活と仏教

1 | 生活
①衣服…農村では，麻・木綿の無地のものが強制された。一方，都市では小袖のたもとを長くした振袖が現れ，元禄模様など華やかな衣装が用いられた。
②食事…農村は雑穀中心，都市では米食が多くなる。副食・嗜好品も多様化した。
③住居…農村は掘立柱に板葺・かや葺，都市では瓦葺2～3階の家も現れた。

2 | 仏教　17世紀後半，明僧の隠元隆琦が禅宗の一派黄檗宗を伝えた。

用語

❶権現造　本殿と拝殿の間を，石の間（相の間）という渡り廊下でつないだ形式。

❷上絵付　釉（器の表面につける薬品）を付けて焼いた磁器の上に絵を描く手法。

117

要点チェック

↓答えられたらマーク　　　　　　　　　　　　　　　　わからなければ⇒

- □ **1** 種子島に鉄砲を伝えたのはどこの国の人か。　　p.94 **2**①
- □ **2** 1549年にキリスト教を伝えた宣教師はだれか。　p.94 **2**③
- □ **3** 織田信長について次の文章に○または×で答えよ。　p.95 **3**①
    ①桶狭間の戦いで武田軍を討った。
    ②長篠合戦では足軽鉄砲隊を使用した。
- □ **4** 信長が商業を発展させるために出した法令は何か。　p.95 **3**②
- □ **5** 豊臣秀吉の統一過程について次の文章に○または×で答えよ。　p.96 **1**
    ①本能寺の変で明智光秀を討った。
    ②全国統一を達成したのは1590年である。
- □ **6** 豊臣政権の実務を担当し,石田三成などがついた役職は何か。　p.97 **3**①
- □ **7** 秀吉が行った検地を何というか。　p.98 **1**
- □ **8** 農民の一揆を防ぐために,1588年に秀吉が出した法令は何か。　p.98 **2**①
- □ **9** 秀吉による2回の朝鮮侵略をそれぞれ何というか。　p.99 **4**②
- □ **10** 桃山文化の障壁画に用いられた金箔地に彩色する手法は何か。　p.100 **2**②
- □ **11** 「唐獅子図屏風」を描いた人物はだれか。　p.100 **2**②
- □ **12** 千利休が茶の湯で大成した手法は何か。　p.101 **3**①
- □ **13** のちの歌舞伎のもとになったかぶき踊りをはじめた人物はだれか。　p.101 **3**②
- □ **14** 徳川家康の統一について次の文章に○または×で答えよ。　p.102 **1**
    ①関ヶ原の戦いで石田三成らの東軍を破った。
    ②1603年に征夷大将軍になり,死ぬまで譲位しなかった。
    ③大坂の役で豊臣秀頼を討ち,豊臣氏を滅亡させた。
- □ **15** 三奉行とは寺社奉行と町奉行と,あと1つは何か。　p.103 **2**①
- □ **16** 幕府が朝廷・公家を監視するために設けた役所は何か。　p.103 **2**②
- □ **17** 幕府の直轄領が全国の石高に占める割合はいくらか。　p.103 **3**①

答え

1 ポルトガル　**2** フランシスコ=ザビエル　**3** ①× ②○　**4** 楽市令　**5** ①× ②○
6 五奉行　**7** 太閤検地　**8** 刀狩令　**9** 文禄の役,慶長の役　**10** 濃絵　**11** 狩野永徳
12 侘茶　**13** 出雲阿国　**14** ①× ②× ③○　**15** 勘定奉行　**16** 京都所司代
17 4分の1

要点チェック

- ☐ **18** 関ヶ原の戦い以降に徳川家の家臣となった大名を何というか。　p.104
- ☐ **19** 1615年に幕府が大名統制のために制定した法令は何か。　p.104
- ☐ **20** 大名に江戸と領地を1年ごとに往復させる制度は何か。　p.104
- ☐ **21** 農村の村方三役とは、名主と組頭とあと1つは何か。　p.105
- ☐ **22** 租税の中心となる田畑・屋敷地にかかる税を何というか。　p.105
- ☐ **23** 1643年、幕府が本百姓の維持と年貢の確保をはかるため出した法令は何か。　p.105
- ☐ **24** 田畑の細分化を防止するため1673年に出された法令は何か。　p.105
- ☐ **25** 鎖国後も日本と交渉を続けた国はどこか(3つ)。　p.107
- ☐ **26** 3代将軍家光の死後、牢人らと反幕を企てた人物はだれか。　p.108
- ☐ **27** 5代将軍綱吉のとき、悪化した財政を再建するために貨幣の改鋳を実行した人物はだれか。　p.109
- ☐ **28** 正徳の政治を指導した儒学者はだれか。　p.109
- ☐ **29** 江戸時代に用いられた干鰯や油粕などの肥料を何というか。　p.110
- ☐ **30** 五街道とは、日光道中、奥州道中と、あと3つは何か。　p.111
- ☐ **31** 大坂・江戸間を運航した船は何か(2つ)。　p.111
- ☐ **32** 大坂や江戸などにあった、大名の蔵物を管理した建物は何か。　p.112
- ☐ **33** 江戸時代、大坂の荷積問屋を何とよんだか。　p.113
- ☐ **34** 儒学の中で、幕府に重んじられたのは何か。　p.114
- ☐ **35** 陽明学を学び、岡山藩に仕えた人物はだれか。　p.114
- ☐ **36** 寛永の文化について、次の問いに答えよ。　p.116
    - ①桂離宮の建築様式を何というか。
    - ②「風神雷神図屛風」を描いた人物はだれか。
- ☐ **37** 元禄文化の文学について、次の問いに答えよ。　p.116
    - ①『好色一代男』などの浮世草子を著した人物はだれか。
    - ②『奥の細道』などを著した人物はだれか。
    - ③『曽根崎心中』など人形浄瑠璃の脚本を著した人物はだれか。
- ☐ **38** 風俗画を描いて浮世絵の基礎をつくった人物はだれか。　p.117

答え

18 外様　**19** 武家諸法度　**20** 参勤交代　**21** 百姓代　**22** 本途物成　**23** 田畑永代売買の禁止令　**24** 分地制限令　**25** オランダ・中国(清)・朝鮮　**26** 由井(比)正雪　**27** 荻原重秀　**28** 新井白石　**29** 金肥　**30** 東海道・中山道・甲州道中　**31** 菱垣廻船・樽廻船　**32** 蔵屋敷　**33** 二十四組問屋　**34** 朱子学　**35** 熊沢蕃山　**36** ①数寄屋造　②俵屋宗達　**37** ①井原西鶴　②松尾芭蕉　③近松門左衛門　**38** 菱川師宣

51 享保の改革

1 享保の改革 重要

1716年、7代将軍家継のあと、三家の紀伊藩主**徳川吉宗**が8代将軍となった。吉宗は、政治的実権をにぎった側用人をおさえ、譜代大名を重視した。有能な人材を登用し、**荻生徂徠**や**室鳩巣**ら儒学者の意見を参考に、幕政改革を行った。
（→p.114）

1 吉宗の政策

政策	内　　容
財政の安定	①**倹約令**…幕府財政や旗本・御家人の消費支出をおさえる ②**上げ米**…大名に石高1万石につき100石の米を献上させる緊急措置➡かわりに参勤交代の**江戸在府期間を半年**に短縮 ③**定免法**…検見法をやめ、過去数年間の収穫高を基準に、一定期間の年貢率を定める定免法を採用 　　↳その年の豊凶によって税率を定める方法
政治の刷新	①**足高の制**…有能だが重要な役職になるための石高❷がない場合、不足分を在職中のみ支給。**大岡忠相**、**田中丘隅**らが登用 ②**相対済し令**…旗本・御家人の借金に関する訴訟は取り上げず、当事者間での解決を命令➡訴訟事務の軽減 ③**目安箱**…庶民の意見を聞く➡**小石川養生所**の設置が実現 ④消防組織整備…広小路・火除地の設置、**町火消**の創設 ⑤**公事方御定書**❸…従来の法令や判例を整理➡**裁判の基準**を確定
産業開発	①新田開発…町人の資本をもとに新田開発を奨励 ②商品作物の奨励…櫨・朝鮮人参の栽培をすすめた ③**甘藷**の奨励…**青木昆陽**の建議により、飢饉などに備えて甘藷（さつまいも）の栽培を奨励 ④漢訳洋書の輸入緩和…実学奨励のため、キリスト教に関係ないものに限って、漢訳洋書の輸入を認めた➡**洋学**の発展 （→p.132）

2 改革の結果
年貢収入が増加し、財政は一時安定した。

3 三卿
吉宗は二男宗武に**田安家**、四男宗尹に**一橋家**をおこさせ、9代将軍家重の二男重好の**清水家**とあわせて三卿とし、将軍家の安定をはかった。
　　　　　　　　　　　　　　　　　　　↳跡継ぎがいない場合に将軍家を継ぐ

7章 幕藩体制の動揺と文化の成熟

> **要点**
> 享保の改革　　財政…倹約令，**上げ米**，定免法
> （徳川吉宗）　政治…相対済し令，**目安箱，公事方御定書**
> 　　　　　　産業…新田開発，商品作物の奨励，漢訳洋書の輸入緩和

2 改革後の社会の変化

1│米価の下落　新田開発がすすみ，米の生産量が増加すると年貢は増えたが，市場での流通が増加し米価が下落。そのため年貢を換金しても幕府の現金収入は増えず，吉宗は**堂島の米市場**を公認し，米価調整❹を行った。

2│農村の変化　農村でも徴税の過重や，商品作物の栽培や金肥の購入などで貨幣の使用が増えたことにより，階層が分化していった。

①**本百姓**┬─富農（豪農）➡地主となり，土地を小作人に任せて小作料をとる。
　　　　　└─貧農➡土地を失い**小作人**となる，または年季奉公や日用稼ぎ。

②**地主手作**…貧しい農民を年季奉公人として耕作させ，直接経営を行う。

③**村方騒動**…小百姓らは，村役人の不正を追及し，農政の民主的な運営を求めた。

3│都市の変化　家持町人が減少し，地借や店借，奉公人が多くなった。また日用稼ぎなどで農村から出てきた農民たちが住むようになった。

4│飢饉と一揆　西日本で長雨とうんかの被害による飢饉（**享保の飢饉**）がおこり，年貢の増税などで窮乏した農民は，大規模な**百姓一揆**をおこした。
（→p.123）

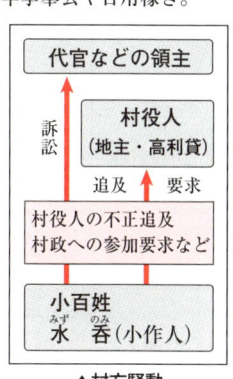

```
代官などの領主
    ↑
  村役人
（地主・高利貸）
訴訟　追及 ↑ 要求
村役人の不正追及
村政への参加要求など
    ↑
  小百姓
水呑（小作人）
```
▲村方騒動

> **要点**
> 享保の改革後　米価の下落，享保の飢饉➡農村に打撃
> 　　　　　　➡百姓一揆の発生

+α

❶**室鳩巣**　朱子学者。もとは加賀藩主前田綱紀に仕え，木下順庵に学ぶ。新井白石の推薦で幕府儒官となった。

❷**役職に必要な石高**　例えば大番頭は5000石，大目付・町奉行・勘定奉行は3000石が必要であった。

❸**公事方御定書**　町奉行の大岡忠相ら三奉行に命じて編纂させた。

❹**米公方**　吉宗は米価調整を中心に財政改革を行ったため，「米公方」とよばれた。

52 田沼時代と百姓一揆

1 田沼意次の政策

吉宗の死後，9代将軍家重を経て，10代将軍家治のとき，側用人田沼意次が老中となり実権をにぎった。

1 意次の政策 重要
意次は，幕府の財源を年貢収入だけに頼っていては限界があると考え，発展しつつある商品生産とその流通に目をつけた。

政策	内　　容
商業政策	①専売制の拡張…銅・真鍮・朝鮮人参などの座を設け，特定の商人に専売品の売買を請け負わす ②株仲間の公認…運上・冥加❶の増大をはかる ③貿易の拡大…長崎貿易の制限を緩めて銅や俵物の輸出を奨励し，金銀の流入をはかった。
開発計画	①新田開発…商人の出資で印旛沼・手賀沼の干拓を計画 ②蝦夷地開発…工藤平助の『赤蝦夷風説考』❷の影響を受けて，最上徳内に蝦夷地の開発とロシアとの通商の可能性を調査させた
貨幣鋳造	南鐐弐朱銀(計数銀貨)を鋳造➡金貨と銀貨の為替の固定を試行

2 結果
①商業資本と積極的に手を結んだ結果，幕府の役人の間で賄賂が横行。
②天明の飢饉の甚大な被害で，農村では百姓一揆が多発。
➡このような状況の中，将軍家治の死とともに意次は失脚。

> **要点** 田沼意次の改革
> ①商業・貿易の活性化，株仲間の公認
> ②新田開発，蝦夷地の調査，南鐐弐朱銀の鋳造

2 農村の分解

18世紀頃から，農民は困窮し，農村は荒廃していった。
①年貢の引き上げ…幕府・諸藩は財政難打開のため，年貢率を引き上げた。吉宗のとき，四公六民➡五公五民。

②**商品経済の発展**…意次の商業政策で農村にも株仲間が認められ，**在郷商人**（農村内で成長した商人）の力が強くなり，農民の利益は減少した。

③**飢饉の発生**…周期的に飢饉が発生➡**享保・天明・天保**を三大飢饉という。

3 庶民の抵抗 重要

1 百姓一揆
年貢の過重課税に対して，農民は団結によって反抗した。

形態	時代	内　　　　容
代表越訴型一揆	17世紀	農民代表が年貢軽減や代官の不正を直訴。**義民**（下総の佐倉惣五郎，上野の磔茂左衛門など）
惣百姓一揆	17世紀末〜	全農民が団結し，大規模な一揆を行う。強訴の形態。要求は，年貢・助郷の軽減，専売制反対 (→p.111)
世直し一揆	19世紀	幕末以降，農民が世直しを求めておこした。

2 打ちこわし

①**都市の変化**…農民の階層分化がすすんだ。没落した農民の中には，離村して江戸・大坂の大都市へ出稼ぎに出てくる者がいた。

②**打ちこわし**…都市へ流入した貧民は，米価が上がると生活に困窮し，米問屋や高利貸を襲撃した。天明の飢饉以後，江戸・大坂など各地で多発。

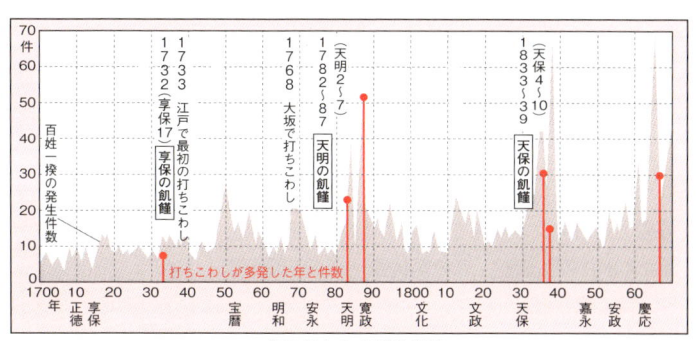

▲打ちこわしの発生件数

+α

❶**運上・冥加** 運上は営業税で，冥加は営業免許税。冥加はもともと献金であったが，次第に運上と同様に，一定の税率がかけられるようになった。

❷**『赤蝦夷風説考』** 蝦夷地の現状，開発と対露貿易について記述。意次に献上。

53 宝暦・天明期の文化

1 政治・社会思想の発達

1｜尊王論のおこり
元禄時代におきた国学から、天皇を尊重する尊王論に発展。
① **宝暦事件**(1758年)…**竹内式部**が京都で公家たちに尊王論を説き、追放刑となる。
② **明和事件**(1767年)…**山県大弐**が江戸で謀反を企てたとして死刑。

2｜洋学
西洋学術の総称。吉宗の漢訳洋書の輸入緩和により、**青木昆陽**・**野呂元丈**らがオランダ語を学ぶ➡洋学が発展。以後、実証的・科学的な学問が発達。

3｜そのほかの思想
① 封建社会への批判…八戸の医者**安藤昌益**は『**自然真営道**』を著し、武士の支配を批判。万人が直接耕作を行う社会を理想とした。
② 儒教・仏教への批判
- **富永仲基**…儒教・仏教・神道などを否定し、日常は平凡な「誠の道」を生活原理とするように主張した。大坂の**懐徳堂**で学んだ。
- **山片蟠桃**…懐徳堂で学んで、『夢の代』を著し、無神論を展開した。

4｜心学
18世紀初め、京都の**石田梅岩**が、朱子学に神道・仏教を交え、商業道徳・町人道徳を平易に説いた。梅岩のあとを**手島堵庵**・**中沢道二**が継いだ。

> **要点**
> 国学…**尊王論**に発展(宝暦事件・明和事件)
> 洋学…**漢訳洋書の輸入緩和**➡青木昆陽・野呂玄丈らがオランダ語を学ぶ

2 教育の普及 重要

1｜藩校
幕府の文教政策を反映して諸藩が藩校(学)を設立。水戸の**弘道館**、萩の**明倫館**、米沢の**興譲館**、熊本の**時習館**など。

2｜私塾
民間でも私塾がつくられ、儒学・国学・洋学の講義を行った。とくに、大坂の**懐徳堂**は町人の出資で設立され、幕府の保護を受けた。

3｜寺子屋
庶民の初等教育機関。読み・書き・そろばんなどを教えた。教材には『庭訓往来』や、『実語教』『女大学』などが使われた。

藩校	水戸	弘道館
	萩	明倫館
	米沢	興譲館
	熊本	時習館
	岡山	花畠教場
私塾	京都	古義堂
	江戸	蘐園塾
	長崎	鳴滝塾

3 美術

1 浮世絵の普及　18世紀半ば、鈴木春信が多色刷の浮世絵版画(錦絵)を創始。
　①美人画…喜多川歌麿が代表的。
　②役者絵…東洲斎写楽が大首絵の手法で人気となった。

2 文人画　南画ともいわれる。池大雅・与謝蕪村など。

3 写生画　客観性を尊重し、写生を重んじる画。京都の円山応挙が円山派を開いた。

4 西洋画　洋学の興隆を機に栄え、平賀源内が油絵を描いた。

浮世絵	鈴木春信「五常」
文人画	池大雅・与謝蕪村「十便十宜図」
写生画	円山応挙「雪松図屏風」
西洋画	平賀源内「西洋婦人図」

▲おもな美術作品

4 文学

当時の政治や社会の様子を題材とし、出版物が庶民にも普及するようになった。

1 小説
　①洒落本…短編の遊里小説。
　②黄表紙…風刺のある絵入小説。代表作家は、山東京伝や恋川春町。
　➡寛政の改革で処罰。❷

2 川柳　柄井川柳が『誹風柳多留』で、世相や風俗を風刺する川柳を文学のジャンルとして確立させた。

洒落本	山東京伝の仕懸文庫
黄表紙	恋川春町『金々先生栄花夢』 山東京伝『江戸生艶気樺焼』
脚本	竹田出雲『仮名手本忠臣蔵』 　　　　　『菅原伝授手習鑑』 近松半二『本朝廿四孝』 鶴屋南北『東海道四谷怪談』

▲おもな文学作品

5 芸能

1 歌舞伎　中村座・市村座・森田座の江戸三座が栄えた。
2 浄瑠璃　歌舞伎の人気におされ、人形浄瑠璃から唄浄瑠璃へと移行。
　　　　　　　　　　　　　　　　　　　　　↳座敷浄瑠璃

+α

❶懐徳堂　1724年に富永芳春(富永仲基の父)ら大阪町人が出資して設立。1726年には準官学となった。初代学主三宅石庵は朱子学のほかに諸学を取り入れ、「鵺学問」と批判されることもあった。

❷出版の取り締まり　寛政の改革で、松平定信は風俗を乱すとして山東京伝や出版元の蔦谷重三郎を処罰した。京伝は手鎖(手錠)50日となり、重三郎は家財の半分が没収された。

54 寛政の改革と幕藩体制の衰退

1 寛政の改革

家治のあと、家斉が11代将軍となり、松平定信が老中として補佐した。定信は、白河藩主として藩政改革に実績をあげ、その経験に基づいて改革を断行した。

1│定信の政策 重要

政策	内容
農村政策	①**農村復興**…都市の出稼ぎ農民に帰農を奨励 ②**年貢確保**…商品作物の作付を制限し、稲作を奨励 ③**囲米**(1789年)…飢饉に備え、大名に1万石につき50石の割合で米を貯蔵させ、各地に**社倉・義倉**をつくり米穀を貯蔵
財政政策	①**倹約令**(1787年)…財政支出を節減し、武芸を奨励➡田沼時代にゆるんだ士風を刷新 ②**棄捐令**(1789年)…**旗本・御家人**が札差から借りた6年以上前の借金を取消し➡旗本・御家人の救済
社会政策	①**旧里帰農令**(1790年)…無職の者に資金を与え、農村に返す ②**人足寄場**…江戸石川島に浮浪人や無宿人を収容し、治安維持と職業指導をはかる ③**七分積金**(1791年)…江戸の各町に町費の節約分の7割を積み立てさせ、窮民救済にあてる
思想統制	①**出版統制令**(1790年)…『三国通覧図説』『海国兵談』で海防の急務を説いた**林子平**を弾圧。洒落本や黄表紙は風俗を乱すとして出版を禁じ、**山東京伝**、**恋川春町**、出版元の**蔦屋重三郎**を処罰 ②**寛政異学の禁**(1790年)…朱子学を正学、それ以外を異学とし、聖堂学問所での朱子学以外の講義・研究を禁止。儒官に**柴野栗山・尾藤二洲・岡田寒泉**(**寛政の三博士**)を任命

2│結果
一時的な効果はあったが、厳しすぎる政策で不満が高まった。「**尊号一件**」❶の処置をめぐる将軍との対立もあって、定信は6年余りで退陣。

7章　幕藩体制の動揺と文化の成熟

> **要点**
> **寛政の改革**（松平定信）
> 財政…倹約令, 棄捐令
> 社会…旧里帰農令, 人足寄場, 七分積金
> 統制…出版統制令, 寛政異学の禁
> ➡ 厳しすぎて不満が高まった

2 社会の様子

1. **海防**　1792年, ロシア使節**ラクスマン**が根室に来航し, 通商を要求した。このため, 定信は諸藩に命じて海防を強化し, 自身も伊豆・相模を巡視した。（→p.128）

2. **諸藩の改革**　18世紀後半, 財政窮乏した多くの藩が藩政改革に取り組んだ。改革政策は, 農村の復興・藩の**専売制**・藩校の設立など。改革に成果をあげた**細川重賢**(熊本藩), **上杉治憲**(米沢藩), **佐竹義和**(秋田藩)は名君と評された。

3 幕府の衰退

1. **文化・文政時代**　定信引退後, 将軍**家斉**は親政を行い, 将軍職を**家慶**に譲ったあとも**大御所**として政治の実権をにぎった(**大御所政治**)。この時代には再び財政が放漫となった。また都市でも庶民の経済活動が活発化した。❷

2. **社会不安**
   ① **治安**…関東で治安が乱れ, 1805年**関東取締出役**を設置。治安維持をはかる。
   ② **天保の飢饉**…天保期には, 凶作で飢饉が発生➡百姓一揆や打ちこわしが多発。

3. **大塩の乱**(1837年)（天保8年）**重要**　元大坂町奉行の与力で**陽明学者**の**大塩平八郎**が, 市民の惨状をみかねて挙兵。1日で鎮圧されるも, 幕府の権威の失墜を示した。

4. **生田万の乱**　大塩の乱に呼応し, 越後柏崎で国学者の**生田万**が乱をおこした。

> **要点**
> 文化・文政期…家斉による**大御所政治**
> **大塩の乱**(1837年)…**大塩平八郎**(陽明学者)が挙兵➡1日で鎮圧

+α

❶ **尊号一件**　1789年, 光格天皇が父である閑院宮典仁親王に太上天皇(上皇)の称号を贈ろうとしたが, 定信の反対で実現せず, 武家伝奏を処分した。

❷ **農村の変化**　近畿地方では在郷商人が結束して, 都市の株仲間と対立した。1823年には, 摂津・河内の綿作地帯の在郷商人らは, 大坂の綿問屋の買い占め権排除のため, 1000か村余が連合して訴訟をおこし, 販売の自由を獲得することに成功した。これを国訴という。

55 諸外国の接近と天保の改革

1 諸外国の接近 重要

1 ロシアの接近

① **ラクスマン来航**(1792年)…ラクスマンが**根室**に来航し、通商を要求➡幕府は拒絶。

② **近藤重蔵・最上徳内**らの択捉島探査…1798年、「大日本恵登呂府」の標柱を設置。

③ **レザノフ来航**(1804年)…**長崎**に来航するも幕府が冷遇➡樺太や択捉島を攻撃。

④ **間宮林蔵**の樺太探検(1808年)…樺太が離島であることを確認➡**間宮海峡**。

⑤ **ゴローウニン事件**(1811年)…この事件を機に、幕府とロシアの関係が改善。

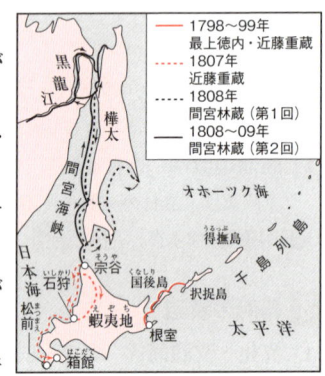

地図凡例:
- 1798〜99年 最上徳内・近藤重蔵
- 1807年 近藤重蔵
- 1808年 間宮林蔵(第1回)
- 1808〜09年 間宮林蔵(第2回)

▲北方の領土

2 イギリスの接近
1808年にフェートン号が長崎の出島に入港し、薪水・食料を強要(**フェートン号事件**)。→イギリス軍艦 幕府は白河・会津藩に江戸湾の防備を命令。

3 異国船打払令(1825年)
幕府は外国船の接近に対して、清・朝鮮・琉球・オランダ船以外の外国船の撃退を命じた。**無二念打払令**ともいう。
→長崎以外の場所では打ち払う

4 アメリカの接近
1837年、モリソン号が漂流した日本人の送還と日本との貿易を交渉するため来航。幕府は打払令で撃退(**モリソン号事件**)。
→アメリカ商船

5 蛮社の獄(1839年)
モリソン号事件の幕府の対応を**渡辺崋山**は『**慎機論**』で、**高野長英**は『**戊戌夢物語**』で批判➡幕府は彼らを処罰。

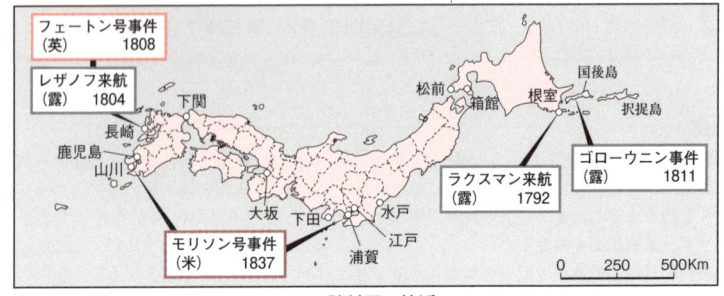

地図内:
- フェートン号事件 (英) 1808
- レザノフ来航 (露) 1804
- モリソン号事件 (米) 1837
- ラクスマン来航 (露) 1792
- ゴローウニン事件 (露) 1811

▲諸外国の接近

要点 諸外国の接近に対する幕府の対応 ┤ 北方調査…択捉島・樺太の調査
外国船撃退…**異国船打払令**(1825年)

2 天保の改革 重要

1 | 時代と背景 1841年**家斉**の死後，12代将軍**家慶**のとき，老中の**水野忠邦**が「内憂外患」の状況に対応するため，**天保の改革**を断行した。

①**内憂**…大塩の乱によって幕府に危機感が出てきた。

②**外患**…中国でアヘン戦争がおこり，欧米諸国の進出に脅威を感じた。
（→p.138）

2 | 忠邦の施策

風俗統制❷	①**倹約令**(1841年)…衣食住に厳しい制限 ②**出版統制**…人情本作家**為永春水**，合巻作家**柳亭種彦**を処罰（→p.134）（→p.134）
農村振興	**人返しの法**(1843年)…江戸に流入した人々の帰村を強制。また，農民の離村を厳禁した
財政政策	①**棄捐令**(1843年)…札差などからの借金を無利子年賦返済 ②**印旛沼の干拓**…失敗に終わる ③**株仲間の解散**…物価高騰の原因は株仲間の独占にあると考え，解散➡さらなる物価高騰を招いて失敗
そのほか	①**三方領知替え**…庄内藩，川越藩，長岡藩の領地の入れ替えを命令➡領民の反対で撤回 ②**上知令**(1843年)…大坂や江戸近郊の大名・旗本領の幕領への組み入れを計画➡大名・旗本の猛反対で失敗

3 | 結果 印旛沼干拓の中止や上知令の反対など，幕府の衰退を示すことになった。

要点 **天保の改革**（水野忠邦） ┤ 人返しの法，棄捐令 / 株仲間の解散，上知令 ├ 幕府の衰退を示す

+α

❶**ゴローウニン事件** 国後島に上陸したゴローウニンを幕府役人がとらえた。これに対しロシアは御用商人高田屋嘉兵衛をとらえたが，両者の交換で解決した。

❷**風俗の取り締まり** 文化・文政時代の華美の風潮を正すため，文武を奨励した。

56 経済の変化と雄藩の改革

1 経済の変化

1 幕藩体制の行きづまり
人口が激減した藩では、田畑の荒廃がすすみ幕藩体制が維持できなくなった。一方、生産力が高まった薩摩や周防では人口が増加。

2 農村の復興
各地で農村の復興が行われた。
① **二宮尊徳**…**報徳仕法**(勤労・倹約を重視)。
　└金次郎
② **大原幽学**…**性学**(相互扶助による農村復興)。

3 マニュファクチュア(工場制手工業) 重要
19世紀になると、工場に労働力を集めて、分業と協業により生産活動を効率化。綿織物業(大坂・尾張)や絹織物業(桐生・足利)など。

4 藩の改革
それまで一部だった**藩営工業**や**藩専売制**が、各地で行われるようになった。

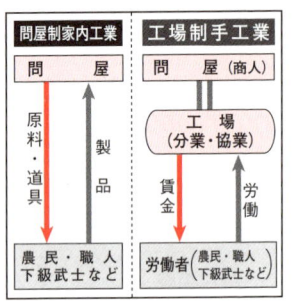

▲生産活動の変化

> **要点** マニュファクチュア(工場制手工業) … 工場に人を集めて、分業と協業により生産効率を上げる

2 雄藩の諸改革

1 薩摩藩
① **調所広郷**の政策…藩主**島津重豪**

借金整理	豪商からの借金500両を **250年賦**、無利子で返済
専売強化	奄美三島(大島・徳之島・喜界島)特産の**黒砂糖**の専売強化
琉球との貿易	琉球を通して清との密貿易で利益を得る

② **島津斉彬**の政策…反射炉・造船所・ガラス製造所の建設。

2 佐賀(肥前)藩　藩主**鍋島直正**の政策

専売強化	**伊万里焼**(有田焼)の陶磁器を専売制にする
農地改革	**均田制**を実施し、本百姓体制の再建をはかる
軍政強化	日本初の**反射炉**を備えた**大砲製造所**を設けた

7章 幕藩体制の動揺と文化の成熟

3 萩(長州)藩　村田清風の政策－藩主毛利敬親

借金整理	藩債銀8万5000貫に対し，**37年賦返済**により財政再建
専売制	**紙・蠟**の専売制を再編成し，在郷商人や豪商の協力で殖産興業政策をすすめた
越荷方	**下関**に越荷方を置いて，他国廻船の越荷(商品)を担保に資金の貸付や，越荷の委託販売を行い，藩財政を再建
藩政改革	下級武士を登用したり，洋式軍備を採用したりした

4 そのほか

①**山内豊信(容堂)の土佐藩**…改革派の藩士「おこぜ組」を起用し，財政を再建。
②**伊達宗城の宇和島藩，松平慶永(春嶽)の福井(越前)藩**など…有能な中下級藩士を藩政の中枢に参加させ，商人との結びつきを深め藩権力の強化に成功。
③**水戸藩**…徳川斉昭が水戸学者を登用し改革をすすめたが，藩内抗争により失敗した。(→p.133)

5 幕府
江戸末期には，江川太郎左衛門に命じ，伊豆韮山に反射炉を築かせた。

6 意義
藩政改革はとくに西南の藩で成功し，藩財政は再建され，国政における権力も強力になった(**雄藩**)➡幕末に活躍する基礎ができた。

> **要点**
> 薩摩藩…調所広郷・島津斉彬 ⎫
> 佐賀藩…鍋島直正　　　　　　⎬ 藩改革に成功➡**雄藩**となる
> 長州藩…村田清風　　　　　　⎭

1600	20	40	60	80	1700	20	40	60	80	1800	20	40	60
確立期(武断)		安定期(文治)					動揺期(改革)						崩壊期
家康	秀忠	家光	家綱		綱吉	家宣	家継	吉宗	家重	家治	家斉	家定	家慶 家茂 慶喜
1603 幕府成立		寛永時代			元禄時代	正徳の政治		享保の改革	明和・安永・天明時代		寛政の改革	文化文政時代(大御所政治)	天保の改革	1867 大政奉還
							新井白石	徳川吉宗		田沼意次	松平定信		水野忠邦	

▲江戸幕府の推移

57 国学と洋学の発達

1 国学 重要

1| 国学のおこり
①戸田茂睡…和歌で使用してはならない語(制の詞)を否定。
②契沖…『万葉代匠記』で、『万葉集』の解釈に新境地を開く。

2| 18世紀頃
日本の古典の研究は、『古事記』や『日本書紀』などの日本古来の道(古道)を説く国学へと発展。

①荷田春満…京都伏見の神官。古語や古典の研究が大切であることを主張。国学の学校創設を幕府に訴える。

②賀茂真淵…春満の弟子。『万葉集』を研究し、日本古来の清浄な精神を明らかにする。

③本居宣長…真淵の弟子で、伊勢松坂の医師。『古事記』の注釈書『古事記伝』を著し、「漢意」を批判➡国学を大成。❶

④塙保己一…盲目の国学者。江戸に和学講談所を設立。文献学的な研究をすすめ、多数の書物を集め『群書類従』を編纂した。

3| 化政時代
①伴信友…古典の考証を行った。
②平田篤胤…宣長の弟子。復古神道による尊王思想を主張。復古神道は、地方の神官・地主・郷士らの間で広まり、幕末期には尊王論と強く結びついた。❷

```
            1720年
荷田春満
            1740
賀茂真淵  荷田在満
            1760
本居宣長      加藤千蔭
            1780
塙保己一  村田春海
            1800
伴信友  平田篤胤
            1820
```
国学の流れ▶

要点 国学
- 本居宣長…国学を大成。『古事記伝』
- 平田篤胤…復古神道を大成➡幕末の尊王論へつながる

2 洋学

1| 洋学の先駆
長崎の西川如見が『華夷通商考』を著し、新井白石が、イタリア人宣教師シドッチを尋問して『西洋紀聞』や『采覧異言』(地理書)を著した。

2| 18世紀後半
田沼時代頃から洋学が発展。前野良沢・杉田玄白らは、西洋の解剖書『ターヘル＝アナトミア』を翻訳して、『解体新書』を刊行(1774年)。

7章　幕藩体制の動揺と文化の成熟

3｜学問の発展 重要
① 良沢・玄白の門弟の**大槻玄沢**は、芝蘭堂を開いて門弟の教育にあたり、また、蘭学の入門書『蘭学階梯』を著した。
② 玄沢の弟子**稲村三伯**は、日本で最初の蘭日辞書『ハルマ和解』を著した。
③ 地理学…**伊能忠敬**は全国の沿岸を測量して、『大日本沿海輿地全図』を作成。
④ 天文学…天文方の**高橋至時**は、西洋暦を取り入れ、寛政暦を完成させた。

4｜幕府と洋学
幕府も洋学研究にのり出し、研究所を設立。

蛮書和解御用（洋書を翻訳）➡ 洋学所 ➡ 蕃書調所 ➡ 洋書調所 ➡ 開成所

5｜洋学者の弾圧
洋学は近代科学の合理的精神を研究の基本にしており、その立場は封建支配としばしば矛盾したので弾圧された。❸

6｜シーボルト事件（1828年）
オランダ商館の医師シーボルトは、帰国のときに日本地図をもち出したことで追放。地図を贈った**高橋景保**も処分された。

> **要点**
> 洋学…**前野良沢・杉田玄白『解体新書』**
> 学問の発展…**伊能忠敬**（日本地図の作成）、**高橋至時**（寛政暦）など

3 思想の発達

1｜現実的経世論
商品経済の発展に対応した重商主義政策をとることを主張。
① **海保青陵**…『稽古談』を著し、藩専売を積極的に行うことなどを主張した。
② **本多利明**…『西域物語』『経世秘策』で、貿易の推進と蝦夷地開発を主張。
③ **佐藤信淵**…『農政本論』で富国の方策を説き、『経済要録』では産業振興・官営商業・貿易の展開を述べた。

2｜尊王論
天皇を尊ぶ思想。江戸後期、幕府より天皇が上位とする考えが強まる。
・水戸学…水戸藩の『大日本史』の編纂者を中心とした学派。19世紀の**徳川斉昭**、**藤田幽谷・東湖**や**会沢安**らは、尊王攘夷論を説いた（**後期水戸学**）。

+α

❶「もののあはれ」　本居宣長は『源氏物語』の本質を、しみじみとした情趣にあるとし、「もののあはれ」として評価した。

❷ 復古神道と尊王論　幕末には内外の政治的危機感が深まったので、復古神道の流れをくむ尊王論が政治と結びついた。

❸「東洋道徳、西洋芸術（技術）」　洋学は、弾圧により政治思想（運動）とは結びつかず、兵学・医学などの実学として取り入れられた。

58 化政文化

1 化政文化の特色

1) **時代と背景** 化政文化は，19世紀前半(**文化・文政**時代)から天保の改革までの文化。宝暦・天明期におこった文化は，寛政の改革による取り締まりでいったんは低迷するが，19世紀になり再び発展した。(→p.124)

2) **特色** { ①江戸を中心にした，町人文化が発展。
②出版・教育の普及，交通網の発達で，情報が全国に伝わった。

2 教育の普及

化政〜天保期にかけて，新たな私塾が各地で開かれた。

1) **適々斎塾(適塾)** **緒方洪庵**が**大坂**に開く。**福沢諭吉**, **大村益次郎**, 橋本佐内らを輩出。

2) **松下村塾** 長門萩に開設。幕末期には，**吉田松陰**が教えた。

3) **鳴滝塾** **シーボルト**が**長崎**に設けて，医学を教えた。**高野長英**らを輩出。
   └→ドイツ人 (→p.128)

3 文 学 重要

1) **小説** 浮世草子にかわり，さまざまな形態が生まれた。
   ①**滑稽本**…庶民生活を描写した小説。
   ・**式亭三馬**『**浮世風呂**』
   ・**十返舎一九**『**東海道中膝栗毛**』
   ②**人情本**…文政期以後，洒落本にかわり生まれた恋愛小説。**為永春水**『**春色梅児誉美**』
   ③**合巻**…黄表紙の数冊を綴じたもの。
   ・**柳亭種彦**『**偐紫田舎源氏**』
   ④**読本**…勧善懲悪などを趣旨とする小説。
   ・**上田秋成**『**雨月物語**』
   ・**曲亭馬琴**『**南総里見八犬伝**』

2) **俳諧** **小林一茶**が『**おらが春**』で庶民的な句をよむ。

3) **狂歌** 滑稽味を取り入れた短歌。**大田南畝**(蜀山人)や**宿屋飯盛**など。

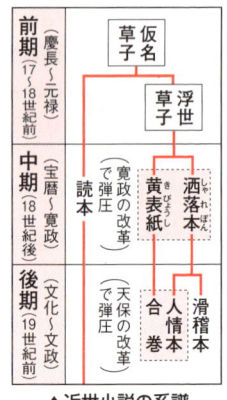

▲近世小説の系譜

前期(慶長〜元禄)(17〜18世紀前)	仮名草子 → 浮世草子
中期(宝暦〜寛政)(18世紀後)	読本 — 寛政の改革で弾圧 — 洒落本・黄表紙
後期(文化〜文政)(19世紀前)	読本 — 天保の改革で弾圧 — 合巻・人情本・滑稽本

4｜和歌
①香川景樹は歌集『桂園一枝』を編集して桂園派の祖となった。
②越後には良寛が現れ，万葉調の歌風で独自の生活歌をよんだ。

5｜そのほか 鈴木牧之は『北越雪譜』で雪国の自然や生活を紹介。

4 絵画

1｜浮世絵 重要 風景画が広く普及した。開国後，これらの浮世絵はゴッホなどの印象派の画家に大きな影響を与えた。
①葛飾北斎…「富嶽三十六景」
②歌川(安藤)広重…「東海道五十三次」

浮世絵	葛飾北斎「富嶽三十六景」
	歌川広重「東海道五十三次」
文人画	渡辺崋山「鷹見泉石像」
写生画	呉春「柳鷺群禽図屏風」
西洋画	司馬江漢「不忍池図」(銅版画)
	亜欧堂田善「浅間山図屏風」

2｜文人画 豊後の田能村竹田や，江戸の谷文晁・渡辺崋山らの時代に全盛となった。

3｜写生画 円山派の画風を学んだ呉春(松村月溪)が四条派を開いた。

4｜洋画 司馬江漢が日本初の銅版画を制作し，亜欧堂田善も銅版画を残した。

5 民衆文化の発達

1｜歌舞伎 常設の芝居小屋がつくられ，娯楽として身分に関係なく流行した。
①回り舞台が発明され，全盛期を迎えた。
②幕末期に河竹黙阿弥による白浪物(盗賊を主人公とする作品)が流行。
③地方では，歌舞伎をまねた村芝居(地芝居)が行われた。

2｜寺社
①縁日・開帳・富突(富くじ)によって，人々が集まるようになった。
②寺社参詣や巡礼が各地で行われた。盂蘭盆会などの行事，庚申講(庚申の日の夜に集会する行事)なども行われた。

> **要点** 化政文化
> ①19世紀前半，町人を中心に栄えた文化
> ②滑稽本，人情本，合巻，読本が流行
> ③浮世絵…葛飾北斎，歌川広重による風景画

要点チェック

↓答えられたらマーク　　　　　　　　　　　　　　　　　　　　　わからなければ ⇒

- [ ] **1** 享保の改革について，次の問いに答えよ。　　　　　　　　　p.120 **1** 1
  - ①指導者はだれか。
  - ②諸大名に臨時に米を献上させた政策を何というか。
  - ③庶民の幕政に対する意見を聞くために設けたものは何か。
  - ④裁判の基準を明確にするために定めたものは何か。
- [ ] **2** 貧しい農民に耕作させ，地主が直接経営を行うことを何という　p.121 **2** 2
  か。
- [ ] **3** 10代将軍家治のときに幕政を担当した人物はだれか。　　　　　p.122 **1**
- [ ] **4** 3の人物が鋳造した貨幣は何か。　　　　　　　　　　　　　　p.122 **1** 1
- [ ] **5** 百姓一揆の型のうち，農民の代表が直訴する一揆は何か。　　　p.123 **3** 1
- [ ] **6** 米価が上がり，米問屋や高利貸を襲撃することを何というか。　p.123 **3** 2
- [ ] **7** 1767年，山県大弐が謀反を企てたとして処罰された事件は何か。p.124 **1** 1
- [ ] **8** 『自然真営道』を著し，封建社会を批判した人物はだれか。　　p.124 **1** 3
- [ ] **9** 社会批判の『夢の代』で無神論を展開した人物はだれか。　　　p.124 **1** 3
- [ ] **10** 浮世絵について，次の問いに答えよ。　　　　　　　　　　　　p.125 **3** 1
  - ①18世紀半ばに錦絵を創始した人物はだれか。
  - ②美人画および役者絵で有名な浮世絵師はそれぞれだれか。
- [ ] **11** 寛政の改革について次の文章に○または×で答えよ。　　　　　p.126 **1** 1
  - ①改革を指導したのは松平定信である。
  - ②出稼ぎ農民を強制的に帰農させた。
  - ③旗本や御家人を救済するため徳政令を出した。
  - ④学問を統制するため寛政異学の禁を出した。
- [ ] **12** 寛政の改革で処罰された黄表紙作家はだれか(2人)。　　　　　p.126 **1** 1
- [ ] **13** 文化・文政時代に大御所として政治を行った人物はだれか。　　p.127 **3** 1
- [ ] **14** 1837年，大坂で乱をおこした幕府の元役人はだれか。　　　　　p.127 **3** 3

答え
1 ①徳川吉宗　②上げ米　③目安箱　④公事方御定書　**2** 地主手作　**3** 田沼意次　**4** 南鐐弐朱銀　**5** 代表越訴型一揆　**6** 打ちこわし　**7** 明和事件　**8** 安藤昌益　**9** 山片蟠桃
10 ①鈴木春信　②美人画＝喜多川歌麿　役者絵＝東洲斎写楽　**11** ①○　②×　③×
④○　**12** 山東京伝・恋川春町　**13** 徳川家斉　**14** 大塩平八郎

要点チェック

- [ ] **15** 幕府への諸外国の接近について，次の問いに答えよ。 p.128
    ①1792年に根室に来航し，通商を要求したロシアの使節はだれか。
    ②1808年，長崎に入港したフェートン号はどこの国の船か。
    ③1825年，幕府が出した異国船に対する処置法は何か。
    ④モリソン号事件を批判した洋学者を弾圧した事件は何か。
- [ ] **16** 天保の改革について，次の問いに答えよ。 p.129
    ①出稼ぎ農民を農村に帰すために出された法令は何か。
    ②物価引下げのために解散させられたものは何か。
    ③江戸・大坂付近の土地を幕領にしようとした政策は何か。
- [ ] **17** 工場に労働力を集め，分業と協業による生産方法は何か。 p.130
- [ ] **18** 雄藩の藩政改革について，次の問いに答えよ。 p.130
    ①薩摩藩の島津重豪のもとで改革を指導した人物はだれか。
    ②薩摩藩の専売商品は何か。
    ③長州藩の改革を指導したのはだれか。
- [ ] **19** 国学の発展について，次の問いに答えよ。 p.132
    ①『古事記伝』を著した人物はだれか。
    ②平田篤胤が大成し，尊王運動に影響を与えた思想は何か。
- [ ] **20** 『解体新書』を刊行した洋学者はだれか(2人)。 p.132
- [ ] **21** 日本全国を測量し，『大日本沿海輿地全図』の完成に道を開いた人物はだれか。 p.133
- [ ] **22** 化政文化の中心となった身分は何か。 p.134
- [ ] **23** 鳴滝塾を開いて多くの洋学者を育てたドイツ人はだれか。 p.134
- [ ] **24** 『偐紫田舎源氏』を著した合巻作家はだれか。 p.134
- [ ] **25** 『雨月物語』を書いた作家はだれか。 p.134
- [ ] **26** 葛飾北斎の代表的な浮世絵の風景画作品は何か。 p.135
- [ ] **27** 円山派から，四条派の祖となった人物はだれか。 p.135
- [ ] **28** 幕末期に白浪物で人気となった狂言作家はだれか。 p.135

答え

15 ①ラクスマン ②イギリス ③異国船打払令(無二念打払令) ④蛮社の獄 **16** ①人返しの法 ②株仲間 ③上知令 **17** マニュファクチュア(工場制手工業) **18** ①調所広郷 ②黒砂糖 ③村田清風 **19** ①本居宣長 ②復古神道 **20** 前野良沢・杉田玄白 **21** 伊能忠敬 **22** 町人 **23** シーボルト **24** 柳亭種彦 **25** 上田秋成 **26** 「富嶽三十六景」 **27** 呉春(松村月溪) **28** 河竹黙阿弥

59 開国と幕末の動き

1 東アジア情勢の変化

1 アヘン戦争(1840年) [重要] イギリスによるアヘンの密輸を清が取り締まったことから，**イギリス**と**清**が戦争➡イギリスの勝利(南京条約の締結)➡幕府は欧米諸国の力を認識し，異国船打払令を撤回➡1842年に**薪水給与令**。
(→p.128)

2 諸外国の開国要求
①1844年…**オランダ国王**が幕府に親書を送り，開国を勧告➡幕府は拒否。
②1846年…**ビッドル**が浦賀に来航し，開国を要求➡幕府は拒否。
└→アメリカ東インド艦隊司令長官

2 開 国

1 ペリーの来航(1853年) アメリカ東インド艦隊司令長官**ペリー**が，フィルモア大統領の国書をもって**浦賀**に来航。同年，ロシアの**プチャーチン**も長崎に来航➡老中**阿部正弘**が有力大名の意見を求め，幕府は翌年に回答することを約束。
　　　　　　　　└→神奈川県

2 日米和親条約(1854年) [重要] 幕府は，再来したペリーと条約を締結。
①内容 { (1)**下田**・**箱館**開港，(2)薪水・食料などの供給，(3)難破船・乗組員救助，(4)領事駐在，(5)**最恵国待遇**の供与。同様の内容で**英・蘭・露**とも締結。
②日露和親条約(1854年)…ロシアとは，日米和親条約の内容に加え，国境について規定(**択捉島**以南を日本領，**得撫島**以北をロシア領，**樺太**は両国雑居地)。
③**安政の改革**…徳川斉昭の幕政参加，江戸湾に台場を設置，大船建造の許可など。
└→前水戸藩主　　　　　　　　　　　　　　　　　　└→砲台

3 日米修好通商条約(1858年) [重要]
①**ハリス**の来日…ハリスが下田に着任。老中**堀田正睦**に通商条約の締結を要求。
　　　　　　└→アメリカ総領事
②調印…大老**井伊直弼**は勅許を得ないまま，調印。
③内容 { ・開港…神奈川・長崎・新潟・兵庫の開港。
　　　　・**関税自主権**の欠如　　　　　　　　　　　} 不平等
　　　　・領事裁判権(**治外法権**)の承認
　　　　　　　　　　　　　　　　　　　　　　　　　*1866年の改税約書で貿易の不平等はさらに拡大
④**安政の五カ国条約**…アメリカのほか，蘭・露・英・仏と同様の条約を締結。

要点
日米和親条約(1854年)…下田と箱館の開港，最恵国待遇
日米修好通商条約(1858年)…関税自主権の欠如，領事裁判権の承認

4 | 通商条約締結の影響

①本格的に貿易がはじまると物価が上がり，外国との金銀比価の違いで**金が大量に流出**。幕府は金貨の品質を下げた改鋳(**万延貨幣改鋳**)で，流出を防止。

②商品が江戸を経ないで横浜に運ばれ，江戸で物資不足➡幕府は**五品江戸廻送令**を発令して，江戸問屋を経由させた➡かえって経済は混乱。
↳雑穀・水油(菜種油)・蠟・呉服・生糸

3 公武合体と尊王攘夷運動

1 | 国論の分裂
幕府内では外交問題と13代将軍家定の継嗣問題で意見が対立。

①**南紀派**…継嗣に紀伊藩主の**徳川慶福**を推す。

②**一橋派**…継嗣に一橋慶喜を推す。
↳斉昭の子

➡南紀派の**井伊直弼**が大老に就任し，慶福が14代将軍となり**家茂**と改名。

2 | 安政の大獄(1858～59年)
直弼は斉昭を謹慎処分にし，直弼の政策に反対した**吉田松陰**(長州藩士)や**橋本左内**(越前藩士)を処罰。 ↳一橋派

3 | 桜田門外の変(1860年) 重要
安政の大獄に激怒した水戸脱藩の志士らが，江戸城の桜田門外で直弼を襲撃し，暗殺した。

4 | 公武合体と尊王攘夷運動

年	公武合体派	尊王攘夷派
1861 (文久元年)	**安藤信正**…公武合体策として和宮を家茂に嫁がせる。	
1862 (文久2)	**文久の改革**…公武合体派の中心となる**島津久光**の幕政改革。 ↳薩摩藩 ・将軍後見職…一橋(徳川)慶喜 ・政事総裁職…松平慶永 ・京都守護職…松平容保	**坂下門外の変**…尊王攘夷派が和宮の結婚に反対し，信正を襲撃。 **生麦事件**…横浜の生麦で島津久光の従士がイギリス人を殺傷。
1863 (文久3)	**八月十八日の政変**…薩摩・会津藩が尊攘派の長州藩や三条実美らを京都から追放。	家茂が攘夷決行を朝廷に約束➡長州藩のみ外国船を砲撃。 **薩英戦争**…生麦事件の報復としてイギリスが薩摩藩を襲う。
1864 (元治元年)	池田屋事件…京都の尊攘派を新選組が襲った。 **禁門の変**(蛤御門の変)…長州が薩摩・会津と交戦➡長州の敗退。 第1次**長州征討**…禁門の変を理由に幕府が長州を攻撃。	**四国艦隊下関砲撃事件**…英・仏・米・蘭が長州藩を攻撃。

60 明治維新

1 倒幕運動の展開

薩摩藩・長州藩は攘夷の不可能を悟り，開国倒幕へ方針を転換。

1｜長州藩の改革　1864年，下関で挙兵した**高杉晋作**は，**奇兵隊**(身分を問わない志願兵)を指揮して藩の実権をにぎり，藩論を恭順から倒幕に転換させた。

2｜薩長連合(薩長同盟，1866年) 重要　土佐の**坂本龍馬**，**中岡慎太郎**の仲介で，薩摩藩と長州藩が軍事同盟を密約➡第2次**長州征討**に，薩摩藩は不参加。
　　　　　　　　　　　　　　　　　　　　　　　　↳幕府は敗退

3｜ええじゃないか　1867年夏頃から，東海・畿内一帯で民衆が「ええじゃないか」と街中を乱舞し，治安を乱した。❶

2 大政奉還 重要

1｜幕政改革　第2次長州征討の最中に将軍**家茂**が没し，**徳川慶喜**が15代将軍となった。慶喜はフランス公使**ロッシュ**の意見で幕府の政治・軍制改革に着手。

2｜薩長の動き　薩長はイギリス公使**パークス**の援助を受けて，討幕の準備をすすめ，1867年10月14日**討幕の密勅**を得た。

3｜大政奉還(1867年)　土佐藩の**山内豊信(容堂)** は，慶喜に大政奉還を進言。❷
慶喜はこれを受けて，1867年10月14日，朝廷に政権を返上した。

3 新政府の樹立 重要

討幕派は**王政復古の大号令**で，天皇中心の新政府を樹立(＝**江戸幕府の滅亡**)。

1｜王政復古の大号令(1867年)
①幕府，朝廷の摂政・関白を廃止。
②**総裁・議定・参与**の**三職**を設置。

2｜小御所会議(1867年)　新政府は慶喜に，**内大臣**の辞退と領地の一部を朝廷へ返納する**辞官納地**を命令。

総裁	有栖川宮熾仁親王
議定	皇族のほか，薩摩・尾張・土佐などの藩主や前藩主
おもな参与	公家…岩倉具視 薩摩藩…西郷隆盛 長州藩…木戸孝允 土佐藩…後藤象二郎

▲三職の設置

> **要点**
> **大政奉還**…徳川慶喜が政治の実権を朝廷に返上
> **王政復古の大号令**…天皇中心の新政府を樹立(＝江戸幕府の滅亡)

8章　近代国家の成立と明治文化

4 戊辰戦争

旧幕府側は小御所会議の内容に反発し、新政府と武力衝突(**戊辰戦争**)。

1 鳥羽・伏見の戦い　1868年1月、旧幕府軍と新政府軍が京都の鳥羽・伏見で交戦➡旧幕府軍は敗退し、慶喜は江戸に逃走。新政府軍は、東征軍を編成。

2 江戸城の無血開城　1868年4月、**勝海舟**(義邦)と**西郷隆盛**の話し合いにより、江戸は新政府軍に明け渡された。一方、これに不満の幕臣たちは彰義隊を結成し、上野に本拠をおいて抵抗したが、鎮圧された。

3 会津の戦い　会津藩中心の**奥羽越列藩同盟**と東征軍が戦闘➡1868年に平定。

4 箱館戦争　旧幕臣の**榎本武揚**は箱館の**五稜郭**で最後の抵抗を試みたが、これも鎮圧された(1869年)。これにより、新政府による国内統一が完了した。

5 新政府の体制

1 五箇条の誓文 重要　1868年3月、天皇が神に誓約する形式で発布。
①誓文の作成…**由利公正**(起草)➡**福岡孝弟**(修正)➡**木戸孝允**(成文)。
②内容…**公議世論**の尊重と**開国和親**など、新政府の基本方針を宣言。

2 五榜の掲示(1868年) 重要　民衆に対する統治の方針を示す。儒教道徳を
　↳旧幕府の方針を継ぐ
説き、徒党や強訴の禁止、**キリスト教の禁止**など。

3 政体書　1868年閏4月、新政府の組織および権限を規定。**アメリカ**の制度にならって制定された。
①権力を太政官に集中し、その下で**三権分立**を行う。
②立法は議政官が担当(上局・下局の2局で構成)。
③高級官吏は任期制とし、互選で交代。

```
           ┌ 議政官 ┬ 上 局
           │ (立法) └ 下 局
           │        ┌ 神祇官
  太       │        │ 会計官
  政       ├ 行政官 ┤ 軍務官
  官       │ (行政) │ 外国官
           │        └ 民部官
           │         (1869設置)
           └ 刑法官
             (司法)
```
▲政体書による官制

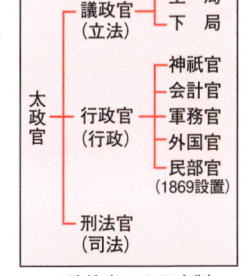

4 改元　1868年に**明治**と改元、**一世一元の制**。

5 東京遷都　{ ①1868年7月に江戸を**東京**と改称。
　　　　　　　　②1869年、東京を首都とした。

> **要点**
> **五箇条の誓文**(1868年)…新政府の方針
> **五榜の掲示**(1868年)…民衆の統治。「**キリスト教の禁止**」など

+α

❶**民衆の不満**　世直し一揆(p.123)がおこり、幕府への不信感が示された。

❷**土佐藩と大政奉還**　形の上では前藩主の山内豊信が慶喜に大政奉還をすすめたが、豊信に進言したのは、藩士の後藤象二郎と坂本龍馬である。

61 中央集権体制の確立

1 中央集権体制の成立

1 版籍奉還(1869年) **重要** 政体書では府・藩・県の三治体制が定められ、藩は大名が統治していた。新政府は、中央集権体制を強めるため、土地・人民を天皇に返還させる方針をとった。 →版図 →戸籍

①内容…薩摩の**大久保利通**と長州の**木戸孝允**の提案により、まず**薩摩・長州・土佐・肥前**の4藩主が奉還を出願➡多くの藩が同様に奉還を出願。

②結果…旧藩主は年貢収入の10分の1の家禄を受け、**知藩事**として行政を担当。 →地方長官

2 廃藩置県(1871年) **重要** 薩摩・長州・土佐の3藩からなる**御親兵**(新政府の直属軍)の武力を背景に、藩制を撤廃➡全国を府・県に分けて新政府が直接統治。

①結果 ｛ ・知藩事は罷免されて東京に居住を命じられた。
・知藩事にかわって**府知事・県令**が中央政府から派遣された。

②意義…諸藩の連合政権から中央集権的な政権へと移行した。

> **要点**
> **版籍奉還**…藩は土地と人民を天皇に返還
> **廃藩置県**…知藩事➡中央から派遣された**府知事・県令**が行政を担当

3 官制改革 政体書で規定された**太政官**制を改め、「祭政一致」「天皇親政」の方針をとった。

①1869年…**神祇官・太政官**のもとに6省を設置。

②1871年…太政官は**正院・左院・右院**の三院制。正院の下に8省を設置。立法の諮問機関である左院は、1875年に元老院に改組。

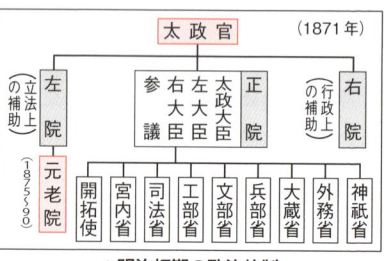

▲明治初期の政治体制

2 教育制度の整備

①**文部省**の設置(1871年)

②**学制**の発布(1872年)…**フランス**の制度を模倣。実生活に役に立つ実学を強調し、男女に等しく学ばせる**国民皆学**教育の建設をめざした。

3 徴兵令

1 | 経過
- ①1869年…**大村益次郎**❶ により**兵部省**を設置。
- ②1872年…**徴兵告諭**を布告。
- ③1873年…徴兵告諭に基づき，徴兵令を公布。

2 | 内容
- ①国民皆兵制で，**満20歳に達した男子に3年間の兵役**の義務。
- ②東京・仙台・名古屋・大阪・広島・熊本の6鎮台で訓練。
- ③戸主と跡継ぎ，官吏・学生，代人料270円を払った者は兵役を免除
- ➡実質の兵役負担者は農村の次男以下。

3 | 問題点
- ①士族の存在価値がなくなり，不満が広がった。
- ②農村では働き手を兵役に取られ，**血税一揆**❷ がおこった。

4 | 警察制度　1874年に**警視庁**が設置。

4 地租改正

新政府は財政の安定をはかるため，土地制度・税制を改革。
旧来の貢租とほぼ同額の税収入を確保する方針

1 | 準備
- ①**田畑勝手作りの許可**(1871年)。**田畑永代売買禁止**を解禁(1872年)。(→p.105)
- ②地価を定めて土地所有者に**地券**を発行。

2 | 地租改正条例(1873年)　地租改正は，1880年前後にほぼ完了。

3 | 内容
- ①不安定な収穫高から，**地価**に変更。
- ②**地価の3％を土地所有者が現金で納める**(金納)。

4 | 結果　政府財政の基礎は定まったが，さまざまな問題がおきた。
- ①多くの入会地が国有地に編入され，村落共同体の生活基盤が崩れた。
- ②地主の権利が確立し，地主は米価騰貴で利益を得て，**寄生地主制が発展**。
- ③小作農は高額の現物小作料がそのまま続いたので貧窮化し，地主に従属した。
- ④農民の負担は減らず，**地租改正反対一揆**(1876年)➡翌年税率が**2.5％**となる。(→p.145)

> **要点**
> 徴兵令(1873年)…**国民皆兵，満20歳以上の男子**
> 地租改正(1873年)…**土地所有者が地価の3％を金納**

+α

❶**大村益次郎**　長州藩士で，適塾に学ぶ。フランス式軍制を採用するなど欧化政策をすすめるが，それにより攘夷派に斬られ，その傷が原因で死亡した。

❷**血税**　庶民は徴兵告諭にある「血税」という言葉を，生き血を取られると誤解した。

62 不平士族の反乱と農民一揆

1 身分制度の廃止

1 四民平等　国家建設の諸政策をすすめるため、封建的身分制度を撤廃し、新しい身分を定めた。　└士農工商

①華族…公家・藩主。②士族…藩士・旧幕臣。

③平民…百姓・町人を平民とし、苗字、華士族との結婚、職業選択の自由を認めた。また、えた・非人などの身分も制度上は廃止され、平民と同様にした。

2 壬申戸籍　四民平等に基づく新しい戸籍が作成された。

2 秩禄処分

1 秩禄奉還の許可　廃藩置県後も、政府は従来の俸禄を減額した家禄を華族・士族に与えていた上に、明治維新の功労者に賞典禄を支給していた。それは、国家財政の30%を占め、大きな負担だったので、政府は秩禄の処分を決定。まず、政府は秩禄奉還の法を定め(1873年)、秩禄の奉還を申し出た者には一時金と秩禄公債を与えた。　└家禄と賞典禄

2 秩禄処分　重要　政府は、1876年に秩禄の全廃を断行し、そのかわり秩禄に応じて金禄公債証書❶を与えた。

3 士族の没落　秩禄処分により士族は経済的特権を失い、社会問題が発生。

①士族授産…士族の就業奨励策。士族は公債をもとに商業に転向したが、「士族の商法」といわれるように失敗する者が多かった。政府も士族を屯田兵として北海道に送り、開拓と防備に従わせたりしたが、成功しなかった。

②特権の消失…1876年には廃刀令も出され、士族は全ての特権を失った。

> **要点**
> 四民平等…華族、士族、平民。苗字や職業選択の自由が認められた
> 秩禄処分・廃刀令…士族の特権がなくなった

3 不平士族の反乱

1 原因
①新政への不満…秩禄処分による生活難や廃刀令。
②征韓論の敗北…西郷隆盛ら征韓派参議は下野し、不平士族が結束。
(→p.148)

2 | 士族の蜂起 重要

①**佐賀の乱**(1874年)…征韓中止に反対し，征韓派の前参議**江藤新平**など，佐賀県の士族が挙兵。江藤は刑死。

②**敬神党(神風連)の乱**(1876年)…廃刀令発布と家禄の強制奉還に反対し，熊本県の士族が熊本鎮台を襲う。

③**秋月の乱**(1876年)…神風連の乱に呼応して福岡県の士族が挙兵。

④**萩の乱**(1876年)…山口県萩の**前原一誠**を中心に挙兵。

⑤**西南戦争**(1877年)…鹿児島の**西郷隆盛**を中心におきた不平士族最大の反乱。半年後に収拾された。西南戦争以後，武力にかわり言論によって政府を批判する**自由民権運動**へと移っていった。

▲士族の反乱

> **要点**
> 士族の反乱…秩禄処分や廃刀令に不満，征韓派の下野
> **西南戦争**(1877年)…西郷隆盛が中心➡以後言論による批判へと移行

4 農民一揆

1 | 農民の困窮
農村では，地主の収奪などで多くの農民が苦しい生活を送った。その上，地租改正後も負担は軽くならず，入会地の官収などで，生活はさらに苦しくなった。農民たちは，租税の減免要求，物価騰貴の混乱反対，村吏・豪農の不正や収奪反対，徴兵令反対などをスローガンに，各地で一揆をおこした。

2 | 税率の引き下げ 重要
地租改正が行われると，**地租改正反対一揆**が各地で発生。**茨城県**の**真壁騒動**，三重・愛知・岐阜・堺の4県にまたがった**伊勢暴動**など➡1877年，政府は地租を**2.5%**に引き下げた。❷

+α

❶**金禄公債証書** 秩禄の種類と禄高によって，その5年分以上14年分までに相当する額面の公債を発行した。下級武士ほど額が低かった。30年以内に全部償却。

❷**地租の引き下げ** 地租が2.5%に引き下げられると，「竹槍でドンと突き出す二分五厘」といわれた。

63 殖産興業と文明開化

1 殖産興業

欧米諸国に追いつくため，**富国強兵**をめざし**殖産興業**に力を入れた。**お雇い外国人**の指導のもと，近代的産業を導入した。

1│産業の育成 重要
①省の設置…1870年に**工部省**を設置。73年には**内務省**が新設された。
②官営軍事工場…東京・大阪の砲兵工廠，横須賀・長崎の造船所を官営とした。
③重要鉱山の官営…旧幕府の佐渡や生野などの重要鉱山も官営とした。
④**官営模範工場**の設立…輸出の中心である製糸業の機械化を目的に，官営の**富岡製糸場**(群馬県)を設け，フランス人技師を招いて工女の養成をはかった。
⑤北方開発…蝦夷地を北海道と改称。**開拓使**を置き，アメリカの農場制度・畜産技術を導入。**屯田兵**制度を設けたほか，**クラーク**を招き**札幌農学校**を設立。

2│交通・通信
①鉄道…1872年に**新橋・横浜**間に開通。1889年には東海道本線が全通する。
②電信…1869年に**東京・横浜**間に開通。
③郵便…1871年に**前島密**の建議で，飛脚にかわって東京・大阪間で西洋風の郵便制度が開始。1877年に万国郵便連合条約に加盟。
④海運…**岩崎弥太郎**の**三菱**(郵便汽船三菱会社)が，政府の保護によって発達。

3│貨幣制度 重要　幕末の雑多な金・銀・洋銀や藩札などを統一した。
①**新貨条例**(1871年)…金本位制による**円・銭・厘**の十進法を採用。
②**不換紙幣**を発行(1872年)…太政官札などと引き換え，紙幣の統一をはかる。
③**国立銀行条例**(1872年)…**渋沢栄一**が中心となり制定。翌年，第一国立銀行などを設立➡その後民間の**兌換銀行券**の発行を認めたが，兌換制度は確立できず。

4│政商　民間の事業家である**三井・岩崎**(三菱)などは，政府から特権を受けて金融・貿易・海運業で独占的な利益を上げた。

要点
殖産興業
- 官営模範工場…富岡製糸場
- 貨幣制度…**新貨条例**，**国立銀行条例**(渋沢栄一)
- 政商…三井・三菱など。金融・貿易・海運業で利益独占

2 文明開化

1│教育制度 1872年に学制を発布して国民皆学・普通教育の実施をはかったが，授業料が高く，市町村の負担も大きかった。このため，1879年に **教育令** を出して，アメリカにならい，地方の実情に応じた自由教育制度をとった。

2│専門教育 高等教育のための各種学校も，政府や民間の力で次々に設立。1877年には，政府の管理下にあった旧幕府の開成所・医学所を起源とする諸学校を統合し，**東京大学** を設立。

官学	1872	師範学校(東京)
	1875	女子師範学校(東京)
私学	1868	慶応義塾(慶応義塾大学)…福沢諭吉創立
	1875	同志社英学校(同志社大学)…新島襄創立
	1882	東京専門学校(早稲田大学)…大隈重信創立

▲おもな大学

3│思想 【重要】 儒教・仏教などの思想が排除されて，西欧近代思想が紹介された。

①**イギリス流功利主義**…福沢諭吉や中村正直らが紹介 ➡ 彼らは明六社(『明六雑誌』を発行)を結成し，啓蒙活動を行った。

・**福沢諭吉**…『学問のすゝめ』『西洋事情』『文明論之概略』
・**中村正直**…『西国立志編』『自由之理』(翻訳書)

②フランス流自由主義，**天賦人権の思想**…中江兆民が『民約訳解』を著し，ルソーの『社会契約論』を紹介した。

4│生活

①衣服…洋服の着用がはじまり，頭髪も **ざんぎり頭** となった。
②食事…牛鍋が流行し，西洋料理店も出現した。ビールの飲用もはじまった。
③街並…煉瓦造の西洋建築が建てられ，ガス灯，人力車などが出現。
④新聞…**本木昌造** が鉛製の印刷活字の製造に成功 ➡ 1870年，最初の日刊新聞として『**横浜毎日新聞**』が発行され，**新聞・雑誌** の刊行が増加した。
⑤暦…太陽暦が採用され，1日を24時間とし，日曜を休日とした。

3 宗教界の変化

1│神道
①**神仏分離令**(1868年)…神仏習合を禁じた。
②**大教宣布の詔**(1870年)…神道による教化運動を展開した。 ↳神道の国教化

2│仏教 **神仏分離令** によって地位が低下 ➡ **廃仏毀釈** で寺院・仏像が破壊される。

3│キリスト教 五榜の掲示で禁止されたが，1873年には黙認された。

64 自由民権運動の発展

1 自由民権運動の開始

1│開始前の政府内部の対立　廃藩置県後，岩倉具視・大久保利通・木戸孝允らは不平等条約改正の交渉と欧米視察のため洋行した(岩倉使節団)。西郷隆盛・板垣退助らは国内に残って，徴兵制や地租改正などを推進した。

2│征韓論　鎖国状態の朝鮮を武力で開国させる方針。不平士族の不満をそらす目的もあった➡帰国した大久保が内治優先を唱え，中止。

3│明治六年の政変(1873年)　征韓中止に反対した西郷・板垣・副島種臣・江藤新平ら征韓派の参議が次々に下野。政府は内務卿の大久保が指導。

4│自由民権運動の開始 重要

①民撰議院設立の建白書(1874年)…板垣・後藤象二郎・副島・江藤らは，大久保の独裁を批判し，民撰議院の設立を要求する建白書を左院に提出。

②政社の結成
- 愛国公党(1874年)…建白書を提出した人々が結成。
- 立志社(1874年)…板垣・片岡健吉・植木枝盛が土佐に設立。
- 愛国社(1875年)…立志社を中心に，全国の有志が大阪で結成。

5│政府の対応　台湾出兵に反対した木戸が下野➡大久保政権は窮地の状況。

①大阪会議(1875年)…大久保は，大阪で木戸・板垣と会見，漸進的な国会開設の方針を決定➡木戸・板垣は参議に復帰。

②政府の譲歩・弾圧政策

譲歩	**漸次立憲政体樹立の詔**(1875年)…立憲政体樹立を約束。3機関を設置 元老院…左院を改組した立法機関で，憲法を起草する 大審院…司法の最高機関(のちの最高裁判所)。司法権を強化 地方官会議…地方の実情を政府が知るため，府知事・県令を召集して開催
弾圧	**讒謗律**(1875年)…言論弾圧。政府擁護のため，官僚らの批判を禁止 **新聞紙条例**(1875年)…政府を批判する新聞・雑誌の弾圧

> **要点**
> 自由民権運動…民撰議院設立の建白書，立志社・愛国社の結成
> 政府の対応…漸次立憲政体樹立の詔，讒謗律・新聞紙条例で弾圧

2 運動の展開

1 立志社建白(1877年) 重要
西南戦争の最中、立志社が**片岡健吉**を総代として、**国会開設・地租軽減・条約改正**の3点を要求する意見書を天皇に提出しようとしたが、政府に却下された。

2 運動の高まり
①**愛国社の再興**(1878年)…解散状態だった愛国社が、大阪で再興大会を開催。
②**国会期成同盟**(1880年)…**愛国社**は国会期成同盟と改称、全国的な団体となった。天皇宛の国会開設の請願書を政府に提出しようとしたが、政府は受理せず。

3 政府の対応
政府は**集会条例**(1880年)を出して、集会・言論・結社を制限。

> **要点**
> 民権運動の高まり…**立志社建白**(1877年)、**国会期成同盟**(1880年)
> 政府の対応…**集会条例**(1880年)で政社の活動を制限

3 明治十四年の政変

1 政府内部の対立
1878年に大久保利通が暗殺された。そのあと、参議**大隈重信**は国会早期開設論で自由民権運動を支持(急進派)。それに対して、大久保のあとを継いだ参議**伊藤博文**や岩倉具視など漸次派は反対し、激しく対立した。

2 開拓使官有物払下げ事件(1881年)
北海道開拓使長官の**黒田清隆**は、同じ薩摩出身の政商**五代友厚**に官有物を不当に安く払い下げようとした。このため、民権運動家や大隈らから批判を受け、世論の政府攻撃が激しくなった。

3 明治十四年の政変(1881年)
①政府は、大隈が世論の政府攻撃に関係しているとして、大隈を罷免。
②官有物の払下げを中止。
③**国会開設の勅諭**(1881年)…政府は民権運動をおさえるため、1890年に国会を開設することを発表。

> **要点**
> 急進派(**大隈重信**)と漸次派(**伊藤博文・岩倉具視**)の対立
> ➡明治十四年の政変(大隈の罷免・**国会開設の勅諭**)

+α

❶**台湾出兵** 琉球の漁民が台湾に漂着して原住民に殺されたので、日本は賠償を要求した。しかし、清は、琉球は(清に)朝貢しているので国内問題であるとして、日本の要求を無視した。このため、1874年に日本は台湾に出兵した。

65 自由民権運動の激化と敗北

1 政党の結成

国会開設の勅諭が出されたため、国会開設に向けて政党が結成された。

政党名	主要人物	性格	主張	支持階層
自由党 (1881年結成)	板垣退助 植木枝盛 星亨	フランス流 急進的民約憲法論	一院制 主権在民 普通選挙	不平士族 地主・農民 商業資本家
立憲改進党 (1882年結成)	大隈重信 犬養毅 尾崎行雄	イギリス流 漸進的立憲論	二院制 君民同治 制限選挙	知識階級 産業資本家 (とくに三菱)
立憲帝政党 (1882年結成)	福地源一郎	国粋主義的 欽定憲法主義	二院制 主権在君 制限選挙	官僚 神官・僧侶 国学・漢学者

2 松方財政

1｜背景 明治以降、政府は不換紙幣を発行し、西南戦争のときには軍費調達のため多額の紙幣を乱発した。そのため物価が暴騰、国家財政は破綻に瀕した。

2｜松方財政 大蔵卿**松方正義**が、1881年から強力な財政・経済政策を実施。

① **重税と緊縮**…インフレ抑制のため新税制定と増税、軍事費以外の歳出を削減。
② **紙幣整理**…不換紙幣を処分し、正貨(金・銀)の蓄積をはかる。
③ **官営工場の払下げ**…軍需・造幣工場を残し、政商に払い下げた。(→p.146)
④ **日本銀行**設立(1882年)…政府は日本銀行を唯一の発券銀行とし、国立銀行の紙幣発行を停止。❶

受人	事業所	受人	事業所
三井	三池炭鉱 富岡製糸場	三菱	佐渡金山 生野銀山 高島炭鉱 長崎造船所
古河	阿仁銅山 院内銀山		

▲おもな払下げ工場・鉱山

3｜松方財政の影響

① 急激な緊縮と紙幣整理で、米や繭などの物価が下落➡農民の収入減をもたらす。
② 重税により**小作農**に転落する者が多発、**寄生地主制**が発展。
③ 豪農が民権運動から離れたり、急進化したりした。

3 民権運動の激化

農村の不況，政府による集会条例・新聞紙条例改正などによる弾圧や懐柔❷などによって，自由党左派(急進派)は農民を指導して各地で武装蜂起した。

事件名	年	概　要
福島事件	1882	県令三島通庸の圧政に対し，県会議長河野広中らが蜂起
高田事件	1883	新潟県の自由党員が，政府高官の暗殺計画の嫌疑で逮捕
群馬事件	1884	群馬県高崎の党員が農民を集めて妙義山で武装蜂起
加波山事件	1884	栃木県令三島通庸暗殺を計画し，茨城県加波山で蜂起
秩父事件	1884	不況の打撃を受けた埼玉県秩父の養蚕農家が自由党員と結んだ困民党を中心に蜂起。最大の農民運動
大阪事件	1885	大井憲太郎が朝鮮の内政改革を策したが，大阪で逮捕

4 民権運動の敗北

1 政党の後退
① **自由党**…1884年，秩父事件の直前に板垣が自由党を解散。
② **立憲改進党**…1884年，大隈重信が脱党し，勢力が後退。

2 大同団結❸　1886年頃になると，国会開設の時期が近づいたので，民権運動は復活の気運をみせ，旧自由党の**星亨・後藤象二郎**は大同団結を唱えた。

・**三大事件建白運動**(1887年)…外相**井上馨**の条約改正交渉の失敗を機に，民権派は**地租軽減・言論の自由・外交失策の回復**の3要求を政府にせまった。

3 保安条例(1887年)❹　伊藤博文内閣は，民権派を東京から追放。

> **要点**　激化事件(福島事件・**秩父事件**・大阪事件)➡民権運動が衰退
> ➡国会開設が近づき再び運動が活発化(**大同団結**)➡**保安条例**で弾圧

+α

❶ **日本銀行の貨幣**　1885年から銀兌換の銀行券を発行，翌年には政府紙幣の銀兌換もはじめた。

❷ **政府の懐柔**　政府は自由党の板垣や後藤象二郎に洋行をすすめ，費用を政商の三井に出させた。しかし旅費の出所の疑惑から立憲改進党は自由党を攻撃し，自由党も大隈と結ぶ三菱の海運業独占を批判。

❸ **大同団結**　自由党と立憲改進党はこれまでの反目を忘れて，小異を捨て大同につき，団結して国会開設をめざそうとした。運動は後藤象二郎に受け継がれた。

❹ **保安条例**　内務大臣山県有朋が起草。中江兆民・尾崎行雄ら民権派570名を皇居3里外の地に追放した。

66 大日本帝国憲法の制定

1 憲法制定の準備

1 | **伊藤博文の渡欧** 欧州各国の憲法制度を調査研究するため，伊藤博文は1882年に渡欧。伊藤はドイツのベルリンで**グナイスト**に，オーストリアのウィーンでは**シュタイン**に，**ドイツ流**の君主権の強い憲法論を学んだ。

2 | **憲法草案の起草** 1884年，宮中に**制度取調局**が置かれ，伊藤が長官となり，ドイツ人の**ロエスレル**の助言を得て**井上毅・伊東巳代治・金子堅太郎**が憲法草案の起草にあたった。

3 | **私擬憲法** 民間でも憲法草案がさかんに作成された。＊
   ①**交詢社**案…「私擬憲法案」＝二院制，イギリス的議会主義，議院内閣制。
   └福沢諭吉が中心の実業家による民間団体
   ②**植木枝盛**案…「東洋大日本国国憲按」＝一院制，国民主権，抵抗権・革命権保障。
   ③**立志社**案…「日本憲法見込案」＝一院制，主権在民。

　　　　　　　　　　　　　　　　　＊私擬憲法は大日本帝国憲法にほとんど反映されなかった

2 内閣制度と諸制度の整備

1 | **華族令**の制定(1884年)　華族❶を公・侯・伯・子・男の5爵に分け，二院制議会の上院(**貴族院**)の議員の中核となる階級を設定した。

2 | **内閣制度の創立**(1885年) **重要**　太政官制を廃して内閣制度を創設し，行政機関の一元化をはかった。各大臣は天皇にのみ責任を負った。

①初代**内閣総理大臣**には**伊藤博文**が任命された。
②宮内省は内閣から外し，宮中と府中(行政府)の区別を明確化し，天皇の**常侍補弼**(常時相談役)として**内大臣**を設置。

3 | **地方制度の整備** ドイツ人**モッセ**の助言を得て，**山県有朋**を中心に地方自治制を整備。
  ①1888年…**市制・町村制**
  ②1890年…**府県制・郡制**

4 | **皇室財産の確立** 議会開設後は，皇室が財政的に制約されないよう，皇室の財政基礎を固めた。

大臣	名前	出身
首相	伊藤博文	長州
内務	山県有朋	〃
外務	井上馨	〃
大蔵	松方正義	薩摩
司法	山田顕義	長州
文部	森有礼	薩摩
農商務	谷干城	土佐
逓信	榎本武揚	幕臣
陸軍	大山巌	薩摩
海軍	西郷従道	〃

▲初代内閣の閣僚

3 憲法の制定

1 | 枢密院の設置（1888年） 天皇が重要な国務を諮問する最高機関として設置され，伊藤博文が初代議長。最初の本格的な任務は憲法草案の審議であった。

2 | 大日本帝国憲法の発布（1889年2月11日） 枢密院で審議された憲法草案は，大日本帝国憲法（明治憲法）として発布。天皇の意思で発布する形をとった**欽定憲法**で，**黒田清隆**首相がこれを受けた。

3 | 大日本帝国憲法の特色 重要
① **主権**…天皇にある（天皇主権）。
② **天皇**…元首。統治権を総攬。強力な**天皇大権**❷をもつ。
③ **内閣**…天皇に対して責任を負い，議会には責任を負わない。
④ **軍隊**…天皇の軍隊として，**統帥権**❸は内閣から独立。
⑤ **帝国議会**…貴族院と衆議院（国民の選挙で選出）の**二院制**❹。同等の権限をもつ。君主主義で天皇の立法権を協賛する。
⑥ **国民**…臣民とされ，基本的人権にさまざまな制限がある。
⑦ **憲法改正**…改正の発議権は天皇にのみある。

4 | 諸制度の制定 憲法とともに，議員法や**皇室典範**なども制定された。

> **要点**
> **大日本帝国憲法**（1889年）
> ①欽定憲法で，天皇主権
> ②統帥権の独立，二院制（貴族院と衆議院）

4 諸法典の制定

フランスの法学者**ボアソナード**を招いて，1890年頃までに刑法・民法などが制定された。しかし，民法に関して，親族や相続などの規定に関して批判がおこった（**民法典論争**）❺。

+α

❶ **華族** 旧上層公家や大名以外でも，国家に勲功のあった者もなれるようにした。
❷ **天皇大権** 統帥権・緊急勅令・条約締結・宣戦・講和など法的に強大な権力をもつ。
❸ **統帥権** 軍隊の軍令に関する最高指揮権。
❹ **二院制** 貴族院は皇族・華族および勅選された議員からなり，衆議院は国民が選挙した議員からなる。
❺ **民法典論争** 民法もボアソナードを顧問にフランス法典を参考にして編集され，1890年に制定された。しかし，その内容は小家族制・均分相続制をとっていたので，穂積八束が「民法出でて忠孝亡ぶ」と批判し，議会は施行を延期した。のち，民法は封建的な家の制度を存続させたものに改定され，1898年に施行された。

67 初期議会の動向

1 衆議院議員選挙

1｜選挙権　選挙資格は**直接国税15円以上**を納入する**満25歳以上の男子**に限られた。❶**第1回衆議院議員選挙**では，有権者は全人口の約1％だった。
　↳1890年

2｜選挙の結果　1890年の総選挙で，その年に再興された**立憲自由党**と，**立憲改進党**の両党が過半数を占めた。反政府野党である両党は**民党**とよばれた。❷
　　　　　　　　　　　　　　　　　　　　　　　　　　旧自由党，翌年再び自由党と改称↲

3｜超然主義　議会の動向に左右されず政治を行おうとする方針。憲法発布直後，**黒田清隆**首相が表明，選挙後の**山県有朋**首相もこの立場をとった。

2 第一〜四議会

第一議会〜第四議会までは，おもに軍事費をめぐり，政府と民党が対立。

議会	政　府	民　党
第一議会 1890.11〜 91.02	第1次**山県有朋**内閣は，軍備拡張を主張。	**政費節減**（軍備削減）・**民力休養**（地租軽減）を主張。予算委員会で政府提出の予算案の約1割を削減。
	山県首相は，立憲自由党員（土佐派）を買収し，本会議で削減幅を小さくすることで妥協，予算案を成立。	
第二議会 1891.11〜 91.12	第1次**松方正義**内閣は，民党をおさえるため**議会を解散**。❸	政府提案の軍艦建造費などの削減を主張。
	選挙干渉（1892年）❹…第2回総選挙で，政府は民党をおさえるため，内相**品川弥二郎**を中心に選挙干渉を行った。	
第三議会 1892.05〜 92.06	品川弥二郎は辞職。 予算成立後に内閣も総辞職。	選挙干渉で松方内閣を攻撃。
第四議会 1892.11〜 93.02	第2次**伊藤博文**内閣が成立（「**元勲総出**」）。❺	民党が政府の軍艦建造予算を削減しようとした。
	天皇の**詔勅**（天皇も建艦のためにお金を出し，官吏も俸給の10％を出すという内容）で，議会をおさえた。	

> **要点**
> 初期議会(第一〜四議会)…予算をめぐり政府と民党が対立
> 民党の主張…**政費節減**, **民力休養**(軍事費の削減と地租軽減)

3 第五・六議会

1 自由党の方針変更 自由党は、政府提出の予算案の歳出削減には成功するが、民力休養(地租軽減)は実現しないので、この地租軽減の要求を放棄し、新たに多額の民間産業育成費を予算に計上するよう要求した(=自由党と政府の接近)。

2 争点の変化 自由党が政府と協調するようになると、ほかの民党は予算案で政府と対決できなくなった。このため、改進党は吏党であった国民協会と連合し、第五・六議会では、かねてより問題であった**条約改正問題**で政府を攻撃した。(→p.159)

3 対立の終わり 日清戦争に向かって、政府と民党の対立関係は終わった。

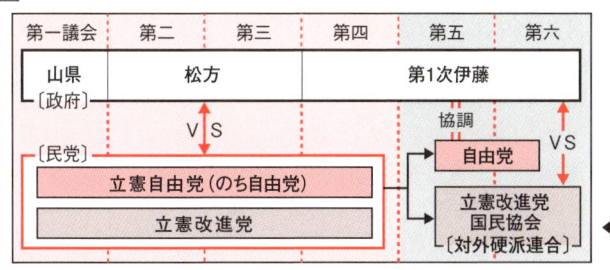

◀初期議会の政府と民党

> **要点**
> 初期議会(第五・六議会)
> 改進党は条約改正問題で政府を攻撃
> ➡日清戦争までの間対立

+α

❶**被選挙資格** 被選挙資格は、30歳以上の男子で直接国税15円以上を納める者。

❷**民党と吏党** 第一議会の総議席300のうち、立憲自由130・立憲改進党41だった。対して、政府支持党(吏党)は129議席。

❸**蛮勇演説** 海軍の腐敗を批判された海相樺山資紀が、明治維新以来の薩長政府の功績を主張し、民党を批判した演説。このため、議場は混乱に陥り、解散のきっかけとなった。

❹**選挙干渉** 政府は、各地の府県知事に指示し、警察官などを動員して民党候補者への圧力と、吏党候補者の支援を行った。しばしば両党の衝突がおこり、全国で死亡者25人、負傷者388人を出した。

❺**元勲内閣** 山県有朋、黒田清隆、井上馨ら有力藩閥政治家(元勲)を擁した。

❻**対外硬派連合** 1896年には、このうちの国民協会を除いた諸会派によって、進歩党が結成された。

要点チェック

↓答えられたらマーク　　　　　　　　　　　　　　　　わからなければ→

- [ ] **1** アヘン戦争で欧米の力を認識した幕府が出した法令は何か。　p.138 **1**1
- [ ] **2** 幕末に幕府が締結した条約について、次の問いに答えよ。　p.138 **2**
    - ①1854年にアメリカと結んだ条約は何か。
    - ②①で開港された港はどこか（2つ）。
    - ③日米修好通商条約が結ばれたのは何年か。
- [ ] **3** 大老井伊直弼が、吉田松陰などの反対派を弾圧した事件は何か。　p.139 **3**2
- [ ] **4** 3に激怒した水戸藩浪士らが井伊直弼を殺害した事件は何か。　p.139 **3**3
- [ ] **5** 1866年に結ばれた、薩摩藩と長州藩の密約を何というか。　p.140 **1**2
- [ ] **6** 将軍徳川慶喜が朝廷に政権を返上したことを何というか。　p.140 **2**3
- [ ] **7** 1867年に討幕派が出し、新政府の樹立を示したものは何か。　p.140 **3**1
- [ ] **8** 1868〜69年におきた旧幕府軍と新政府軍による戦いは何か。　p.141 **4**
- [ ] **9** 1868年に出された新政府の基本方針を示したものは何か。　p.141 **5**1
- [ ] **10** 1869年、天皇に土地と人民を返還した政策を何というか。　p.142 **1**1
- [ ] **11** 1871年、藩を廃止し、府知事・県令を派遣した政策は何か。　p.142 **1**2
- [ ] **12** 1873年に、国民皆兵をめざして出された命令は何か。　p.143 **3**
- [ ] **13** 地租改正について、次の文章の（　）に適語を入れよ。　p.143 **4**
    土地所有者に①（　　）を発行し、その所有者が②（　　）の③（　　）％の地租を④（　　）で納めることとした。
- [ ] **14** 秩禄処分によって士族や華族が受けとった証書は何か。　p.144 **2**2
- [ ] **15** 1877年におきた、不平士族の最大の反乱は何か。　p.145 **3**2
- [ ] **16** 官営模範工場の中で、群馬県につくられた製糸工場は何か。　p.146 **1**1
- [ ] **17** 1872年に渋沢栄一らが中心となって制定した法律は何か。　p.146 **1**3
- [ ] **18** 三井や岩崎（三菱）など、金融・海運業などで利益を独占した事業家を何というか。　p.146 **1**4
- [ ] **19** 明治初期の代表的思想家で、慶応義塾の創始者はだれか。　p.147 **2**2

答え

1 薪水給与令　**2** ①日米和親条約　②下田・箱館　③1858年　**3** 安政の大獄　**4** 桜田門外の変　**5** 薩長連合　**6** 大政奉還　**7** 王政復古の大号令　**8** 戊辰戦争　**9** 五箇条の誓文　**10** 版籍奉還　**11** 廃藩置県　**12** 徴兵令　**13** ①地券　②地価　③3　④現金　**14** 金禄公債証書　**15** 西南戦争　**16** 富岡製糸場　**17** 国立銀行条例　**18** 政商　**19** 福沢諭吉

要点チェック

- **20** 西郷隆盛らによる朝鮮出兵の主張を何というか。　p.148 ①
- **21** 20を主張した人物が政界から離れたできごとを何というか。　p.148 ①3」
- **22** 自由民権運動のきっかけとなった建白書は何か。　p.148 ①4」
- **23** 政府が自由民権運動に対して1875年に出した譲歩策は何か。　p.148 ①5」
- **24** 1880年，愛国社が再興されてどのような名称になったか。　p.149 ②2」
- **25** 政府が，1890年に国会を開くことを示した公約は何か。　p.149 ③3」
- **26** 25のあとに結成された政党について，次の問いに答えよ。　p.150 ①
  ①板垣退助を党首として1881年に結成された政党は何か。
  ②立憲改進党の党首はだれか。
- **27** 民権運動の激化を招いたデフレ財政の指導者はだれか。　p.150 ②
- **28** 1884年におきた民権運動激化事件の最大のものは何か。　p.151 ③
- **29** 1887年，民権派を東京から追放した法令は何か。　p.151 ④3」
- **30** 植木枝盛の「東洋大日本国国憲按」など，政党や民間の人物が作成した憲法草案を何というか。　p.152 ①3」
- **31** 議会開設に備えて，1885年に発足した行政制度は何か。　p.152 ②2」
- **32** 帝国憲法草案を審議するために設けられた機関は何か。　p.153 ③1」
- **33** 大日本帝国憲法について，次の問いに答えよ。　p.153 ③
  ①帝国憲法は，何年に発布されたか。
  ②このときの内閣総理大臣はだれか。
  ③天皇の意思で発布する形式の憲法を何というか。
  ④軍隊を統轄する最高指揮権を何というか。
- **34** 第1回の衆議院総選挙のときの選挙権の条件は何か。　p.154 ①1」
- **35** 自由党や立憲改進党は，吏党に対して何とよばれたか。　p.154 ①2」
- **36** 黒田清隆首相が主張した，政府は議会の動向に影響されない方針を何というか。　p.154 ①3」
- **37** 初期議会において民党が主張した軍事費削減と地租軽減をそれぞれ何というか。　p.154 ②
- **38** 第二議会解散後の総選挙で選挙干渉を行った人物はだれか。　p.154 ②

答え

20 征韓論　**21** 明治六年の政変　**22** 民撰議院設立の建白書　**23** 漸次立憲政体樹立の詔　**24** 国会期成同盟　**25** 国会開設の勅諭　**26** ①自由党　②大隈重信　**27** 松方正義　**28** 秩父事件　**29** 保安条例　**30** 私擬憲法　**31** 内閣制度　**32** 枢密院　**33** ①1889年　②黒田清隆　③欽定憲法　④統帥権　**34** 直接国税15円以上を納めた満25歳以上の男子　**35** 民党　**36** 超然主義　**37** 政費節減・民力休養　**38** 品川弥二郎

68 条約改正

1 明治初期の外交

1│朝鮮との関係 朝鮮は鎖国政策を行っており，1811年以来国交が途絶えていた。征韓論争のあと，内治派を主とする政府も朝鮮進出の機会をねらっていた。

① **江華島事件**(1875年)…日本の軍艦雲揚が，漢城近くの江華島で朝鮮を挑発。

② **日朝修好条規**(1876年)…江華条約。日本が外国に強制した最初の不平等条約。

内容 ｛
・朝鮮を独立国として承認した(朝鮮は清国の属国的存在であった)。
・釜山・仁川・元山の3港の開港。
・開港地での日本の領事裁判権を承認させた。

2│清との関係 重要

① **日清修好条規**(1871年)…日本は，16世紀以来正式な国交のなかった清と，対等な条約を結んだ。日本が外国と結んだ最初の対等条約である。

② **琉球問題**…維新前，琉球は薩摩の島津氏と清の両方に属していた。

・琉球藩の設置(1872年)…政府は，琉球国王**尚泰**を琉球藩の王とした。
・台湾出兵(1874年)…台湾での琉球漂流民殺害事件に対する出兵。
・**琉球処分**(1879年)…清の承認を得ないまま琉球藩を廃して**沖縄県**を設置。

3│ロシアとの関係 政府はロシアの南下に備え，北海道と樺太の開拓につとめたが，1875年にロシアと**樺太・千島交換条約**を結び，樺太をロシア領に，千島列島を日本領にした。

4│小笠原諸島の帰属(1876年) 小笠原諸島を日本領とし，アメリカ・イギリスも承認した。

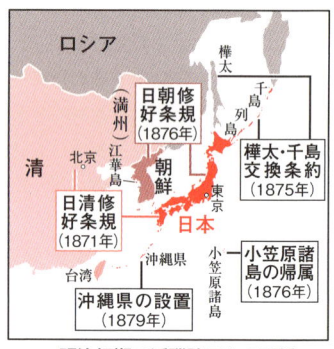

▲明治初期の近隣諸国との関係

要点
日朝修好条規(1876年)…**朝鮮**に対して**不平等条約**
日清修好条規(1871年)…**中国との対等条約**
樺太・千島交換条約・**小笠原諸島の帰属**➡日本の領土が画定

2 条約改正の交渉 重要

幕末に結ばれた欧米諸国との不平等条約(**安政の五カ国条約**)の改正,とくに領事裁判権(治外法権)の撤廃と関税自主権の回復は,政府の最重要課題であった。
(→p.138)

担当者	交渉の経過および結果
岩倉具視 (1872年)	条約改正を打診するため欧米を訪問(岩倉使節団) ➡失敗(欧米の制度・産業の視察に終わる)
寺島宗則 (1878年)	**アメリカ**が関税自主権の回復に賛成するも,**イギリス・ドイツ**の反対により無効
井上馨 (1882〜87年)	**鹿鳴館**❶での社交など,極端な**欧化主義**政策 日本国内を外国人に開放する(**内地雑居**)かわりに,領事裁判権撤廃の改正案を欧米諸国に了解させた(**外国人判事の任用**) 関税自主権の一部回復 ➡外国人判事の任用や欧化主義に対する政府内外の反対❷で辞任
大隈重信 (1888〜89年)	国別交渉で秘密草案(**大審院**に限り外国人判事を認める)がもれ,政府内外で反対論がおきた ➡対外硬派の**玄洋社**の青年に爆弾を投げられ負傷,失敗
青木周蔵 (1891年)	外国人判事は任用せず,外国人の内地雑居も制限 ➡**イギリス**は同意するも,大津事件❸で青木が辞任し,失敗
陸奥宗光 (1894年)	1894年,**日清戦争**直前に**日英通商航海条約**に調印 →実施は1899年 ➡**領事裁判権の撤廃**,関税自主権の一部回復,相互対等の最恵国待遇となり成功。ほかの欧米諸国とも同様の条約を結ぶ
小村寿太郎 (1911年)	**日露戦争**後,アメリカと交渉成立 ➡各国の同意を得て,**関税自主権の完全回復**が実現。日本は条約上,欧米と対等となった

+α

❶ **鹿鳴館** 外国要人接待の社交場として,コンドルの設計で東京日比谷に建設。

❷ **ノルマントン号事件** 1886年,イギリス船ノルマントン号が紀伊半島沖で沈没した際,日本人船客を助けなかったが,最初の領事裁判で関係者は無罪となった。

❸ **大津事件** 訪日中のロシア皇太子ニコライ2世が大津で巡査津田三蔵に襲撃され,負傷。政府はロシアを恐れ,犯人の死刑を主張したが,大審院長の児島惟謙が司法権の独立を守り,無期懲役とした。

69 日清戦争

1 朝鮮問題

1876年の日朝修好条規の締結後,朝鮮では親日派と親清派の間で抗争がおきていた。

1 壬午軍乱(壬午事変) 朝鮮内部の対立と日清間の競争が絡み,朝鮮が混乱。

①朝鮮内の対立 ｛・親日的改革派…王妃の**閔氏**一派
・親清的保守派…王父の**大院君**一派

②経過…1882年,大院君一派が閔氏一族に反乱➡失敗。この反乱で日本公使館を襲撃された日本は,朝鮮と**済物浦条約**❶を締結➡親日派だった閔氏一族の政権は,日本から清に依存。

2 甲申事変 その後も朝鮮の内部対立が続いた。

①朝鮮内の対立 ｛・**独立党**…**金玉均**らの親日改革派
・**事大党**…閔氏一派の親清派

②経過…1884年,独立党は日本公使館の支援を受けてクーデタをおこしたが,来援した清軍に平定された。

3 天津条約(1885年) **伊藤博文**と**李鴻章**が締結➡日清間の衝突回避。

内容 ｛①日清両国は朝鮮から撤兵する。
②将来出兵するときは互いに通告する。

2 日清戦争

天津条約の締結後,清国は朝鮮の内政に干渉して勢力をのばした。また,日本でも国家意識が高揚して強硬外交が論議され,日清両国の対立は緊迫した。❷

1 防穀令事件(1889年) 朝鮮は防穀令を出して日本への穀物の輸出を禁止した。日本はこれに対し,商人の利権を保護するため,同令の廃止と賠償金を請求し,これを実現させた。

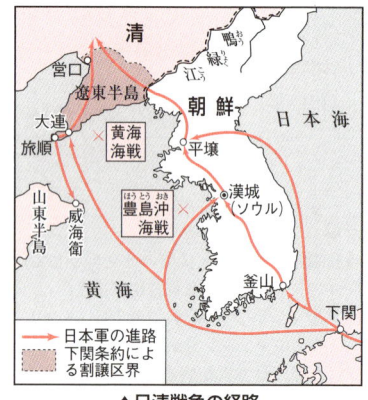

▲日清戦争の経路

2 | 日清戦争(1894年)

①**甲午農民戦争(東学の乱)**…朝鮮で東学の信徒を中心とする農民が反乱➡日本と清が出兵。

②**交戦**…日本と清の出兵により，農民は急いで朝鮮政府と和解したが，日・清両軍の対立は，朝鮮の内政改革をめぐり深化➡交戦。

③**経過**…日本軍は戦局を優位にすすめ，清軍に勝利。

3 | 下関条約(1895年)

清は降伏し，下関で日本全権**伊藤博文・陸奥宗光**と，清国全権**李鴻章**が下関条約を締結。

内容
- ①清は**朝鮮の独立**を認める。
- ②**遼東半島・台湾・澎湖諸島**を日本に割譲する。
- ③清は賠償金を日本に支払う(2億両=当時の日本円で3億1000万円)。
- ④沙市・重慶・蘇州・杭州の4港を開く。

> **要点**
> **日清戦争**(1894年)…朝鮮で**甲午農民戦争**➡日本・清が出兵➡日本の勝利
> **下関条約**(1895年)…遼東半島・台湾などの割譲，賠償金，開港

3 日清戦争後の情勢

1 | 三国干渉(1895年)
ロシアは，日本の遼東半島獲得が，ロシアの南下策に影響すると考え，**フランス・ドイツ**とともに，遼東半島を清に返すよう干渉➡日本は，拒否するだけの軍事力がなく勧告に従うが，反ロシア意識が高まった。

2 | 日本への影響
①賠償金＊と新市場の獲得で産業が発達し，**金本位制**も確立した。
②アジアの強国と認められ，条約改正が進展。
③日本は台湾統治に力を入れ，**台湾総督府**を設置。

＊賠償金に遼東半島還付の代償3000万両で，賠償金の合計は2億3000万両になった

+α

❶**済物浦条約** 朝鮮が日本に賠償金を支払うこと，公使館護衛のため日本に駐兵権を認めることを規定。

❷**軍事力の増強** 陸軍は1878年に参謀本部を新設し統帥部を強化。壬午軍乱の後，山県有朋は軍備の拡張を建議し，1882年に軍人勅諭を発布し，軍人の天皇への忠節を強調した。

❸**経過** 7月に豊島沖で開戦➡8月に宣戦➡9月に平壌陸戦と黄海海戦で勝利➡10月には清国領に進攻し，遼東半島の旅順・大連や山東半島の威海衛を占領。

70 資本主義の発達と社会問題

1 産業革命の準備

1880年代後半になって、会社の設立がさかんとなった(**企業勃興**)。

背景
- ①貿易の活況…松方デフレによって物価が下がり、輸出が有利。
- ②貨幣・金融制度の整備…**貨幣法**(1897年)を制定、**金本位制**が確立。
- ③安い労働力の供給…松方財政によって没落した農民が都市へ流入。
- ④工場払下げの推進…「工場払下げ概則」の廃止後から推進。
  　→1884年

2 第1次産業革命

日清戦争前後、**製糸・紡績**など軽工業を中心に産業革命(**資本主義**の成立)。

1| **製糸業** 製糸業は最大の輸出産業だったため、早くから**器械製糸**が導入され、1894年に器械製糸の生産高が**座繰製糸**を上回った。
→幕末以来使われた手動装置

2| **紡績業**
- ①1873年、**臥雲辰致**がガラ紡を発明。
- ②1883年に**大阪紡績会社**など多くの紡績会社が設立➡手紡やガラ紡にかわり**機械制生産**の工場が増加。
- ③1890年、綿糸の生産量が輸入量を上回った。
- ④1897年、**豊田佐吉**が国産力織機を発明。
- ⑤1897年、綿糸の輸出量が輸入量をこえた。

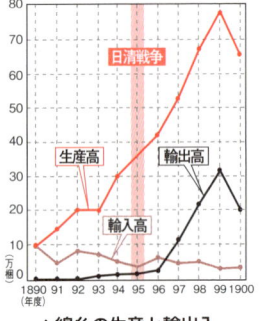

▲綿糸の生産と輸出入

3 第2次産業革命

日露戦争前後に、製鉄・造船などの重工業を中心に産業革命がおきた。

1| **製鉄業** 1897年、中国の大冶鉄山の鉄鉱石と九州の筑豊炭田の石炭を原料とする官営の**八幡製鉄所**が創設され、1901年から操業を開始した。

2| **機械工業** **池貝鉄工所**など、民営の工場が多数出現した。

3| **電力事業** 水力発電が増加し、大都市では電灯の普及がはじまった。

4| **交通** 1906年、**鉄道国有法**を制定し、軍事・経済上の観点から主要鉄道を国有化した。また、海運でも**日本郵船会社**が欧米航路を開設した。

5│貿易の進展　市場の拡大および関税自主権の回復により貿易が拡大した。

貿易品
- 輸出品…生糸・綿糸・絹織物など
- 輸入品…綿花・鉄鉱石・機械など

6│独占の進行　三井・三菱・住友・安田などの**財閥**は，金融・貿易・運輸・鉱業などの持株会社となり，コンツェルン(企業連携)の形を整えていった。
→政商から成長

> **要点**
> 日清戦争後…賠償金をもとに**製糸・紡績業**で産業革命
> 日露戦争後…**重工業**で産業革命(**八幡製鉄所**の操業)

4 社会問題の発生

1│粗悪な労働環境❶　産業革命を支えた女性労働者(女工，または工女)は，1日約15時間働き，**低賃金・長時間労働**の厳しい環境であった。

2│労働組合期成会の結成(1897年)　全国でストライキが多発すると，**高野房太郎**と**片山潜**らは労働組合期成会を結成し，労働運動を指導。

3│政府の対策
- ①**治安警察法**(1900年)…労働・社会運動を取り締まる。
- ②**工場法**(1911年)❷…労働条件の改善をはかる。

4│足尾鉱毒事件　足尾銅山から出た鉱毒で周辺地域に被害➡**田中正造**が追及。

5 社会主義運動の発展と大逆事件

1│社会主義運動　社会問題の深刻化から運動がさかんになった。
- ①**社会主義研究会**(1898年)…**安部磯雄・片山潜・幸徳秋水**らが結成。
- ②**社会民主党**(1901年)…上記メンバーらに**木下尚江**を加えて結成➡最初の社会主義政党だが，治安警察法により結成直後に解散。
- ③**平民社**(1903年)…**堺利彦・幸徳秋水**は平民社を設立。
- ④**日本社会党**(1906年)…社会主義者が結成➡初の合法的社会主義政党。

2│大逆事件(1910年)　**幸徳秋水**らが天皇暗殺を企てたとの理由で死刑➡以後，特別高等警察が設置され，社会主義運動はしばらく停滞(「冬の時代」)。

+α

❶労働問題の表面化　三宅雪嶺は雑誌『日本人』で高島炭鉱(長崎県)の惨状を訴え，横山源之助『日本之下層社会』や，農商務省『職工事情』も労働者の実態を記した。

❷工場法　女子や年少者の深夜業禁止，12時間労働を定めたが，15人未満の工場には適用しないなど例外規定が多かった。

71 日清戦争後の日本の発展

1 藩閥政府と政党の妥協

初期議会では政府と政党の対立は頂点に達したが、日清戦争により、政争は中止された。(→p.154) 戦争後、政府は政党の協力を得て政治をすすめる方針に転換した。

内閣(成立年月)	特　色
第2次伊藤博文内閣 (1892年8月)	日清戦争を遂行。戦後、**自由党**との協力を深め、**板垣退助**が内務大臣として入閣
第2次松方正義内閣 (1896年9月)	大隈が外相として入閣。**進歩党**と結んで軍備を拡張。地租増徴をめぐって薩摩派と進歩党系が対立し総辞職
第3次伊藤内閣 (1898年1月)	官僚内閣として地租増徴案を提出したが、自由・進歩両党の反対で議会を解散し総辞職
第1次大隈重信内閣 (1898年6月)	自由・進歩両党が合同した**憲政党**による初の政党内閣。首相兼外相の大隈、内相の板垣で**隈板内閣**という。尾崎行雄文相の**共和演説事件**❶で閣内が対立。4か月で**憲政党**(旧自由党系)と**憲政本党**(旧進歩党系)に分裂➡総辞職
第2次山県有朋内閣 (1898年11月)	憲政党の協力により**地租増徴案**成立(1898年) **文官任用令**の改正(1899年)❷と**軍部大臣現役武官制**(1900年)で政党の進出防止 **選挙法改正**❸と**治安警察法**の制定(1900年)
第4次伊藤内閣 (1900年10月)	伊藤は憲政党を基盤に立憲政友会を組織し、同会を基礎に組閣。貴族院の妨害や、閣内不一致で総辞職
第1次桂太郎内閣 (1901年6月)	山県系の桂太郎が組閣。**日英同盟**を結び、**日露戦争**を遂行。伊藤・山県らは**元老**になる

2 欧米の中国進出

1 中国分割　日清戦争での敗北から、清の弱体化が明らかになると、帝国主義に入っていた列強は、中国国内に次々と租借地や鉄道敷設権を設けた。

①ロシア…遼東半島の旅順・大連を租借(1898年)
②イギリス…九龍半島, 威海衛租借(1898年)
③フランス…広州湾99年租借(1899年)
④ドイツ…山東省の膠州湾99年租借(1898年)

2 アメリカの提唱 列強が次々に中国を分割するのに対し, 1899年にアメリカの国務長官**ジョン＝ヘイ**は, 清の**領土の保全・門戸開放・機会均等**の3原則を提唱し, 中国における発言権を確保した。

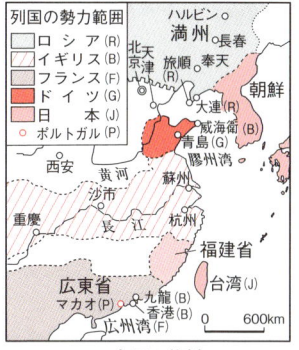

列国の勢力範囲
- ロシア(R)
- イギリス(B)
- フランス(F)
- ドイツ(G)
- 日本(J)
- ポルトガル(P)

▲中国の分割

3 北清事変と日英同盟

1 北清事変(1900年) 重要
 ①**義和団事件**(1899年)…「**扶清滅洋**」を唱える宗教結社の**義和団**が, 山東省で乱をおこし, 各国公使館を襲撃➡翌年, 連合軍が北京を占領し鎮圧(北清事変)。
 └→日本など8か国
 ②**北京議定書**(1901年)…清と列強間で北京議定書が結ばれ, 列強は清に賠償金を請求し, 軍隊の北京駐屯権を認めさせた。

2 日英同盟(日英同盟協約, 1902年) 重要　ロシアは, 北清事変を機に満州を占領。伊藤博文らはロシアと日露協商を結ぶことを主張したが(**日露協商論**), 桂太郎内閣はロシアの南下を恐れるイギリスと同盟を締結。

内容
①清・韓国の独立を認め, 日英の利益を守る。
②日・英いずれかが第3国と戦うときは, 互いに中立を守る。
③戦う相手が複数の場合は, 共同して事態にあたる。

> **要点**
> **義和団事件**(1899年)➡**北清事変**(1900年)➡**北京議定書**(1901年)
> **日英同盟**(1902年)…北清事変によるロシアの満州占領で日英が接近

+α

❶**共和演説事件** 尾崎が金権政治を批判し,「日本に共和政治が行われたと仮定すれば, 三井・三菱は大統領候補となろう」と演説し, 不敬であると攻撃された。

❷**文官任用令の改正** 政党内閣ができると, 党員が政党の力で高級官吏(官僚)職を求めるようになった。そこで, 山県内閣は任用に必要な資格を規定し, 大臣などの地位以外, 十分な知識・経験がない党員が官吏になれないようにした。

❸**選挙法改正** 選挙権の納税資格を15円から10円に引き下げた。

72 日露戦争

1 日露開戦前後の世論

ロシアは満州への駐兵を続け、韓国もねらうようになった。日本国内ではロシアとの戦争をすべきか議論が交わされた。

1 主戦論
三国干渉以来のロシアに対する反感が底流にあり、**対露同志会**や**戸水寛人**ら東京帝国大学などの七博士が開戦を主張➡世論を盛り上げた。

2 非戦論・反戦論
①社会主義者**幸徳秋水・堺利彦**[1]は、『**平民新聞**』で反戦を訴えた。
②キリスト教徒の**内村鑑三**は人道主義の立場から反戦を主張した。
③歌人**与謝野晶子**は開戦後、『明星』で「君死にたまふこと勿れ」という反戦詩を、**大塚楠緒子**は『太陽』に長詩「お百度詣で」を発表し、反戦の意を表現した。

2 戦争の経過

1904年、政府はロシアと国交を断絶して宣戦。日本はイギリス・アメリカ両国の支持を得て、戦局を有利に展開。旅順占領➡**奉天会戦**を経て、**日本海海戦**[2]の勝利によって、軍事上の勝敗はほぼ決定。

3 戦争終結への動き

日本の戦費は約17億円。うち約13億円が内国債・外国債[3]に依存しており、約3億円は国内の増税でまかなわれた。そのため戦闘継続は事実上不可能で、また、ロシアも国内で革命運動[4]が激化し、これ以上戦争を続けることは困難であった。

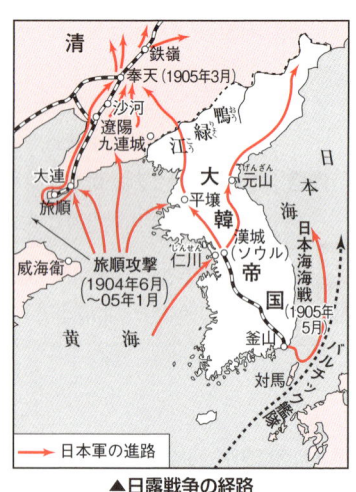

▲日露戦争の経路

要点 **日露戦争**(1904年)｛イギリス・アメリカの支持で、**日本が有利**
➡奉天会戦・日本海海戦➡日・露両国で継続困難

4 ポーツマス条約 重要

1 アメリカの斡旋
アメリカ大統領**セオドア゠ローズヴェルト**の斡旋で1905年，アメリカのポーツマスで講和会議が開かれ，**ポーツマス条約**を締結。

2 出席した人物
日本全権は**小村寿太郎**，ロシア全権は**ウィッテ**。

3 内容
①ロシアは日本の**韓国**に対する一切の指導権を認める。
②ロシアは**旅順・大連**の租借権と長春以南の鉄道と付属の利権を日本に譲る。❺
③ロシアは北緯50度以南の樺太(サハリン)を日本に譲る。
④日本は沿海州・カムチャッカ沿岸の漁業権を得る。

> **要点**
> **ポーツマス条約**(1905年)…**ローズヴェルト**大統領が斡旋
> ①ロシアは日本の韓国における指導権を承認
> ②日本は**旅順・大連**の租借権，樺太(北緯50度以南)を得る

5 日露戦争の影響

1 国際情勢
①日本は韓国の支配権を確立し，満州市場を獲得。国際的地位が向上した。
②列強の支配に苦しむインドなどアジア諸国で，民族運動が活発化した。

2 国内の変化 重要
①戦争の前後で，第2次産業革命を達成した。(→p.162)
②**日比谷焼打ち事件**…ポーツマス条約には賠償金が全くなかったので，増税に耐えて戦争を支えた国民は激しく憤った。そのため，講和条約調印の日に東京で開かれた国民大会は暴動化。政府は鎮圧のため，**戒厳令**を出した。

+α

❶**幸徳秋水・堺利彦** 2人は新聞『**万朝報**』などで反戦論を主張していたが，社主の黒岩涙香が開戦論に転じたので，ともに退社。そして平民社を結成し，『平民新聞』を発刊したのである。

❷**日本海海戦** この海戦で日本軍はロシアのバルチック艦隊を全滅させた。

❸**外国債** おもにイギリスとアメリカで売られた公債によって戦費がまかなわれた。

❹**血の日曜日事件** 1905年1月22日，ロシアのペテルブルクに集まったデモ隊に軍隊が発砲，多数の死者を出した。これを機に革命運動がおこり，各地で暴動が発生。6月には軍隊の反乱もおこり，日露戦争の継続は困難となった。

❺**利権の譲渡** 日本は同年末に清と条約を結んで，ロシアがもっていた利権の譲渡を承認させた。

73 日露戦争後の国際関係と桂園時代

1 韓国併合

ポーツマス条約締結後、日本は韓国に強圧的態度で侵略をすすめた。

1│韓国併合への経過 重要

協定・事件	年	内　容
日韓議定書	1904	日露戦争遂行のため、韓国内での日本の**軍事行動の自由**と軍事上必要な地点の収容権などを規定
第1次日韓協約	1904	日本政府推薦の**外交、財政顧問**を置く
第2次日韓協約（乙巳保護条約）	1905	**外交権**を奪う。翌年**統監府**を漢城(ソウル)に置き内政を指導。初代統監は**伊藤博文**
ハーグ密使事件	1907	韓国皇帝が、日本の内政干渉を**オランダ**のハーグ万国平和会議に提訴したが、受理されず
第3次日韓協約	1907	ハーグ密使事件の処分として、韓国皇帝を退位させ**内政権**を掌握。韓国軍隊を解散➡**義兵運動**❶
伊藤博文の暗殺	1909	ハルビン駅で韓国人**安重根**(アンジュングン)が伊藤博文を暗殺
韓国併合条約	1910	**韓国併合**し、京城(ソウル)に**朝鮮総督府**を設置。初代総督は陸軍大将の**寺内正毅**

2│日本の支配
日本の憲兵が警察の要職を兼任した。また、**土地調査事業**を実施(1910年から)。調査過程で多くの朝鮮農民が土地を奪われ、接収した土地の一部は**東洋拓殖会社**や日本人地主などに払い下げられた。

> **要点**
> 第2次**日韓協約**(1905年)…韓国の外交権を奪う。**統監府**の設置
> **韓国併合**(1910年)…韓国併合条約で成立。**朝鮮総督府**の設置

2 日本の満州支配 重要

①**関東都督府**の設置(1906年)…**関東州**の管轄と満鉄の保護・監督にあたった。
②**南満州鉄道株式会社**(**満鉄**)の設立…長春・旅順間の旧東清鉄道および鉄道沿線の炭坑・製鉄所を経営するために設置。

3 日露戦争後の対外関係

1 | 欧米諸国との交渉

	事項	年	内容
イギリス	第2次日英同盟	1905	**日本の韓国保護権**を認め，適用範囲をインドまで拡大
イギリス	第3次日英同盟	1911	対ドイツに備え改定。米英接近によりアメリカを適用外
アメリカ	桂・タフト協定	1905	日本の韓国支配とアメリカのフィリピン支配を相互確認
アメリカ	ハリマン計画	1905	**満鉄を日米で共同経営**する計画➡日本は拒絶し，**日米関係が悪化**➡日本人の移民排斥運動❷がおこる
アメリカ	満鉄の中立化提案	1909	アメリカの満鉄中立化案を日・露が拒否➡対立が深化
ロシア	日露協約（第1～4次）	1907～1916	満州・蒙古における両国の勢力圏の確認など。日露協約は，1907，1910，1912，1916年締結（第2次では，アメリカの満鉄中立案を共同防衛）

2 | 中国への不干渉
1911年の**辛亥革命**で，清が滅亡。日本では陸軍などが満州権益強化のため軍事干渉を主張したが，政府は国内外の状況から不干渉とした。

4 日露戦争後の国内政局

日露戦争およびその後の数年間は，官僚勢力を背景とする**桂太郎**と，立憲政友会を背景とする**西園寺公望**が交互に政権を担当した（**桂園時代**）。

1 | 第1次桂内閣(1901～06年)
日露戦争を遂行。**日比谷焼打ち事件**で総辞職。

2 | 第1次西園寺内閣(1906～08年)
陸海軍の軍備拡張，**鉄道国有法**など積極策を推進した。社会運動に対しても，**日本社会党**の結成を認めるなど初期は融和的だったが，次第に強圧策に転じた。

3 | 第2次桂内閣(1908～11年) 重要
韓国併合を実現するなど植民地支配を強化した。国内政策では，**大逆事件**で社会主義者の大弾圧を行う一方で，社会政策として**工場法**を制定。

4 | 第2次西園寺内閣(1911～12年)
財政が悪化する中で組閣。財政緊縮や行政整理に着手したが，**2個師団増設問題**で総辞職した。

+α

❶ **義兵運動** 解散させられた元軍人を中心に，日本の支配に抵抗した運動。

❷ **移民排斥運動** 1906年，サンフランシスコで日本人学童の入学を拒否する事件がおきた。カリフォルニア州を中心に日本人移民排斥運動は激化した。

74 明治時代の思想・学問

1 思想界の動き

1│国家主義 明治20年代になると，鹿鳴館時代の極端な欧化主義に対する反動や，列強の圧力(とくに三国干渉)によって，**対外膨張を肯定**する**国家主義**の主張が台頭した。

主張	思想家	内容
近代的民族主義	三宅雪嶺 志賀重昂	政教社を結成。雑誌『日本人』を創刊。 欧化政策を批判し，国粋保存を唱える
	陸羯南	新聞『日本』を発刊。国家の自由性を提唱
平民的欧化主義	徳富蘇峰	民友社を結成。雑誌『国民之友』を創刊
日本主義	高山樗牛	雑誌『太陽』を主幹。大陸進出を肯定

2│社会主義 明治30年代になると，社会問題の深刻化から社会主義が広まった。幸徳秋水や堺利彦らが平民社を創立し，『平民新聞』を発刊した。

3│戊申詔書(1908年) 政府は勤倹節約と皇室の尊重を求める詔書を発布。

2 宗教界の動き

1│神道 神社神道は国家の特別な保護を受けた。また，幕末以後の**天理教・金光教・黒住教**などの**教派神道**が栄えた。

2│仏教 明治初年の**廃仏毀釈**で打撃を受けたが，間もなく再興の動きが出た。
①**島地黙雷**…浄土真宗の僧で，神道との分離に努力し，信教の自由を確立。
②**井上円了**…キリスト教を批判し，国粋主義の立場から仏教を再興。

3│キリスト教 **新島襄・内村鑑三**らがプロテスタントを広めた。キリスト教会は，教育・社会福祉・**廃娼運動**などを行った。なお，第一高等中学校講師であった内村鑑三が1891年，教育勅語奉読式で教育勅語を拝礼せず，教壇を追われた事件(**内村鑑三不敬事件**)は，信教・教育の自由に関わる問題であった。

> **要点**
> 神道…**国家の保護**，**教派神道**の隆盛(天理教・金光教・黒住教)
> 仏教…**廃仏毀釈**で打撃➡島地黙雷・井上円了により再興

3 教育の発展

1880年に出された改正教育令の頃から国家主義的傾向になり,学校令,教育勅語で国家主義教育が定着した。

①**学校令**(1886年)…**森有礼**が制定。小学校令,中学校令,師範学校令,帝国大学令の総称。**義務教育は4年**。次第に国家主義的な教育体制となる。
　　　　　　　　　　　　　　　　　　　　　　　　↳1907年に6年に改正
②**教育に関する勅語**(**教育勅語**)…1890年,井上毅・元田永孚起草➡忠君愛国。
③**国定教科書**…1886年に検定制となり,1903年から国定となった。

4 学問の発達

政府の富国強兵策の一環として,科学技術関係の外国人学者が多数来日し,東京大学や工部省で日本人科学者を養成した。

1│自然科学の発達と外国人教師の業績

分野	学 者	業 績	外国人	業 績
医学	北里柴三郎	破傷風の血清療法 ジフテリア血清発見 ペスト菌発見 伝染病研究所設立	ボアソナード(仏)	刑法・民法の起草,近代法移植
医学	北里柴三郎		モッセ(独)	憲法の起草
医学	志賀潔	赤痢菌の発見	ロエスレル(独)	憲法の起草
医学	秦佐八郎	サルバルサンの創製	クラーク(米)	札幌農学校教頭
医学	秦佐八郎		ヘボン(米)	新教の伝道
科学	高峰譲吉	タカジアスターゼの創製 アドレナリンの抽出	ミルン(英)	地震学
科学	鈴木梅太郎	オリザニンの抽出	モース(米)	動物学・考古学 大森貝塚の発見
天文学	木村栄	Z項の発見	ナウマン(独)	地質学,日本の地質構造調査
地震学	大森房吉	地震計の発明	ナウマン(独)	
物理学	長岡半太郎	原子構造理論	ケプロン(米)	北海道開拓使顧問
物理学	田中館愛橘	全国の地磁気測定	ベルツ(独)	近代医学の紹介 『ベルツの日記』
植物学	牧野富太郎	植物の分類法	ベルツ(独)	

2│人文科学の発達

①**歴史学**…田口卯吉がギゾーらの文明史観を取り入れ『日本開化小史』を著した。
　　　　　　　　　　　↳フランスの歴史家
②**哲学**…はじめ西周らがイギリスの実証主義哲学を伝えたが,のち,**井上哲次郎**らによるドイツ観念論哲学が盛行した。

75 明治時代の文学・芸術

1 近代文学の誕生

1） 初期小説

① 戯作文学…江戸文学の伝統が残る。勧善懲悪主義。仮名垣魯文など。
② 政治小説…自由民権運動の影響を受ける。矢野龍渓など。

2） 写実主義
西欧の近代文学論の影響を受け、文学の独立を主張。

① 坪内逍遙は『小説神髄』で写実主義を唱え、二葉亭四迷は言文一致体で『浮雲』を書き、写実主義を実現。
② 尾崎紅葉らは硯友社を結成し、雑誌『我楽多文庫』を発刊➡文芸小説の大衆化。

3） 理想主義　幸田露伴は、東洋的な観念を主題とする作品を書いた。

	作家	主要作品
戯作文学	仮名垣魯文	『安愚楽鍋』『西洋道中膝栗毛』
政治小説	矢野龍渓 東海散士 末広鉄腸	『経国美談』『佳人之奇遇』『雪中梅』
写実主義	坪内逍遙 二葉亭四迷 尾崎紅葉	『小説神髄』『浮雲』『金色夜叉』
理想主義	幸田露伴	『五重塔』

▲おもな作品

2 近代文学の発展　重要

1） ロマン主義
日清戦争前後、人間の感情面を重視するロマン主義文学が隆盛。『文学界』を発刊した北村透谷らが中心。

① 小説…森鷗外『舞姫』、泉鏡花『高野聖』、樋口一葉『たけくらべ』など。
② 詩…島崎藤村が新体詩の『若菜集』を出した。
③ 和歌…与謝野鉄幹・晶子夫婦が雑誌『明星』を出し、運動の中心となった。これに対し、正岡子規は俳句の革新と万葉和歌を復興させた。

2） 自然主義
日露戦争前後には社会の行きづまりから、人間社会の暗い現実の姿をありのままに写そうとする自然主義が主流となった。

・おもな作品…島崎藤村『破戒』、田山花袋『蒲団』など。

3） 反自然主義　自然主義にとらわれずに独自の立場の文学を展開。

・おもな作品…夏目漱石『坊っちゃん』、森鷗外『高瀬舟』など。

> **要点**
> ロマン主義…日清戦争前後に隆盛。森鷗外、与謝野晶子ら
> 自然主義…日露戦争前後に隆盛。島崎藤村、田山花袋ら

3 演劇と音楽

1. **歌舞伎** 明治初め、脚本家河竹黙阿弥が文明開化の風俗を取り入れ、新作を発表した。名優も現れて「団菊左時代」❶を現出した。
2. **新派劇** 川上音二郎が壮士芝居❷をおこす➡新派劇へ発展。
3. **新劇** 坪内逍遙・島村抱月が1906年に文芸協会をおこし、1909年に小山内薫は自由劇場を結成し、西洋の近代劇を翻訳・上演。
4. **音楽** 西洋音楽は、当初は軍楽隊で取り入れられた。
   ① 唱歌…伊沢修二らにより、小学校で西洋の歌謡を模した唱歌が採用された。
   ② 東京音楽学校の設立(1887年)…卒業生の滝廉太郎が「荒城の月」などを作曲。

4 美術の革新

1. **日本画** 文明開化の頃に否定されていた伝統的日本画の価値が再認識された。
   ① フェノロサと岡倉天心は伝統美術復興を唱え、東京美術学校を設立(1887年)。
   ② 1898年、岡倉天心・橋本雅邦・横山大観・菱田春草・下村観山らは東京美術学校をはなれ、日本美術院を創立した。
2. **西洋画** 西洋美術の技法を移入して新画法が普及した。
   ① 高橋由一は、来日していたワーグマン(→イギリス人)などに学び、浅井忠は、1876年に設立された工部美術学校でフォンタネージ(→イタリア人)に学んだ。
   ② 1889年、洋画の復興をはかるために浅井忠が明治美術会を設立。
   ③ 1893年、フランスから帰国した黒田清輝らは外光派とよばれる印象派風の新技術を伝え、1896年に白馬会を創立➡画壇の主流となった。
3. **文部省美術展覧会**(文展) 日本画と西洋画の共通の発表の場として開設。(→1907年)
4. **彫刻** 高村光雲・荻原守衛らが活躍。ラグーザが工部美術学校で指導。
5. **建築** コンドルのニコライ堂、辰野金吾の日本銀行本店など西洋建築。

> **要点**
> 日本画…フェノロサ・岡倉天心による再興、日本美術院の設立
> 西洋画…浅井忠の明治美術会や、黒田清輝の白馬会などで展開

用語

❶ **団菊左時代** 9代目市川団十郎、5代目尾上菊五郎、初代市川左団次の3人が活躍した明治歌舞伎の黄金時代。

❷ **壮士芝居** 時事的な劇に民権思想を取り入れた芝居。

要点チェック

↓答えられたらマーク　　　　　　　　　　　　　　　　　　わからなければ ⟳

- □ **1** 日本が外国に強制した最初の不平等条約は何か。　p.158 **1** 1)
- □ **2** 1879年,清の承認を得ないまま琉球藩を廃して沖縄県を設置したことを何というか。　p.158 **1** 2)
- □ **3** 鹿鳴館での社交など極端な欧化主義政策を行ったのはだれか。　p.159 **2**
- □ **4** 1894年,領事裁判権の撤廃に成功した外相はだれか。　p.159 **2**
- □ **5** 1911年に,関税自主権の回復を実現させた外相はだれか。　p.159 **2**
- □ **6** 朝鮮問題について,次の問いに答えよ。　p.160 **1**
    - ①1882年,閔氏一派と大院君一派の争いは何か。
    - ②1884年,親日派の独立党がおこしたクーデタ事件は何か。
    - ③②のあと,日清両国が結んだ条約は何か。
- □ **7** 日清戦争について,次の問いに答えよ。　p.161 **2**
    - ①開戦のきっかけとなった朝鮮の反乱は何か。
    - ②戦後に締結した条約は何か。
    - ③②で日本が譲り受けた半島はどこか。
- □ **8** 三国干渉の三国は,フランス・ドイツと,あと1つはどこか。　p.161 **3** 1)
- □ **9** 第1次産業革命は,おもにどの分野でおこったか。　p.162 **2**
- □ **10** 1901年に操業した,官営の製鉄所は何か。　p.162 **3** 1)
- □ **11** 1900年に制定された,労働・社会運動への弾圧法令は何か。　p.163 **4** 3)
- □ **12** 1891年に,栃木県の銅山から出た鉱毒で周辺地域に深刻な被害をもたらした事件は何か。　p.163 **4** 4)
- □ **13** 自由・進歩両党が合同した憲政党を与党とする最初の政党内閣の首相はだれか。　p.164 **1**
- □ **14** 第2次山県有朋内閣が,政党の軍部への進出をおさえるために1900年に制定した法律は何か。　p.164 **1**
- □ **15** 北清事変後,清と列強間で結ばれた覚書を何というか。　p.165 **3** 1)

答え

1 日朝修好条規　**2** 琉球処分　**3** 井上馨　**4** 陸奥宗光　**5** 小村寿太郎　**6** ①壬午軍乱(壬午事変)　②甲申事変　③天津条約　**7** ①甲午農民戦争(東学の乱)　②下関条約　③遼東半島　**8** ロシア　**9** 製糸・紡績など軽工業　**10** (官営)八幡製鉄所　**11** 治安警察法　**12** 足尾鉱毒事件　**13** 大隈重信　**14** 軍部大臣現役武官制　**15** 北京議定書

要点チェック

☐ **16**	1902年に，日本と同盟を結んだ国はどこか。	p.165 **3 2**
☐ **17**	『平民新聞』で，日露戦争反対を訴えた人物はだれか（2人）。	p.166 **1 2**
☐ **18**	日露戦争後に結ばれた講和条約について，次の問いに答えよ。 ①この条約名は何か。 ②この講和会議を斡旋したアメリカの大統領はだれか。 ③この条約に不満だった国民が暴徒化した事件は何か。	p.167 **4 5**
☐ **19**	第2次日韓協約で漢城に設置された機関は何か。	p.168 **1 1**
☐ **20**	19の初代長官はだれか。	p.168 **1 1**
☐ **21**	日本が韓国を併合したのは何年か。	p.168 **1 1**
☐ **22**	1905年，日本の韓国支配と，アメリカのフィリピン支配を互いに承認したものを何というか。	p.169 **3 1**
☐ **23**	第1～4次まで続いた，満州・蒙古における日本とロシアの勢力圏の確認を行ったものは何か。	p.169 **3 1**
☐ **24**	桂太郎と西園寺公望が交互に政権を担当した時代は何か。	p.169 **4**
☐ **25**	大逆事件で社会主義者を大弾圧したときの首相はだれか。	p.169 **4 3**
☐ **26**	民友社を結成し，『国民之友』を創刊した思想家はだれか。	p.170 **1 1**
☐ **27**	1908年に発布され，政府は勤倹節約と皇室の尊重を求めたものを何というか。	p.170 **1 3**
☐ **28**	1886年に制定した，学校制度に関する法令の総称は何か。	p.171 **3**
☐ **29**	ペスト菌の発見などの功績をあげた細菌学者はだれか。	p.171 **4 1**
☐ **30**	民法などの起草に関わったフランスの法学者はだれか。	p.171 **4 1**
☐ **31**	言文一致体で写実主義の文学を実現した人物はだれか。	p.172 **1 2**
☐ **32**	日清戦争前後に流行した，人間の感情を重視する文学は何か。	p.172 **2 1**
☐ **33**	32のうち，雑誌『明星』で活躍した女性歌人はだれか。	p.172 **2 1**
☐ **34**	写実主義文学のうち，『破戒』の作者はだれか。	p.172 **2 2**
☐ **35**	川上音二郎によって壮士芝居から発展した演劇は何か。	p.173 **3 2**
☐ **36**	1896年に白馬会を結成した洋画家はだれか。	p.173 **4 2**
☐ **37**	日本銀行本店を設計した人物はだれか。	p.173 **4 5**

答え

16 イギリス　**17** 幸徳秋水・堺利彦　**18** ①ポーツマス条約　②セオドア=ローズヴェルト　③日比谷焼打ち事件　**19** 統監府　**20** 伊藤博文　**21** 1910年　**22** 桂・タフト協定　**23** 日露協約　**24** 桂園時代　**25** 桂太郎　**26** 徳富蘇峰　**27** 戊申詔書　**28** 学校令　**29** 北里柴三郎　**30** ボアソナード　**31** 二葉亭四迷　**32** ロマン主義文学　**33** 与謝野晶子　**34** 島崎藤村　**35** 新派劇　**36** 黒田清輝　**37** 辰野金吾

76 第一次護憲運動の展開

1 日露戦争後の軍部の進出

日本軍は統帥権の独立、軍部大臣現役武官制、帷幄上奏権❶によって政府や議会から制度的に独立しており、独自の権力をもっていた。

1│軍備増強の要求 陸軍と海軍は、それぞれ軍備の増強を政府に要求した。
①**陸軍**…日露戦争で17個師団となり、1907年の帝国国防方針で、さらに25個師団に増強することを要求。
②**海軍**…戦艦8隻・装甲巡洋艦8隻の**八・八艦隊**を目標とした。

2│結果 当面実現したのは陸軍の2個師団増設、海軍の戦艦1隻・巡洋艦3隻の建造であった。

2 第2次西園寺内閣と増師問題

1│内閣の基本方針 日露戦争後の景気後退と外国債返済のため、財政は極度に悪化。**第2次西園寺内閣**は、行政・財政・税制の整理を目標とした。

2│2個師団増設問題 重要
①**陸軍の要求**…大陸進出をねらう陸軍は、**辛亥革命**(→p.178)を機に、朝鮮防衛上必要という名目で、残り6個師団のうち2個師団増設を強く要求した。
②**内閣の拒否**…世論の支持を受けた西園寺内閣は、2個師団増設を拒否。この結果、陸軍大臣**上原勇作**は帷幄上奏権で直接天皇に辞表を提出し、辞職。

3│内閣の総辞職
陸軍が内閣に反対しているので**軍部大臣現役武官制**によって、内閣は後任の陸相が得られず、1912年に総辞職した。

内閣	期間	おもなできごと
桂太郎(1)	1901～06	日英同盟締結、日露戦争、日比谷焼打ち事件
西園寺公望(1)	1906～08	鉄道国有法、満鉄設立、日本社会党結成、第1次日露協約
桂太郎(2)	1908～11	第2次日露協約、韓国併合、大逆事件、工場法
西園寺公望(2)	1911～12	2個師団増設問題
桂太郎(3)	1912～13	第一次護憲運動

▲桂園時代のおもな内容

9章 近代国家の発展とその行きづまり

3 第3次桂内閣と憲政擁護運動 重要

元老によって**第3次桂太郎内閣**が成立するも、ただちに非難❷を受けた。

1 第一次護憲運動 桂内閣に対する非難から、「**閥族打破・憲政擁護**」のスローガンを掲げた憲政擁護運動(**第一次護憲運動**)が全国的に展開。この運動をすすめたのは、**立憲国民党の犬養毅**と立憲政友会の**尾崎行雄**❸である。

2 大正政変 第一次護憲運動に対抗するため、桂は新党(**立憲同志会**)の結成をはかった。この間、政府は立憲政友会・立憲国民党と対立し、しばしば議会は停会。このため、激昂した数万の民衆が議会を包囲➡1913年2月に桂内閣は総辞職。

> **要点**
> 西園寺内閣(陸軍が2個師団増設を要求)➡桂内閣(第3次)
> ➡**第一次護憲運動**(犬養毅、尾崎行雄)➡**大正政変**(桂内閣の総辞職)

4 第1次山本権兵衛内閣

桂内閣のあと、薩摩・海軍閥の**山本権兵衛**が、立憲政友会と提携して組閣した。

1 政党の影響力の拡大 山本内閣は、大幅な行財政整理を行い、軍部大臣現役武官制を予備・後備役にまで拡大し、**文官任用令の改正**などを行った。

2 ジーメンス事件(1914年) 軍の高官が軍需品購入に関して、ドイツのジーメンス社から多額の賄賂を受けていたことが発覚。山本は責任を追及され、退陣。

3 第2次大隈内閣 立憲同志会を与党とする。2個師団増設案を通過させた。

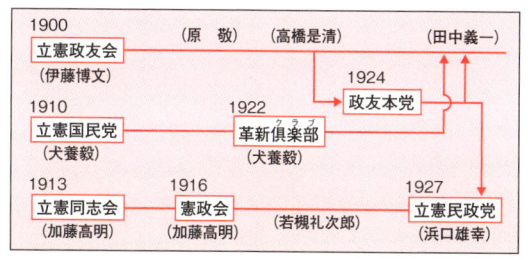

◀大正時代の保守政党

+α

❶**帷幄上奏権** 統帥権の独立に基づき、軍部が内閣を経ずに天皇に直接意見を申し上げること。帷幄とは、幕に用いる布のことで、陣営または謀臣のことをいう。

❷**非難された理由** 桂は当時、宮中に入って内大臣兼侍従長をしていたが、宮中に入った者は、従来は政権を担当しなかったからである。

❸**尾崎行雄** 第一次護憲運動・普選実現に力を尽くし、「憲政の神様」とよばれた。

77 第一次世界大戦と日本の大陸進出

1 第一次世界大戦 重要

1│大戦前の国際関係

ドイツとイギリスの対立を中心に，2つの勢力が対立していた。

①**三国同盟**…ドイツ・オーストリア・イタリア
②**三国協商**…イギリス・フランス・ロシア

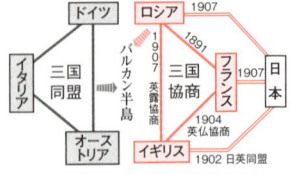

▲大戦前の同盟・協商関係

2│第一次世界大戦（1914～18年）

①発端…セルビアの青年がオーストリア皇太子を暗殺した事件（**サライェヴォ事件**）を機に，同盟国と協商国（連合国）との間で対戦がおきた。
②日本の参戦…第2次**大隈重信内閣**は，日英同盟を名目に連合国側で参戦。中国におけるドイツの根拠地である山東省の青島，ドイツ領南洋諸島を占領。
　↳ドイツに宣戦布告

> **要点**
> **第一次世界大戦**　{ 三国同盟（ドイツ・オーストリア・イタリア）
> （1914～18年）　　 三国協商（イギリス・フランス・ロシア）
> 日本…**日英同盟**を理由に，連合国側で参戦（**大隈内閣**）

2 日本の中国進出

1│中国の情勢

①**辛亥革命**（1911年）…清では義和団事件後，専制と異民族支配に対する革命が勃発。（→p.165）
②**中華民国**の成立（1912年）…三民主義を唱える**孫文**を**臨時大総統**（のち袁世凱が大総統）とする**中華民国**が成立し，清が滅亡。日本は，革命後の混乱を続ける中国で勢力確立をはかった。

2│二十一カ条の要求（1915年） 重要

第2次大隈内閣は中華民国の大総統**袁世凱**に対し，**二十一カ条の要求**をつきつけた。
↳外相は加藤高明

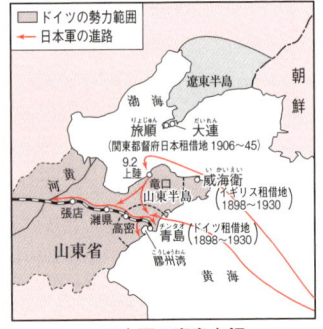

▲日本軍の青島占領

①**目的**…満州や蒙古における日本の権益を守り，中国本土への進出をはかる。

②**内容**
- 日本が**山東省のドイツ権益を継承**することを認めること。
- 南満州・東部内蒙古における日本の特殊権益を認め，**旅順・大連および南満州鉄道の租借期限の99年間延長**。
- **漢冶萍公司**❶の日中両国による共同経営。
- 中国の中央政府や地方警察への日本人の雇い入れなど。

③**経過**…中国の袁政府はこの要求に激しく反発したので，大隈内閣は日本人の雇い入れの項目を除外し，最後通牒を発して軍事力による威嚇を行った。

④**承認**…袁政府は1915年5月9日に受諾❷。

3 石井・ランシング協定（1917年）　特派大使**石井菊次郎**とアメリカ国務長官**ランシング**が，中国における日米の利権を調整するため会合。①中国での日本の特殊地位，②中国の領土保全，③中国の門戸開放と機会均等の3点を確認。

4 西原借款（1917年）　袁世凱の死後，中国では北方軍閥の**段祺瑞**があとを継いだ。大隈内閣の次の**寺内正毅内閣**は，段政権を育成強化し，中国を日本に従属させようとした。そこで，内閣は，首相側近の**西原亀三**を派遣して段政権に1億4500万円の借款を与えたが，無担保で，ほとんど回収されなかった。

> **要点**
> **二十一カ条の要求**（1915年）
> ①第2次**大隈内閣**➡**袁世凱政府**
> ②山東省のドイツ権益の継承などを要求

3 シベリア出兵 重要

1 ロシア革命（1917年）　ロシアで，帝政と大戦の継続に反対する労働者・兵士による革命➡レーニンが**ソヴィエト政権**を樹立（＝世界初の**社会主義国家**）。

2 シベリア出兵（1918年）　社会主義体制が自国に影響を与えることを恐れたアメリカ・イギリス・フランス・日本（**寺内内閣**）などは，チェコスロヴァキア軍の救出を名目に，シベリアに出兵した。

3 日本の撤兵　大戦後，列強は1920年までに撤兵したが，日本は東シベリアを占領し駐留した。しかし，内外の反対で**加藤友三郎内閣**の1922年に撤兵した。

+α

❶**漢冶萍公司**　漢陽製鉄所，大冶鉄山，萍郷炭坑を一体として経営する中国の民間会社で，日本は巨額の資本を投じていた。

❷**国恥記念日**　中国では，二十一カ条の要求を受諾した5月9日を国恥記念日とし，排日運動の原点とした。

78 大戦景気と米騒動

1 第一次世界大戦中の日本経済の発展

1│大戦景気
大戦中の日本は，①ヨーロッパ列強が後退したアジア市場への輸出が増大したこと，②ヨーロッパ各国からの軍需品などの需要が増えたこと，③戦争景気の**アメリカ**市場に**生糸**などの輸出が増えたことなどにより，**輸出超過**(1915～18年)に転じて，産業・経済は著しく拡大した。そして，日本は大戦を通じて，11億円の債務国から27億円以上の債権国となった。

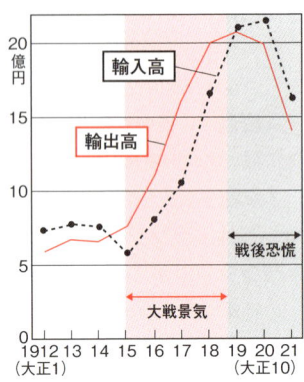

▲大戦前後の貿易額の推移

2│各産業の発展
①海運・造船業…大戦による各国の船舶不足や海上輸送の増大から，異常な活況を呈し，いわゆる**船成金**❶が出現。日本は，イギリス・アメリカに次ぐ**世界第3位の海運国**になった。
②製糸・紡績業…製糸業では，アメリカへの生糸・絹織物の輸出が増大した。紡績業では，イギリスにかわり中国・東南アジアで綿織物の市場を独占し，中国に工場進出する会社(**在華紡**)も現れた。
③鉄鋼業…**八幡製鉄所**の拡張や**鞍山製鉄所**の創立，民間会社も次々に設立。
　　　　　　　　　　　　　　　└満鉄が経営
④化学工業…ドイツからの輸入が途絶え，化学工業(薬品・染料・肥料など)が勃興。
⑤電力事業…大規模な水力発電が展開され，1915年に**猪苗代**・東京間の長距離
　　　　　　　　　　　　　　　　　　　　　　　　　　└福島県
送電が開始。工業原動力の電化もおしすすめられた。

3│経済発展の結果と問題点
①産業構造の変化…大戦末期には，工業生産額が農業生産額を上回り，工場労働者が150万人をこえた。
②都市の発展…工場労働者の多くが都市に集中し，商業・サービス業が発展。
③問題点…資本家や経営者が利益を独占し❷，労働者に還元しなかったので，労働者の生活は苦しくなり，不満が高まった。

9章　近代国家の発展とその行きづまり

> **要点**　**大戦景気**
> ①大戦で**欧米列強の後退**と，**アジアへの輸出増加** ➡ 債権国へ
> ②産業の発展…**海運・造船業**が発達（**船成金**）

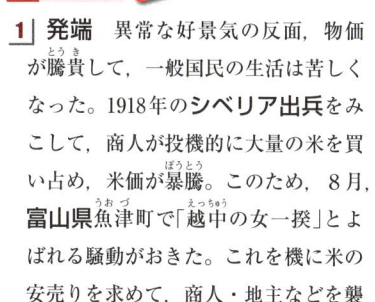

2 米騒動　重要

1 発端　異常な好景気の反面，物価が騰貴して，一般国民の生活は苦しくなった。1918年の**シベリア出兵**をみこして，商人が投機的に大量の米を買い占め，米価が暴騰。このため，8月，**富山県**魚津町で「越中の女一揆」とよばれる騒動がおきた。これを機に米の安売りを求めて，商人・地主などを襲う**米騒動**がはじまった。

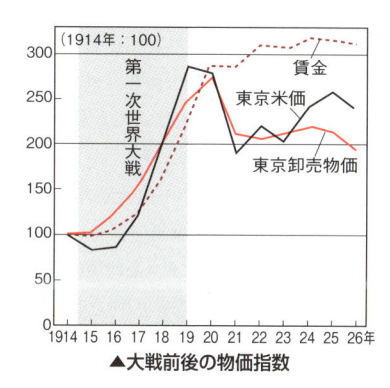

▲大戦前後の物価指数

2 暴動の拡大　暴動は自然発生的に拡大し，東京・大阪をはじめ全国各地におよんだ。そのため，**寺内正毅内閣**は，軍隊を出動させ，米の廉売や外米の輸入で騒ぎを鎮圧した。

3 寺内内閣の総辞職　寺内内閣は責任をとり総辞職。

4 影響　持続的な民衆運動とはならなかったが，社会運動を刺激し，民衆の政治意識が高まった。

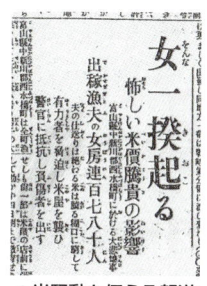

▲米騒動を伝える報道

> **要点**　シベリア出兵で商人が米を買い占め ➡ 米価が上昇
> ➡ **米騒動**（1918年）➡ **寺内内閣の総辞職**

+α

❶ **船成金**　船舶関係の仕事によって，にわかに巨富を築いた人を指す。

❷ **財閥の発展**　日露戦争以後，諸産業ですすんだ財閥の独占は，好景気による生産拡大でますます進展した。カルテルがあらゆる産業部門におよび，大企業による中小企業の併合もさかんに行われ，トラストがすすんだ。とくに三井・三菱・安田・住友・第一の財閥系五大銀行が，戦争成金の預金を吸収し，金融独占資本として基礎を確立し，コンツェルン体制を固めた。

79 政党内閣の成立

1 政党内閣の成立 重要

寺内内閣の辞職後、首相推薦役の元老は政党内閣を認め、立憲政友会総裁の**原敬**を首相に推薦。陸・海相、外相の3大臣以外は全て立憲政友会員で占める**本格的な政党内閣**となった。原は「**平民宰相**」とよばれ、国民に期待された。

1│原内閣の政治

① **おもな政策**…第一次世界大戦による大戦景気を背景に、教育の充実、交通機関の整備、産業貿易の振興、国防の充実をめざした。

② **外交**…ヴェルサイユ条約調印・国際連盟への加盟と**国際協調**の方針をとった。

③ **選挙制度**…**小選挙区制**を導入したが、普通選挙制には消極的で、選挙権の納税資格を3円以上に引き下げるにとどまった。

2│原敬の刺殺

第一次世界大戦後、ヨーロッパ各国のアジア貿易が復活し、輸出が停滞。不景気となり、**戦後恐慌**がおこった。この結果、原内閣の積極政策も財政的に行きづまった。こうした中、1921年、原首相は東京駅で刺殺された。

> **要点** 原内閣
> ① **立憲政友会**による本格的な**政党内閣**
> ② **小選挙区制**を導入、普通選挙制には消極的

2 原内閣以後の内閣

原内閣のあと、立憲政友会総裁となった**高橋是清**が組閣したが、それ以後は立憲政友会の支持を受けた非政党内閣が続いた。

1│高橋是清内閣(1921〜22年)

原内閣の蔵相であった高橋是清が、内閣を組織した。1921年から**ワシントン会議**に参加。

2│加藤友三郎内閣(1922〜23年)

立憲政友会が事実上の与党となり、組閣した。**シベリア軍の撤兵**や軍備縮小などを行ったが、在任中に病死。

3│第2次山本権兵衛内閣(1923〜24年)

① 関東大震災後の混乱処理にあたった。

② **虎の門事件**(1923年)…帝国議会の開院式にのぞむ摂政宮裕仁親王が、東京虎の門で無政府主義者の難波大助に狙撃された。裕仁親王は無事であったが、内閣は引責辞職。

3 護憲三派内閣の成立

1 <u>第二次護憲運動</u>　山本内閣が倒れたあと，<u>清浦奎吾</u>が超然内閣を組閣。立憲政友会・憲政会・革新俱楽部(クラブ)の3党は<u>護憲三派</u>として結束し，清浦内閣に対して<u>普通選挙</u>の断行・貴族院改革を要求して憲政擁護運動をおこした。

2 第1次<u>加藤高明</u>内閣　清浦内閣は，立憲政友会から分裂した<u>政友本党</u>を与党とし，議会を解散して総選挙に訴えたが敗北。1924年に，憲政会総裁の<u>加藤高明</u>が護憲三派内閣を組織。

憲政会	加藤高明(首相)
立憲政友会	高橋是清(農商相)
革新俱楽部	犬養毅(逓信相)

▲護憲三派の総裁

3 <u>普通選挙法</u>(1925年)【重要】　加藤内閣が制定。満25歳以上の全ての男子に選挙権➡有権者が4倍に増加。

年	内閣	選挙資格	選挙区
1889	黒田内閣	満25歳以上の男子で**直接国税15円以上**の納税者	小選挙区
1900	山県内閣	満25歳以上の男子で**直接国税10円以上**の納税者	大選挙区
1919	原内閣	満25歳以上の男子で**直接国税3円以上**の納税者	小選挙区
1925	加藤内閣	**満25歳以上の男子全て**(普通選挙法の成立)	中選挙区

4 <u>治安維持法</u>(1925年)(→p.189)　普通選挙法と同年に制定し，共産主義者の活動を制限。

> **要点**
> 清浦内閣(超然主義)➡<u>第二次護憲運動</u>(護憲三派)➡加藤内閣
> 加藤内閣…<u>普通選挙法</u>・<u>治安維持法</u>の制定(1925年)

4 「憲政の常道」の確立

① 護憲三派の提携解消…田中義一(ぎいち)が立憲政友会の総裁になり，革新俱楽部を吸収➡第2次加藤内閣は憲政会を単独与党とする。

② 第1次<u>若槻(わかつき)礼次郎</u>内閣…大正天皇が崩御，裕仁親王が即位➡昭和に改元。
　　　　　　　　　　　　　　　　　　　　　　　　　　　　↳昭和天皇

③「<u>憲政の常道</u>」…第1次加藤内閣から犬養毅内閣まで，**立憲政友会**と**憲政会**(のちに**立憲民政党**)が交代で内閣を組織。

+α

❶ **教育**　1918年の大学令で，公・私立大学，単科大学の設立を承認。また高等学校を増設した。

❷ **鉄道建設**　立憲政友会の地盤を強化するために地方線の工事に重点を置いた。

❸ **清浦内閣**　清浦は枢密院(すうみついん)議長で，政党から閣僚を入れない，貴族院中心の超然内閣であった。

❹ **政友本党**　1924年，立憲政友会内の清浦内閣支持派が脱会して結成した。

80 第一次世界大戦後の外交

1 ヴェルサイユ体制

1 | ヴェルサイユ条約(1919年) 【重要】 1918年, 第一次世界大戦は連合国側が勝利。翌年**パリ講和会議**が開かれ, ヴェルサイユ宮殿で講和条約が調印された。

①**日本の全権**…**西園寺公望**・**牧野伸顕**ら。連合国側の一員として参加。

②**会議の原則**…アメリカ大統領**ウィルソン**が大戦末期に提唱した14か条が基礎となった。そのおもな内容は, 秘密条約ならびに秘密外交の廃止, 軍備縮小, 経済障壁の撤廃, 民族自決, 国際平和機関の設立である。

③**日本が得たもの** ・中国**山東省**におけるドイツ権益の継承
・赤道以北のドイツ領南洋諸島の**委任統治権**

④**ドイツに対する処分**…ドイツは, 領土の一部割譲, 植民地の放棄, 軍備制限, 巨額の賠償金が課せられた。

2 | 国際連盟(1920年) 【重要】 ウィルソンの提唱によって発足。本部はジュネーヴ。**日本はイギリス・フランス・イタリアとともに常任理事国**となった。

問題点 ①連盟は全会一致のため, 侵略に対する制裁は事実上不可能。
②提唱国の**アメリカが上院の反対で不参加**。国際紛争を解決する力は弱かった。

3 | ヴェルサイユ体制 ヴェルサイユ条約に基づく**ヨーロッパ**の新しい国際秩序。

> 要点
> **ヴェルサイユ条約**(1919年)
> **国際連盟**の発足(1920年)
> } ヴェルサイユ体制(ヨーロッパの新秩序)

2 講和条約とアジア

パリ講和会議が開かれている頃に, 朝鮮と中国で反日運動がおこった。

1 | 三・一独立運動(朝鮮) 1919年3月1日, 日本からの独立を求め**京城**(→ソウル)で行われた独立宣言書朗読会を機に, 朝鮮全土で大衆運動が展開➡朝鮮総督府は警察・軍隊を動員し弾圧。原敬内閣は憲兵警察の廃止など支配体制を若干変更。

2 | 五・四運動(中国) 山東省の処分に中国は不満を示し, 講和会議中の1919年5月4日, 激しい反日国民運動がおきた➡中国はヴェルサイユ条約の調印を拒否。

9章 近代国家の発展とその行きづまり

3 ワシントン体制 重要

1 ワシントン会議(1921〜22年) アメリカは、国際連盟には参加しなかったが、大戦後の国際政治で主導権をにぎった。アメリカ大統領**ハーディング**の提唱で、列強は**四カ国条約・九カ国条約・ワシントン海軍軍縮条約**を結んだ。
①**日本全権**…高橋是清内閣は、**加藤友三郎**(海軍大臣)・**幣原喜重郎**(駐米大使)を派遣。(→p.182)
②**条約の内容**

	四カ国条約(1921)	九カ国条約(1922)	海軍軍縮条約(1922)
参加国	日・英・米・仏	日・英・米・仏・伊・中国・ベルギー・ポルトガル・オランダ	日・英・米・仏・伊
内容	①太平洋の諸島に対する相互の権利尊重と現状維持 ②**日英同盟の破棄** ❸	①中国の主権・独立・領土保全の尊重 ②**石井・ランシング協定の破棄** ③日本は山東半島の権益を返還	①**主力艦保有量比**を 　米・英…5 　日本…3 　仏・伊…1.67 ②10年間は主力艦の建造を中止

2 ワシントン会議以後の国際会議

	ジュネーヴ会議(1927)	不戦条約(パリ)(1928)	ロンドン会議(1930)
提唱者	米大統領**クーリッジ**	米国務長官**ケロッグ** 仏外務大臣**ブリアン**	英首相**マクドナルド**
内容	日・米・英の補助艦制限を討議(意見が一致せず、失敗)	日本など15か国が戦争放棄などを約束。違反への制限規制なし	**補助艦**保有量比を決定 　米・英…10 　日本…7
日本側全権	朝鮮総督**斎藤実** 駐仏大使**石井菊次郎**	元外相**内田康哉** (田中義一内閣)	元首相**若槻礼次郎**ら (浜口雄幸内閣)

3 ワシントン体制 ワシントン会議とそれ以降の一連の条約に基づく**アジア・太平洋地域**の新しい国際秩序。

4 幣原外交 大戦後の世界は、国際連盟の設立や軍縮など、国際協調の精神を具体化していった。日本も、国内でのデモクラシーの気運を背景に、加藤高明内閣の**幣原喜重郎**外相以来、**協調外交**の方針をとった。

+α

❶ **東欧の独立** 民族自決に基づき、ハンガリー、チェコスロヴァキア、ポーランド、フィンランド、ユーゴスラヴィアなどが独立した。
❷ **三・一独立運動** 万歳事件ともよばれる。参加地域は218郡中211郡におよび、多数の死傷者と逮捕者が出た。
❸ **日英同盟の破棄** イギリスは、四カ国条約によって、ロシアとドイツの脅威がなくなったので日英同盟を破棄した。

81 大正デモクラシーと社会運動の発達①

1 民本主義の主張 重要

東京帝国大学教授の**吉野作造**は，1916年に雑誌『中央公論』に「憲政の本義を説いて其有終の美を済すの途を論ず」という論文を発表し，**民本主義**を唱えた。

① **内容**…**主権の所在は天皇**にあるとし，主権運用の方法として一般民衆の意向を重視すべきという考えから，**政党内閣制や普通選挙**の実現を期待した。

② 啓蒙団体
- **黎明会**…吉野作造が福田徳三（→経済学者）とともに1918年に結成。民本主義的思想の普及につとめた。
- **東大新人会**…黎明会の影響のもと，東京大学の学生を中心に結成された。

③ **影響**…この思想は「**大正デモクラシー**」の指導理論・背景となり，その後の護憲運動や社会運動に大きな影響を与えた。

2 市民社会とデモクラシー

第一次世界大戦を契機とする世界的な民主主義の風潮と資本主義の発展は，都市を中心に市民社会の形成を促進し，民衆の力を高めて，市民文化を繁栄させた。日本でも自由主義・人道主義の思潮がさかんとなる「大正デモクラシー」という風潮が生まれた。

1│ **天皇機関説** 重要
東京帝国大学教授の**美濃部達吉**が『憲法講話』の中で提唱。
① **内容**…国家を法人とみなし，主権は国家にあり，天皇はその最高機関と考える。
② **影響**…天皇の権力を小さくし，内閣や議会の役割を広くみる考えで，民本主義とともに大正デモクラシーの有力な指導理論・背景となった。

2│ 人道主義思想
1916年，経済学者の**河上肇**は『貧乏物語』を『朝日新聞』に連載し，人道主義の立場から貧困の解決策を論じた。（→のちにマルクス主義にすすむ）

3│ 国家主義思想
国家主義者**北一輝**は，1919年に『**日本改造法案大綱**』を書いて，大川周明と**猶存社**を結成。

要点 大正デモクラシー
① 市民的自由の拡大，政治への参加を要求する風潮
② 吉野作造の**民本主義**，美濃部達吉の**天皇機関説**

3 社会運動発達の背景

1 ロシア革命の影響 1917年，ロシアで世界最初の社会主義革命が成功し，日本でも，再び社会主義の影響が強まった。
(→p.179)

2 普通選挙運動 帝国議会の開設以来，普通選挙の要望はあったが，貴族院・枢密院などの保守勢力が反対していた。1919～20年，デモクラシーの風潮の中で学生団体・労働組合などを中心に普通選挙運動(**普選運動**)が発展。運動は農村にまで拡大し，1924年の総選挙で護憲三派が圧勝する要因となった。

4 労働運動の展開

大戦後，欧米諸国でも労働運動がさかんになり，日本でもロシア革命・米騒動をきっかけに多発した。

1 友愛会(1912年) 重要 **鈴木文治**らが，労働者の自助的団体として設立。**労資協調主義**で，労働者の地位向上と福祉の増進をめざした。

2 大日本労働総同盟友愛会(1919年) 友愛会が発展し，全国的な組織となり，労働組合運動の中核となった。1920年(大正9年)には日本最初の**メーデー**を主催。

3 日本労働総同盟(1921年) 大日本労働総同盟友愛会が改称。**階級闘争主義**に転換した。

4 日本労働組合評議会(1925年) 内部対立により，日本労働総同盟を除名された左派が結成。三・一五事件で解散。
(→p.189)

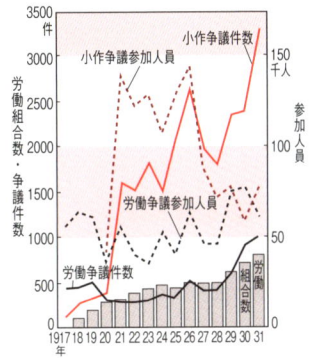

5 農民運動 小作農民が小作料減免を求める**小作争議**が多発。1922年，**賀川豊彦**らが農民組合の全国組織として**日本農民組合**を結成し，小作争議を指導。

▲労働争議・小作争議の発生

要点
友愛会(鈴木文治)➡大日本労働総同盟友愛会(第1回メーデー)
➡日本労働総同盟➡分裂(日本労働組合評議会の結成)
日本農民組合の結成…農民組合の全国組織。賀川豊彦

82 大正デモクラシーと社会運動の発達②

1 社会運動

1 女性解放運動 重要
① 青鞜社…1911年に平塚らいてう(明)が文学者団体として青鞜社を結成した。雑誌『青鞜』を発刊して、婦人解放を唱えた。
② 新婦人協会…1920年に平塚や市川房枝らが新婦人協会をつくり、治安警察法第5条の「女子の政治結社・政治集会禁止」条項の撤廃運動を行った。
③ 赤瀾会…1921年、山川菊栄らの社会主義者が結成し、婦人解放をよびかけた。
④ 婦人参政権獲得期成同盟会…1924年に結成され、普選を求め運動を続けた。

2 部落解放運動
1922年、西光万吉らを中心に全国水平社が結成され、以後、全国各地に支部が結成された。

> **要点**
> 女性解放運動 ┌ 平塚らいてうが青踏社を結成(1911年)
>   └ ➡ 市川房枝と平塚が新婦人協会を結成(1920年)
> 部落解放運動…全国水平社の結成(西光万吉ら)

2 社会主義運動

1 日本社会主義同盟
1920年に山川均らの社会主義者が中心になって、労働団体・学生団体・思想団体を結集して結成。しかし、翌年には禁止された。

2 日本共産党
1922年、堺利彦・山川均らがコミンテルン(共産党の国際組織)の日本支部として非合法のうちに結成した。天皇制の廃止と資本主義の打倒をめざした。

3 関東大震災と社会の変化

1 関東大震災(1923年) 重要
9月1日、京浜地方で大地震がおきた。
① 戒厳令…組閣中だった第2次山本権兵衛内閣は、まず東京に戒厳令を出し、治安維持をはかった。
② 朝鮮人虐殺…地震と火災の混乱のなか、「朝鮮人が暴動をおこした」などの流言が飛び交い、警察・軍部さらには民間の自警団が、朝鮮人の大虐殺を行った。

③亀戸事件…労働組合の指導者である10人の社会主義者が東京の亀戸警察署で，警官や軍隊によって殺された。
④甘粕事件…憲兵大尉の甘粕正彦が，無政府主義者の**大杉栄**と，内縁の妻**伊藤野枝**を殺害した。

2│諸事件の結果 民衆の社会運動に対する理解が薄れ，無政府主義・共産主義への警戒心が強まる。

4 治安維持法の制定 重要

1925年，第1次**加藤高明内閣**は**普通選挙法**を制定する直前，治安維持法を制定し，社会主義の拡大防止をはかった。

①**目的**…社会主義・共産主義運動の弾圧。
②**刑罰**…10年以下の懲役(1928年に最高刑を死刑とした)。
③**問題点**
- 思想の自由を弾圧するものであった。
- 社会主義運動ばかりではなく，のちには反政府思想・反政府運動も弾圧の対象となった。

> **要点**
> 関東大震災(1923年)➡戒厳令を発令して治安を維持
> 治安維持法(1925年)…加藤高明内閣が制定。社会主義の拡大を防ぐ

5 第1回普通選挙

1928年，立憲政友会の**田中義一内閣**のもとで初の普通選挙が行われた。このとき，**労働農民党**・社会民衆党・日本労農党など無産政党が8名の当選者を出した。

①**三・一五事件**(1928年)…田中義一内閣は，共産党幹部を一斉に逮捕。
②**治安維持法の改正**(1928年)…治安維持法を改正し，最高刑を死刑とした。
③**四・一六事件**(1929年)…田中内閣は再び共産党員を一斉に逮捕した。

+α

❶**治安警察法改正** 1922年に改正され，婦人の政治集会参加が認められた。

❷**戒厳令** 非常事態の際に，天皇が軍隊に与えた治安権限。関東大震災のほかに，1905年の日比谷焼打ち事件，1936年の二・二六事件で発令された。

❸**治安維持法制定の背景** 1925年に，日ソの国交が樹立したこともあって，政府は共産主義思想が日本へ波及することを恐れ，治安維持法の制定を急いだ。

83 大正文化

1 教育・学問の興隆

1 教育
義務教育の就学率は，1902年に90％をこえた。また，高等教育は原敬内閣の**大学令**によって，学生数が増大した。民間では，児童の個性と自発的学習を重んじる自由教育運動がおこった。

2 学問
①人文科学
- 哲学…<u>西田幾多郎</u>が『善の研究』で，東洋・西洋の哲学思想を融和。
- 歴史学…<u>津田左右吉</u>が『古事記』『日本書紀』を科学的に分析。
- 民俗学…<u>柳田国男</u>が提唱。

②自然科学…理化学研究所など各種研究所が設立された。物理学では**本多光太郎**がKS磁石鋼を発明し，医学では**野口英世**が黄熱病の研究をした。

2 大衆文化の発展

大正文化の特色は，大衆文化の発展であった。とくに，人間解放・個性尊重・人道主義などからくる自由主義的傾向が強かった。

1 市民生活の変化
①市民層…都市では会社員などの<u>俸給生活者</u>(サラリーマン)や<u>職業婦人</u>が出現。
　　　　　　　　　　　　　　　　　　　　　　　　　　　　　　　　└→電話交換手など
②洋風・近代化…丸ビルなどビジネスオフィスの建設，応接間をもつ和洋折衷
　　　　　　　　　└→丸の内ビルディング
の<u>文化住宅</u>の出現，**デパート**・郊外電車の発展，洋服・洋食・**電灯**・ガス・
　　　　　　　　　　　└→私鉄が経営するターミナルデパートも出現
水道などが普及。また，野球など各種のスポーツもさかんになった。

2 新聞
速報性と娯楽性で急速に部数を拡大。大正末期には『大阪朝日新聞』と『大阪毎日新聞』がのび，昭和には『読売新聞』が急速にのびて3大紙となった。

3 出版
『中央公論』『改造』などの総合雑誌が発達し，大衆雑誌『**キング**』も創刊。昭和に入ると，<u>円本</u>や岩波文庫が登場。大量出版の先がけとなった。

4 放送・映画
1925年には，<u>ラジオ放送</u>が開始され，国産の映画もつくられるようになった。さらに，レコードもつくられ，流行歌が全国を風靡した。

> **要点**
> 大衆文化
> ①俸給生活者・職業婦人の出現，洋風・近代化(文化住宅など)
> ②ラジオ放送の開始(1925年)，新聞・雑誌の拡大

3 文学の新展開

1. **白樺派** 1910年，人道主義・理想主義による雑誌『白樺』が刊行され，**武者小路実篤・志賀直哉・有島武郎**らが活躍した。
2. **耽美派** 自然主義の反動として，官能的な美を追求する立場。
3. **新感覚派** 自然主義のリアリズムに反発し，感覚的表現を主張。
4. **新思潮派** 社会の行きづまりとともに，社会や人生を近代的な知性によって解釈する態度。
5. **プロレタリア文学** 社会矛盾を批判し，『種蒔く人』『文芸戦線』などの雑誌を出した。
6. **大衆文学** 新聞小説の盛行，円本の大量出版などを背景に発達。

	作者	おもな作品
白樺派	武者小路実篤	『その妹』『人間万歳』
	志賀直哉	『和解』『暗夜行路』
	有島武郎	『或る女』『カインの末裔』
耽美派	永井荷風	『腕くらべ』『冷笑』
	谷崎潤一郎	『刺青』『痴人の愛』『細雪』
新感覚派	横光利一	『日輪』『機械』
	川端康成	『伊豆の踊子』『雪国』
新思潮派	芥川龍之介	『羅生門』『鼻』『河童』
	菊池寛	『恩讐の彼方に』『父帰る』
	久米正雄	『破船』
	山本有三	『波』『女の一生』
プロレタリア文学	葉山嘉樹	『海に生くる人々』
	小林多喜二	『蟹工船』
	徳永直	『太陽のない街』
大衆文学	中里介山	『大菩薩峠』
	直木三十五	『南国太平記』
	吉川英治	『鳴門秘帖』『宮本武蔵』

▲大正〜昭和初期のおもな文学作品

4 美術と演劇

1. **美術** 芸術としての地位が確立。
   ① **日本画**…1914年に**横山大観・下村観山・安田靫彦**が，衰退した日本美術院を再興し，院展を開催。のちに院展は帝国美術院展覧会（帝展）❶に対抗した。
   ② **洋画**
   - 二科会…1914年，**安井曽太郎・梅原龍三郎**らが結成。
   - 春陽会…1922年，**岸田劉生**らが結成。
2. **演劇** 新劇では**島村抱月・松井須磨子**❷らが1913年に芸術座をおこし，1924年には**小山内薫・土方与志**らが**築地小劇場**を設立し，**新劇運動**の中心となった。
3. **建築** **辰野金吾**が**東京駅**を設計。
   └ コンドルの門下

+α

❶ **帝展** 1919年に，文部省美術展覧会（文展）を改組して設立された。
❷ **松井須磨子** イプセンの『人形の家』やトルストイの『復活』など，女性の覚醒や人道主義を謳う作品のヒロインを演じた。

要点チェック

↓答えられたらマーク　　　　　　　　　　　　　　　　　　　　わからなければ

- □ **1** 第2次西園寺公望内閣のとき、2個師団増設の要求が拒否されたことを理由に辞職した陸相はだれか。　p.176
- □ **2** 第3次桂内閣の退陣を要求した運動を何というか。　p.177
- □ **3** 2の中心人物はだれか(2人)。　p.177
- □ **4** 第1次山本権兵衛内閣が倒れる原因となった事件は何か。　p.177
- □ **5** 第一次世界大戦について、次の問いに答えよ。　p.178
  - ①三国同盟はドイツ・オーストリアと、あと1つはどこか。
  - ②1914年に、オーストリア皇太子が殺害された事件は何か。
- □ **6** 1911年に中国でおこった革命は何か。　p.178
- □ **7** 6の中心人物で三民主義を唱えた人物はだれか。　p.178
- □ **8** 7によって成立した国は何か。　p.178
- □ **9** 満州・蒙古における日本権益を守り、中国本土へ進出しようとして、日本が中国に出した要求を何というか。　p.178
- □ **10** 9を受け入れた中国の大総統はだれか。　p.179
- □ **11** 1917年に日本とアメリカで結ばれた協定は何か。　p.179
- □ **12** ソヴィエト政権を樹立させた人物はだれか。　p.179
- □ **13** 第一次世界大戦で好況となった日本の景気を何というか。　p.180
- □ **14** 米騒動のきっかけとなった事件がおこったのは何県か。　p.181
- □ **15** 寺内正毅内閣のあと成立した立憲政友会内閣の首相はだれか。　p.182
- □ **16** 護憲三派による内閣の首相はだれか。　p.183
- □ **17** 1925年に制定された選挙に関する法律は何か。　p.183
- □ **18** 17によって定められた選挙権の条件は何か。　p.183
- □ **19** 第1次加藤内閣から犬養毅内閣までの、立憲政友会と憲政会(立憲民政党)が交代で内閣を組織していた状態を何というか。　p.183

答え
1 上原勇作　**2** 第一次護憲運動(憲政擁護運動)　**3** 犬養毅・尾崎行雄　**4** ジーメンス事件
5 ①イタリア　②サライェヴォ事件　**6** 辛亥革命　**7** 孫文　**8** 中華民国　**9** 二十一カ条の要求　**10** 袁世凱　**11** 石井・ランシング協定　**12** レーニン　**13** 大戦景気　**14** 富山県
15 原敬　**16** 加藤高明　**17** 普通選挙法　**18** 満25歳以上の全ての男子　**19** 憲政の常道

要点チェック

- **20** 第一次世界大戦の講和条約を何というか。 p.184
- **21** パリ講和会議後，1920年にできた国際機関は何か。 p.184
- **22** 21の設立を提唱したアメリカの大統領はだれか。 p.184
- **23** 1919年，朝鮮の全土にわたっておこった大衆運動は何か。 p.184
- **24** 1919年に中国でおこった反日運動は何か。 p.184
- **25** ワシントン会議で太平洋の安全保障を決めた条約は何か。 p.185
- **26** ワシントン海軍軍縮条約では，何の保有量を定めたか。 p.185
- **27** 加藤・若槻内閣の外相で，協調外交を行った人物はだれか。 p.185
- **28** 大正時代の社会運動を指導した吉野作造の思想は何か。 p.186
- **29** 吉野作造が民主主義的思想の普及のため設立した団体は何か。 p.186
- **30** 大正時代の自由主義・民主主義的な風潮を何というか。 p.186
- **31** 天皇機関説を唱えた人物はだれか。 p.186
- **32** 友愛会を組織した中心人物はだれか。 p.187
- **33** 友愛会が発展し，1921年に改称したときの名称は何か。 p.187
- **34** 1911年に平塚らいてうが設立した文学者団体は何か。 p.188
- **35** 1922年，部落解放を目的として結成された団体は何か。 p.188
- **36** 1922年，堺利彦・山川均らが非合法に結成した政党は何か。 p.188
- **37** 1923年に京浜地方でおきた災害は何か。 p.188
- **38** 37のあと，山本内閣が治安維持のために出した法令は何か。 p.188
- **39** 1925年，社会主義運動の弾圧のために出された法令は何か。 p.189
- **40** 39を発令したときの内閣の首相はだれか。 p.189
- **41** 1928年に田中内閣が共産党幹部を逮捕した事件は何か。 p.189
- **42** 『善の研究』を著し，独自の哲学を研究した人物はだれか。 p.190
- **43** KS磁石鋼を発明した物理学者はだれか。 p.190
- **44** 都市部で出現した会社員や公務員などを何というか。 p.190
- **45** 志賀直哉や武者小路実篤らが活躍した雑誌は何か。 p.190
- **46** 『蟹工船』を書いたプロレタリア文学の作家はだれか。 p.190

答え

20 ヴェルサイユ条約　**21** 国際連盟　**22** ウィルソン　**23** 三・一独立運動　**24** 五・四運動　**25** 四カ国条約　**26** (海軍の)主力艦　**27** 幣原喜重郎　**28** 民本主義　**29** 黎明会　**30** 大正デモクラシー　**31** 美濃部達吉　**32** 鈴木文治　**33** 日本労働総同盟　**34** 青踏社　**35** 全国水平社　**36** 日本共産党　**37** 関東大震災　**38** 戒厳令　**39** 治安維持法　**40** 加藤高明　**41** 三・一五事件　**42** 西田幾多郎　**43** 本多光太郎　**44** 俸給生活者(サラリーマン)　**45** 『白樺』　**46** 小林多喜二

84 金融恐慌

1 不況の慢性化

1｜戦後恐慌(1920年) 重要　第一次世界大戦中の好景気は戦争景気にすぎず、戦後ヨーロッパ各国の経済が回復すると、海外市場と海外需要は縮小し、生産過剰となり、不況となった。このとき原内閣は、日本銀行に特別融資を行わせたが、抜本的な対策とはならなかった。

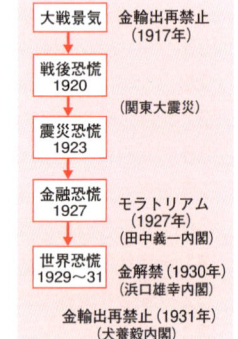

2｜震災恐慌　1923年の関東大震災による被害は約60億円をこえた。これは前年の国民総生産の3分の1に相当し、経済は大混乱に陥った。

3｜第2次山本権兵衛内閣の対応

①**震災手形への融資**…震災によって決済不能になった手形(震災手形)に対し、政府が1億円の損失補償を行うとして日本銀行に貸し出しを命じた。

②問題点
- 震災以前の不況で現金化できない不良手形が多かった。
- 1926年末に、まだ2億680万円の震災手形が未決済であった。
- そのうち約8000万円は中国貿易の大手であった**鈴木商店**❶のもので、**台湾銀行**❷が保有していた。

```
大戦景気 ─ 金輸出再禁止
            (1917年)
戦後恐慌
1920
            (関東大震災)
震災恐慌
1923
金融恐慌 ─ モラトリアム
1927       (1927年)
            (田中義一内閣)
世界恐慌 ─ 金解禁(1930年)
1929～31    (浜口雄幸内閣)
           金輸出再禁止(1931年)
            (犬養毅内閣)
```
▲1920年代の日本経済の流れ

> 要点　**戦後恐慌**(1920年)…大戦後ヨーロッパの経済回復➡日本は不況
> 関東大震災による**震災手形**への融資(**山本内閣**)…決済すすまず

2 金融恐慌

1｜発端

①**片岡直温蔵相の失言**…1927年、憲政会の**若槻礼次郎**内閣(第1次)は、銀行を救済するため、議会に震災手形の処理を提案した。その審議中、**片岡直温**が東京渡辺銀行の不良貸付状況をもらした。

②**金融恐慌**…片岡蔵相の失言から銀行への**取付け騒ぎ**となり、銀行に預金の払い戻しを求める民衆が殺到。台湾銀行・十五銀行など休業する銀行が続出した。

2 事態の収拾

① **若槻内閣の総辞職**…若槻内閣は，**緊急勅令**で，台湾銀行などの救済をはかろうとしたが，外相幣原喜重郎の協調外交を不満とする枢密院に反対された。　→総辞職

② **田中義一内閣の成立**…次いで立憲政友会の**田中義一**内閣が成立した。田中内閣は，3週間の**モラトリアム**（支払猶予令）❸を発し，その間に日本銀行に非常貸し出しを行わせ，事態を収拾させた。

> **要点** **金融恐慌**（1927年）…若槻礼次郎内閣。銀行の**取付け騒ぎ**
> ➡田中義一内閣による**モラトリアム**で事態は収拾

3 金融恐慌の結果

1 財閥への集中
金融恐慌で休業・倒産したのは，多くが中小銀行であったため，財閥系五大銀行の**三井・三菱・住友・安田・第一**へ預金が集中した。財閥は，経済界に対する支配をいっそう強固にするとともに，❹政治にも大きな発言力をもつようになった。❺

2 日本の資本主義の特色
日本では，機械化のすすんだ大工場や組織化された近代的企業が成立していた一方で，少人数で設備も技術も劣悪な零細経営が広範に存在し，二極化していた。

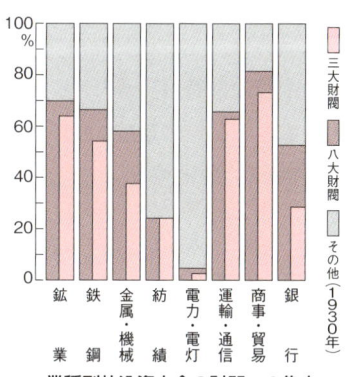

▲業種別払込資本金の財閥への集中（1930年）
鉱業／鉄鋼／金属・機械／紡績／電力・電灯／運輸・通信／商事・貿易／銀行

＊三大財閥…三井・三菱・住友
　八大財閥…三大財閥＋安田・浅野・大倉・古河・川崎

+α

❶ **鈴木商店**　貿易商として出発し，第一次世界大戦で飛躍的に成長。大戦後は貿易の停滞で経営不振に陥り，金融恐慌で倒産。

❷ **台湾銀行**　1899年，日本の植民地台湾で銀行券の発行権をもつ特殊銀行として設立。鈴木商店と関係が深く，第一次世界大戦中の鈴木商店への不健全融資が金融恐慌の一因となった。

❸ **モラトリアム**　戦時や天災時に金融上の混乱をおさえるため，金融機関の支払い停止を一定期間認める法令。関東大震災後に発令したのが最初。

❹ **在華紡**　中国各地に建設された紡績工場。大戦景気で資本蓄積をすすめた紡績資本は，上海・青島などに工場を建設した。

❺ **財閥と政党**　三菱と憲政会（立憲民政党），三井と立憲政友会がそれぞれ結びつき，国民の政党に対する反感を強めた。

85 田中義一内閣の中国進出

1 積極外交への転換

1| **協調外交への批判** 加藤高明および**若槻礼次郎**内閣では，**幣原喜重郎**が外相となり協調外交の方針を堅守したが，その外交は**軟弱外交**と称されていた。そしてついに，恐慌に悩む政府は中国への積極的な進出を企てた。

2| **中国進出策** 若槻内閣にかわった**田中義一**内閣は，首相の田中が外相を兼任し，軍部と結んで積極外交を唱え，**中国進出によって経済危機を打開**しようとした。

2 中国の情勢 重要

1| **中国国民党**の結成（1919年） **孫文**が広東で中国国民党を再結成。

2| **第1次国共合作**（1924年） 孫文は中国共産党と提携し，反帝国主義・反封建軍閥をめざした。

3| **孫文の死後**
① **北伐**の開始（1926年）…1925年に孫文が亡くなると，あとを継いだ**蔣介石**が，国民革命軍を率いて北方の軍閥たちを打倒しながら北上していった ➡ 中国全土の統一をめざす。
→自分の軍隊をつくり，地方を支配
② **国民政府**の樹立（1927年）…蔣介石は共産党と絶縁し，**南京**に**国民政府**を樹立し，北伐をすすめた。

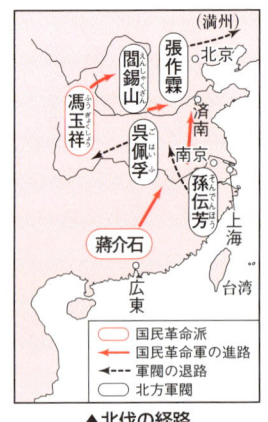

▲北伐の経路

4| **東方会議**（1927年） 北伐は，中国北部に利権をもっていた日本に大きな影響を与えた。田中首相は中国関係の外交官・軍代表者を召集して対中国対策を検討する東方会議を開き，**満蒙**（満州と蒙古）の権益を実力で守っていく方針を決定。

> **要点**
> 田中内閣…協調外交から中国進出へ転換
> **北伐**…蔣介石（国民政府）が中国全土の統一のため北方へ進出
> ➡ 日本は**東方会議**で満蒙の権益を実力で守っていくことを決定

3 中国への出兵

1 **山東出兵**(1927〜28年)　在華紡の山東権益防衛と蔣介石の北伐に干渉するため、居留民保護を名目に1927年から翌年にかけて3度の山東出兵を行った。
- **済南事件**(1928年4月)…第2次山東出兵では、国民革命軍(北伐軍)と日本軍が山東省の済南で交戦し、一時日本軍が済南城を占領した。

2 **張作霖爆殺事件** 重要
1. **背景**…田中内閣は、北伐軍の勢力拡大に対して満蒙での権利を擁護・拡大するため、北方軍閥の**張作霖**と提携していた。
2. **関東軍の策略**❷…1928年、**関東軍**の参謀**河本大作**らは、北京から奉天に引きあげる途中の張作霖を列車ごと爆殺。国民革命軍の仕業として満州占領を計画。
3. **結果**…満州占領は失敗。当時日本では**満州某重大事件**とよばれた。田中内閣は、首謀者の河本を停職処分のみに決定 ➡ 天皇に問責され1929年に総辞職。

> **要点**
> **山東出兵**(第1〜3次)…北伐に干渉。第2次で**済南事件**
> **張作霖爆殺事件**(1928年)…関東軍の独断 ➡ 田中内閣の退陣

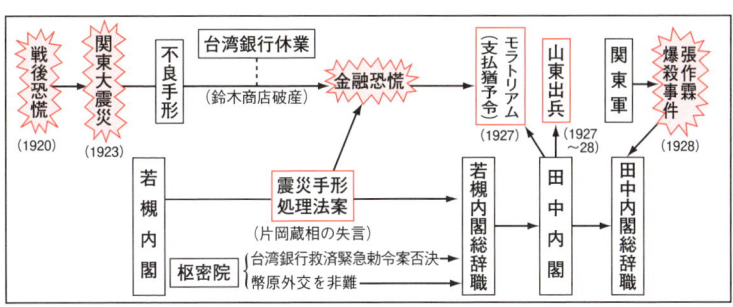

▲若槻〜田中内閣時代の日本の動き

+α

❶ **幣原外交と中国問題**　幣原外相は、中国の反帝国主義闘争に対して、イギリス・アメリカと協調し、合理的に日本の利権を維持・発展させようとした。中国国民政府の北伐にも表面上干渉をさけたが、枢密院や軍部は、これに不満であった。

❷ **関東軍の成立**　1919(大正8)年に関東都督府(関東総督府の後身)が関東庁に改組されたとき、その陸軍部が独立して関東軍ができた。司令部は旅順に置かれ、関東州の防衛と南満州の鉄道線路の保護とを任務とした。関東軍は、これ以後外務大臣の指揮を受けなくなり、独走する傾向になった。

86 浜口雄幸内閣と世界恐慌

1 浜口雄幸内閣の成立

田中内閣退陣のあとを受けて，1929年7月，**立憲民政党**の浜口雄幸内閣が成立。浜口内閣の課題は，対中国関係の改善と経済の再建であった。

1 外交 幣原喜重郎外相により，再び**協調外交**路線に変更。

①**日中関税協定**(1930年)…日本は，中国の関税自主権を条件付きで認めた。

②**ロンドン海軍軍縮会議**(1930年)…日本は軍縮と国際協調の立場から参加。

- 目的…海軍の**大型巡洋艦・補助艦**(巡洋艦・駆逐艦・潜水艦)の建造競争中止。
- 内容
  - 主力艦の建造禁止を5年間延長。 →1936年まで
  - 日本の**補助艦**は，総トン数が米・英に対して7割，大型巡洋艦は6割。
- 国内の反応…世論は軍縮に賛成したが，海軍の一部は強硬に反対した。
- **統帥権の干犯**…海軍は，この条約が天皇の統帥権を侵害するとして強硬に反対。枢密院の一部もこれに同調したが，憲法学者の多くは政府を支持したため，批准された。

2 経済政策 浜口首相は経済・財政再建をはかるため，前日本銀行総裁の**井上準之助**を蔵相に起用し，①**緊縮財政**，②**産業の合理化**，③**金輸出解禁**(金解禁)を行った。

> **要点**
> 浜口内閣
> - 外交…幣原喜重郎により，再び**協調外交**
>   **ロンドン海軍軍縮会議**(1930年)➡**統帥権の干犯**
> - 経済政策…**金輸出解禁**

2 金輸出解禁 【重要】

金輸出解禁(金解禁)とは，輸入品の代金支払いに正貨(金貨，地金)の輸出を認めることで，**金本位制の復帰**❶を意味する。

1 背景 1917年の金本位制停止後，国際収支の悪化，正貨の激減を招いた。そこで，金解禁を行い金本位制の復帰をはかった。

2 利点
- ①**輸出増大**…為替相場が安定し，国内物価が下落し輸出しやすい。
- ②**金融資本の発展**…為替相場が安定し外資導入・海外投資がしやすい。

3 | 準備

① **緊縮財政**…緊縮財政によるデフレ政策で、物価の引き下げをはかった。

② **産業の合理化**…資本の対外競争力を強化するため、合理化をすすめた。

4 | 実施

1930年1月、金解禁を実施。しかし、1929年におきた**世界恐慌**の影響が出はじめた中での実施となったため、金貨が大量に流出し、輸出はのびず、物価が暴落。各方面に深刻な事態を招いた。❸

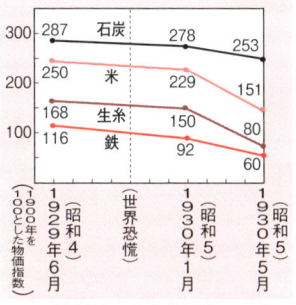

▲工業製品・農産物価格の下落

3 世界恐慌の影響 重要

1929年10月、ニューヨークでの株価暴落から、世界恐慌が発生。
↳ウォール街

① 昭和恐慌…日本は世界恐慌の影響と1930年の金解禁で二重の打撃を受けた。

② 農業恐慌…農村では、アメリカの経済破綻から生糸の需要が激減して養蚕農家が打撃を受けた。さらに豊作による価格の下落(「豊作貧乏」)で米価が暴落し、深刻な不況に陥った。このため、貧農は没落し、小作争議が頻発した。

③ **労働運動の激化**…慢性化した不況と産業の合理化によって、失業者は100万人をこえた。このため、労働争議が続発し過激化。

④ 重要産業統制法(1931年)…政府は、重要産業の合理化をはかるために制定。指定産業での不況カルテルの結成を容認した。

> **要点**
> 世界恐慌(1929年)…アメリカで株価暴落 ┐ 日本は二重の打撃
> 金輸出解禁(1930年)…金本位制の復帰　┘ （**昭和恐慌**）

+α

❶ **金本位制の復帰**　日本は第一次世界大戦中に列強にならって金の輸出禁止を行った。これは金本位制の離脱を意味する。大戦後、列強は経済の回復とともに金解禁を行って金本位制に復帰していった。

❷ **産業の合理化**　むだを省くことを目的として、機械の導入により労働力の軽減や能率的な作業(流れ作業など)を行った。このため、失業者が多く出た。

❸ **浜口首相暗殺未遂**　1930年11月、ロンドン条約批准に不満の右翼の青年が東京駅で浜口首相を狙撃、重傷を負わせた。

87 満州事変

1 満州事変

張作霖爆殺後、**張学良**があとを継ぎ、国民政府と提携して、排日・反日運動を行い、国権の回復をはかった。

1 柳条湖事件 重要　旅順を根拠地とする関東軍は、満州の実権をにぎろうとして、1931年9月、参謀の**石原莞爾**中佐らを中心として、**奉天**郊外の柳条湖で南満州鉄道を爆破した。

2 満州事変 重要　関東軍はこれを中国軍の仕業として軍事行動を開始。

▲満州事変要図

①経過
- **若槻内閣の総辞職**…時の第2次**若槻礼次郎**内閣は、**不拡大方針**をとったが、世論・マスコミは軍の行動を支持。関東軍は在朝鮮軍の応援を得て、戦火を拡大し、満州の要地を占領。若槻内閣は軍部をおさえられず、総辞職。
- **犬養毅内閣の成立**…1931年12月、**立憲政友会**の犬養毅内閣が成立。（↳満州国を認めず）

②**第1次上海事変**(1932年1月)…上海で日本人僧侶の殺害を機に、日本軍と中国軍が衝突。これには、欧米諸国の目を満州占領からそらすねらいもあった。

2 満州国の建国

1 満州国(1932年3月)　関東軍が、清朝最後の皇帝**溥儀**を執政にして建国。

2 日満議定書(1932年)　**斎藤実**内閣は、日満議定書に調印し、**満州国を承認**。

①おもな内容…日本の権益を尊重する、日満共同防衛のために日本軍隊を満州に駐屯させることを認めた。

②結果…関東軍司令官による日本人の満州国官吏への任免、鉄道・港湾・水路・航空路の管理などが行われた。

要点
柳条湖事件(1931年)➡満州事変➡犬養内閣の成立
日満議定書(1932年)…斎藤実内閣は満州国を承認

3 リットン調査団の派遣

1 国際連盟と満州事変 中国は、柳条湖事件直後に日本の行動の不当性を国際連盟に提訴した。連盟理事会は、これに対する態度を決定するため、1932年2月イギリスのリットンを団長とする調査団を派遣した。

2 リットン調査団の報告書
① 日本軍の軍事行動は、正当な自衛手段ではなく、満州国建国も民族の自発的独立運動ではない➡日本軍の行動を否認。
② 満州における日本の特殊権益は承認➡日本に妥協的な一面もあった。

▲日本の大陸進出と中国

4 日本の国際連盟脱退

1 国際連盟の決定 1933年2月、国際連盟はリットン報告書に基づき総会を開催。42対1（日本）で**日本軍の撤退と満州国承認の取り消し**を求めた。このとき日本全権**松岡洋右**（ようすけ）らは、総会の会場からただちに退場した。

2 国際連盟の脱退（1933年）**重要** 国際連盟の決定に反発した日本は、3月に連盟を脱退。脱退後、**岡田啓介内閣**のもと1936年にロンドン海軍軍縮条約、ワシントン海軍軍縮条約が失効➡日本は国際的に孤立。
　↳発効は1935年
　↳廃棄通告は1934年12月

3 塘沽停戦協定（タンクー）（1933年） 5月には、満州事変後の処理として日本軍と国民政府間で締結。この結果、国民政府は日本の満州支配を是認➡**満州事変の終結**。

> **要点** リットン調査団➡国際連盟は総会で満州国承認の取り消しを要求
> ➡**日本が国際連盟を脱退**（1933年）➡日本の孤立

+α

❶ **柳条湖の名称** 満州事変を引きおこした現場の地名は、これまで柳条溝とされていたが、正しくは柳条湖であったことが判明した。

❷ **石原莞爾** 石原は独特の日米決戦を想定する『世界最終戦論』に基づき、その準備のため満州の占領を主張していた。

❸ **溥儀** 清朝最後の皇帝（宣統帝）（せんとうてい）であった。1934年には満州国の皇帝になった。

88 軍部の台頭と経済の回復

1 軍部によるクーデタ計画

満州事変などを機に、軍や右翼による急進的な革新運動(**国家改造運動**)が活発になった。

1│軍のクーデタ計画 陸軍青年将校による**桜会**と右翼が組んで、1931年に2度にわたるクーデタを計画。

①三月事件…桜会の将校と右翼の**大川周明**らが手を結び、**宇垣一成**陸相を首班とする軍部内閣の樹立をめざした➡未遂に終わるが、関係者は処罰されなかった。

②十月事件…桜会のメンバーを中心に大川周明らの右翼が加わり、**荒木貞夫**中将を首班とする軍事政権の樹立を計画➡事前に発覚して未遂に終わった。

内閣	事項
浜口雄幸 (1929～31)	統帥権干犯問題 桜会結成 浜口首相狙撃 三月事件
若槻礼次郎 (1931)	満州事変 十月事件
犬養毅 (1931～32)	血盟団事件 満州国建国 **五・一五事件**
斎藤実 (1932～34)	国際連盟脱退 滝川事件
岡田啓介 (1934～36)	天皇機関説問題 相沢事件 **二・二六事件**
広田弘毅 (1936～37)	軍部大臣現役武官制の復活

▲軍・右翼の台頭年表

2│血盟団事件

①結成…軍の国家改造運動に影響を受けた右翼指導者の**井上日召**は、非合法のテロによる国家改造を決意し、農村青年に影響を与えた。そして、1931年1月、井上は血盟団を組織し、政・財界の要人暗殺を計画した。

②テロの決行…1932年2～3月、血盟団員が前蔵相の**井上準之助**や、三井財閥幹部の**団琢磨**を暗殺。

3│五・一五事件(1932年) 重要 海軍の青年将校を中心とした集団が首相官邸を襲撃、**犬養毅**首相を射殺➡政党内閣の終わり。

4│軍部出身の内閣の成立 五・一五事件のあと、穏健派の**斎藤実**海軍大将が首相となり、軍部・官僚・政党の妥協の上に**挙国一致内閣**を組閣。次いで岡田啓介海軍大将も同様の内閣をつくった。

要点
- **国家改造運動**…軍部・右翼らによる急進的な革新運動
- **五・一五事件**(1932年)…犬養毅首相が暗殺(=政党内閣の終わり)

2 経済の回復

犬養・斎藤・岡田の各内閣の蔵相を務めたのが**高橋是清**であった。高橋は一連の経済回復策をとり、1934年、経済は一応の安定をみせた。❸

1 金輸出再禁止（1931年）**重要**　犬養内閣は、組閣と同時に金輸出再禁止を断行。結果、ドル買いをしていた三井が巨利を得た。

①**管理通貨制度**への移行…金輸出再禁止の後、金兌換を停止し、日本経済は管理通貨制度となった。

②**輸出の促進**…1931年の為替相場は100円＝49ドルであったが、管理通貨制になると100円＝20ドルと円が下落した（**円安**）。このため、資本逃避防止法を公布し、100円＝28〜29ドルに統制。円安により、輸出（とくに**綿織物**）が増大した。

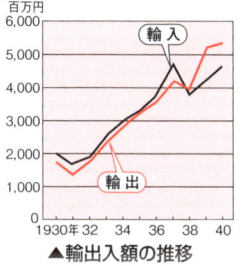

▲輸出入額の推移

2 膨張財政　次いで、緊縮財政を改め、満州事変や兵備改善などの**軍事費**と**農村救済費**を中心に支出を大幅に増加 ➡ 世界恐慌以前の生産水準を回復（1933年）。

3 重化学工業の発達　軍事費の膨張で軍事品生産が拡大し、金属・機械・化学などの重化学工業がめざましく発達。とくに、化学工業では電力を用いたコンビナートがおこり、**日産・日窒**などの**新興財閥**が台頭した。

4 鉄鋼業　八幡製鉄所を中心に大合同が行われ、国策会社**日本製鉄会社**が誕生。

5 農業政策

①**時局匡救事業**…公共土木事業。農民は日雇い労働として働き、現金収入を得た。

②**農山漁村経済更生運動**…産業組合の拡充など、「自力更生」を目標とした。

| 要点 | 高橋是清蔵相
（1931〜36年） | ①**金輸出再禁止**（1931年）…犬養内閣のとき
②**管理通貨制**への移行 ➡ 円安で輸出の増加 |

+α

❶**桜会**　1930年に結成された陸軍軍人の秘密結社。橋本欣五郎中佐を中心とする陸軍省や参謀本部の少壮将校がメンバーで、クーデタによる国家改造をめざした。左翼思想や政党政治を排撃し、積極的対外進出を主張。

❷**挙国一致内閣**　この内閣により政党の力が低下し、軍部・官僚の発言力が強まった。

❸**高橋財政の結果**　一定の成功をおさめたが、低為替による輸出拡大策は、国際的にソーシャル＝ダンピング（不当に安い価格で商品を輸出すること）との批判を受けた。これに対して、英国はブロック経済圏をつくって対抗した。また、膨張財政が赤字公債を累積させることにもなった。

89 二・二六事件と三国防共協定

1 学問・思想に対する弾圧

満州事変をきっかけとするナショナリズムの高揚は社会主義運動に衝撃を与えた。

1| 転向　政府の弾圧などにより，社会・共産主義者が国家主義などに転じること。1933年，共産党幹部の佐野学と鍋山貞親が転向したあとに，大量の転向者が続出した。

2| 日本国家社会党の結成　1932年，社会民衆党の赤松克麿らが脱党し，日本国家社会党を結成した。同党は天皇中心政治を掲げ，満州事変を支持した。

3| 無産政党の右傾化
　①社会民衆党…満州事変を支持し，国家社会主義へ転換した。
　②社会大衆党…社会民衆党と全国労農大衆党が合同して結成された。満州国を承認し，次第に右傾化し，日中戦争をいち早く支持した。

2 学問の自由に対する弾圧

軍は，社会主義・共産主義はもちろん，自由主義者や一部の学者を「反国体的」と非難して，思想統制を強化した。❶
　①**滝川事件**(1933年)…京都帝国大学教授滝川幸辰の『刑法読本』が無政府的と攻撃され，大学を追われた(当時は斎藤実内閣)。
　②**天皇機関説問題**(1935年)…美濃部達吉の天皇機関説が反国体的と菊池武夫が非難。美濃部は貴族院を追われた➡当時の岡田啓介内閣は，「天皇は統治権の主体」であるという**国体明徴声明**を出し，天皇機関説を否定。

3 二・二六事件

1| 陸軍内部の対立　満州事変後，陸軍内部では**統制派**と**皇道派**が対立した。❷

〔統制派〕		〔皇道派〕
永田鉄山・東条英機らの中堅幹部を中心とする派閥で，桜会の流れをくみ，合法手段による権力確立をめざした。	VS	真崎甚三郎・荒木貞夫らの上層幹部と青年将校による派閥で，天皇親政を軍のクーデタで実現しようとした。

2 二・二六事件（1936年）重要

①**経緯**…2月26日，**皇道派**青年将校の指揮する約1400名の兵が首相官邸や警視庁を襲い，**高橋是清**蔵相や**斎藤実**内大臣らを殺害。4日後に鎮圧された。
（↳北一輝の思想の影響を受けた）

②**結果**…陸軍**統制派**が軍を掌握し，発言力を強化。**岡田啓介**内閣にかわり，**広田弘毅**による内閣が組織された。

3 広田内閣の政治
人事や軍備拡張の方針など，軍の要求を取り入れていった。

①**軍部大臣現役武官制の復活**…1936年，軍の要求に従い復活させた。（→p.164）

②「**国策の基準**」…**帝国国防方針の改定**に基づき，南進の方針を決定。

4 ファシズム諸国の提携

世界恐慌の中，資源・植民地に乏しいイタリア・ドイツで**ファシズム**❸が台頭。

1 イタリア
1922年に**ファシスト党**による一党独裁政権を樹立した**ムッソリーニ**は，1935年にエチオピアを侵略，翌年これを併合した。
（↳ファシズム）

2 ドイツ
1933年，**ナチ党**を率いる**ヒトラー**が政権をにぎり，ワイマール憲法を廃して独裁体制をつくり，国際連盟から脱退。1935年に，ヴェルサイユ条約の破棄および再武装を宣言。
（↳国家社会主義ドイツ労働者党／↳ナチズム）

3 日独伊三国防共協定（1937年）重要
広田内閣は国際連盟脱退後の国際社会での孤立をさけ，ソ連を中心とする国際共産主義の運動に抵抗するため，1936年にドイツと**日独防共協定**を結んだ。翌年にはイタリアも加わり（**日独伊三国防共協定**），日独伊の**枢軸**❹陣営が成立した。

> **要点**
> **二・二六事件**（1936年）…**陸軍皇道派**の青年将校らによるクーデタ
> **日独伊三国防共協定**（1937年）…日本・ドイツ・イタリアの**枢軸**陣営

+α

❶**学問の自由に対する弾圧**　1937年，東大教授の矢内原忠雄が政府の植民政策を批判して大学を追われ（矢内原事件），1938年には，大内兵衛（東大教授）・有沢広巳らが人民戦線結成をはかったとして検挙された（人民戦線事件）。

❷**相沢事件**　統制派が皇道派を要職から排除しようとしたため，1935年，皇道派の相沢三郎が統制派の永田鉄山を斬殺。

❸**ファシズム**　国家・軍国主義政策で対外侵略をすすめる一方，国内では全体主義的な独裁政治で共産・自由主義を弾圧。

❹**枢軸**　当初は，独・伊の協力関係を指す。のちに日本を含む3国の関係，さらに，これら3国側についた諸国間の関係を指すようになった。

90 日中戦争の開始

1 中国・日本の情勢

1 中国の政局の変化

①**中国内部の対立**…1933年の満州事変の停戦協定(**塘沽停戦協定**)(→p.201)後も日本の華北進出は続いた。一方、国共内戦が続く中国では、国民政府の**蔣介石**が抗日より中国共産党の撲滅を第一としていた。

②**西安事件**(1936年)…満州を追われた**張学良**が、蔣介石を西安に監禁して、国共内戦の停止と抗日団結を要求した。(→p.200)

2 日本の体制
広田弘毅内閣が政党と軍の衝突により総辞職し、次の**林銑十郎**内閣も政党の攻撃により退陣。その結果、1937年6月、華族の名門の**近衛文麿**が軍部や政党など各界の期待を担い、組閣した。

2 日中戦争

1 **盧溝橋事件**(1937年7月)
北京郊外の盧溝橋で日中両軍が衝突した。

2 日中戦争 重要
近衛内閣は当初、**不拡大方針**であったが軍部の圧力におされて全面戦争に発展。

3 第2次国共合作(1937年)
国民政府と共産党の**抗日民族統一戦線**が結成。

4 経過

①**南京の占領**…日本軍は国民政府の首都である南京を占領。国民政府は首都を**重慶**に移し、抗戦続行。

②「**東亜新秩序の建設**」を声明…日本は、日・満・華の3国連携を主張。

③**汪兆銘の脱出**…1940年、日本の支持で南京に新国民政府を樹立。

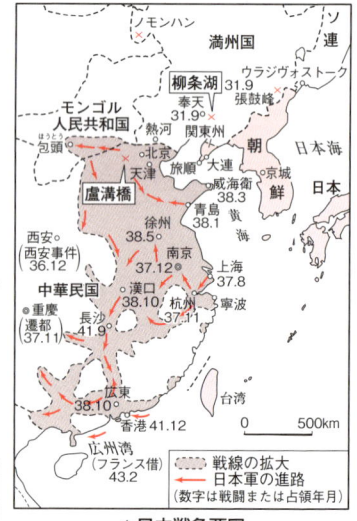

| 要点 | 日中戦争
(1937年) | **盧溝橋事件**により勃発
「**東亜新秩序**」を主張 |

▲日中戦争要図

3 戦時統制と国民の生活

1 戦時統制

年	内　閣	総　力　戦　体　制
1937	6月 近衛文麿	10月　**企画院**の設立➡物資動員計画 10月　**国民精神総動員運動**
1938	近衛文麿	4月　**国家総動員法** （戦時の際、人的・物的資源の動員を議会の承認を経ず、勅令で行うことができるようにした法律。） 　　　電力国家管理法 7月　**産業報国連盟**
1939	1月 平沼騏一郎 8月 阿部信行	7月　**国民徴用令** （国家総動員法に基づき発せられた勅令で、軍需工場で労働させた。）
1940	1月 米内光政 7月 近衛文麿	10月　**大政翼賛会** （新体制運動の一環として、その推進団体として設立され、各政党も解散した。近衛首相が総裁。） 11月　**大日本産業報国会** （新体制運動で労働組合・労働団体は解散し、工場ごとに産業報国会が結成された。）
1941	7月 近衛文麿 10月 東条英機	4月　小学校を**国民学校**と改称 12月　言論・出版・集会・結社等臨時取締令
1942	東条英機	4月　**翼賛選挙** 5月　**翼賛政治会**

2 新体制運動　1940年、**近衛文麿**らがナチ党やファシスト党を模して国民組織を結成しようとする運動がおこった。

4 国民の生活統制

① **価格等統制令**（1939年）…国家総動員法に基づいた勅令。公定価格制を導入。
② **七・七禁令**（1940年）…贅沢品の製造・販売禁止。
③ **物資の節約**…砂糖・マッチ・衣料など**切符制**、米などの**配給制**が行われた。
④ **供出制**（1940年）…政府が強制的に米を買い上げ。
⑤ **隣組**（隣保班）…大政翼賛会の末端組織。情報伝達や配給など戦時業務を担当。

91 第二次世界大戦と太平洋戦争

1 第二次世界大戦

1 第二次世界大戦の勃発
①**ナチス＝ドイツの侵略**…1938年にオーストリアを併合，チェコスロヴァキアのズデーテン地方の割譲を要求。

②**独ソ不可侵条約**(1939年)❶…ドイツはソ連と不可侵条約を結び，**ポーランド**を侵略➡イギリス・フランスがドイツに宣戦布告(**第二次世界大戦**)。

2 日本の情勢
①**大戦への不介入**…独ソ不可侵条約の締結やソ連軍との衝突❷もあり，**阿部信行**内閣が第二次世界大戦への**不介入**を宣明。

②**日中戦争の泥沼化**…**米内光政**内閣は，日中戦争の終結のため，汪兆銘に新国民政府をつくらせたが，かえって重慶の**国民政府**との妥協を困難にした。

3 日米関係
援蔣政策をとってきたアメリカは，1939年7月に日米通商航海条約を翌年より破棄する旨を通告し，日本経済に圧迫を加えてきた。日本では陸軍などの強硬派が東南アジア（←欧米の植民地）に進出する**南進政策**に活路を見出し，石油・ゴムなどの重要資源を獲得し，あわせて**援蔣ルート**❸を遮断しようとした。

4 **日独伊三国同盟** 重要
1940年7月に成立した第2次**近衛**内閣は，国内の戦時体制を強化するとともに，**東亜新秩序**の構想を拡大して東南アジアを含む「**大東亜共栄圏**」の建設を掲げた。そして，**松岡洋右**外相・**東条英機**陸相ら強硬派の主張にそって，軍事同盟である日独伊三国同盟を結んで枢軸関係を確立し，北部仏印(仏領インドシナ)へ軍隊を進駐させた。

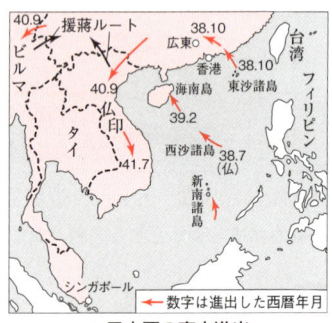

▲日本軍の南方進出

要点

第二次世界大戦(1939年) ドイツがポーランドに侵略
➡イギリス・フランスがドイツに宣戦布告

日独伊三国同盟(1940年) 近衛内閣のとき

2 日米対立の深刻化

日独伊三国同盟の締結は，アメリカを刺激し，日米関係は破局に直面した。

1 日米交渉　第2次近衛内閣は，アメリカとの衝突をさけるため，1941年4月から駐米大使**野村吉三郎**をアメリカに送り，国務長官ハルと交渉させた。

2 日ソ中立条約(1941年) 重要　ところが，強硬派の外相**松岡洋右**は，南方進出に備えて，北方の安全をはかるために，4月に日ソ中立条約を結んだ。こうして，同年7月，日本軍は**南部仏印進駐**を実行。

3 ABCD包囲陣　これらはアメリカをさらに刺激し，日米交渉は行きづまった。**アメリカ**は，日本への石油輸出を禁止し，**イギリス・中国・オランダ**とともにABCD包囲陣を固めて，日本の南方進出に対抗。
　　　　　　　　　　　　　　　　　　　↳America　　　　　　　　　　　　↳Britain　↳China　↳Dutch

4 帝国国策遂行要領　日米交渉が失敗の場合，アメリカ・イギリス・オランダとの開戦を決定。

5 東条英機内閣の成立　1941年10月，陸軍などの対米強硬論におされて第3次近衛内閣が倒れ，**東条英機**が組閣した。

3 太平洋戦争の勃発 重要

1 ハル=ノート　アメリカが日本にあてた事実上の最後通牒。①日本の中国・仏印からの撤兵，②満州国・汪政権の否認，③日独伊三国同盟の廃棄，など満州事変以前の状態への復帰を要求。

2 真珠湾攻撃　1941年12月8日，日本はハワイの真珠湾を奇襲攻撃するとともに，米・英に宣戦布告➡第二次世界大戦の一部としての**太平洋戦争**が勃発。

要点

日ソ中立条約(1941年)…南部仏印進駐を実行➡日米対立が深刻化

東条英機内閣 ｛ 対アメリカ・イギリス開戦の方針
　　　　　　　➡真珠湾を奇襲➡**太平洋戦争**(1941年)

+α

❶**独ソ不可侵条約**　日本では独ソの提携という事態に対応できないとして平沼騏一郎内閣が総辞職した。

❷**ソ連軍との衝突**　1938年7月に張鼓峰で衝突し，日本軍は敗北(張鼓峰事件)。1939年5月にノモンハンで衝突し，日本軍はソ連軍の大戦車軍団により大打撃を受けた(ノモンハン事件)。

❸**援蔣ルート**　重慶の蔣介石を援助するため，イギリス・アメリカからの支援物資を輸送する道。英領ビルマ，仏印を通った。

92 日本の敗戦

1 大戦の経過

東条英機内閣	枢軸国側の攻勢	①日本の宣戦で、独・伊も三国同盟によりアメリカに宣戦布告。 ②日本軍は、フィリピン・マレー半島・香港・ビルマなど南太平洋にわたる地域を占領。
	戦局の変化	①ミッドウェー海戦(1942年)…日本軍は敗退。これを機に戦局は日本に不利となった。 ②日本軍の敗退…ガダルカナル島撤退、アッツ島全滅、インド・ビルマ国境のインパール作戦の失敗。 ③大東亜会議(1943年)…占領地の支配者を集めて、「大東亜共栄圏」を主張。 ④サイパン島陥落(1944年)…サイパン島が陥落し、東条内閣は総辞職➡小磯国昭と米内光政の連立内閣が成立。
小磯国昭内閣		①1944年8月、グアム島・テニアン島玉砕、本土空襲も激化。 ②10月、アメリカ軍がレイテ島に上陸。 ③1945年3月、硫黄島全滅、東京大空襲。 ④4月、アメリカ軍が沖縄に上陸(沖縄戦)。

2 戦時下の経済と国民生活の崩壊

1｜経済 日本政府は、軍需工業を中心に再編成し、軍用品の生産を最優先させた。しかし、アメリカ空軍の本土空襲が激しくなるにつれ、総生産は激減した。また、制海・制空権を失った日本は、海上輸送が困難となり、軍需生産に必要な鉄鉱石・石炭・石油などが不足した。

2｜国民の生活
①学童疎開…空襲が激しくなると、大都市では子どもたちが田舎へ疎開した。
②学徒出陣…1943年、文科系の大学・高等専門学校の学生を軍に召集した。
③勤労動員…独身女性は女子挺身隊に組織され、軍需工場で働いた。
④強制連行…日本は、朝鮮人や中国人を日本に連行し、鉱山などで働かせた。

3 連合国の戦争処理会談

1 枢軸国の降伏
① 1943年9月, イタリアが降伏。
② 1945年5月, ベルリンが陥落してドイツが無条件降伏。

2 連合国の会合 連合国はイタリアの降伏後, 戦争遂行と戦後処理について会談。

会議名	年月	参加者	おもな議題
カイロ会談	1943年11月	米…ローズヴェルト 英…チャーチル 中…蔣介石	対日戦の方針 日本の無条件降伏を要求 満州・台湾の返還と朝鮮の独立
ヤルタ会談	1945年2月	米…ローズヴェルト 英…チャーチル ソ…スターリン	対ドイツ戦の処理 **ソ連の対日参戦**と千島・南樺太のソ連領有を密約
ポツダム会談	1945年7月	米…トルーマン 英…チャーチル ソ…スターリン	対日最終作戦 **日本の無条件降伏**を要求するポツダム宣言を発表

3 ポツダム宣言❷ このときソ連は対日参戦をしていなかったので, アメリカ・イギリス・中国の名で発表。

4 戦争の終結

1 原爆投下 1945年4月, **鈴木貫太郎**内閣が成立。8月に**広島・長崎**へ**原子爆弾**が投下。ソ連の参戦もあり, 8月14日, 日本は**ポツダム宣言**を受諾。
(→6日) (→9日)

2 日本の敗戦 降伏とともに, 敗戦処理内閣として**東久邇宮稔彦**内閣が成立。8月末には連合国軍が日本に進駐。9月2日に東京湾内の米艦ミズーリ号上で降伏文書の調印が行われた。

> **要点** 日本の敗戦
> 広島・長崎への原爆投下, ソ連の参戦
> ➡**ポツダム宣言**を受諾(鈴木貫太郎内閣)

+α

❶ **特別攻撃隊** レイテ沖での戦局で, はじめて海軍の神風特別攻撃隊による体当たり戦法が行われた。

❷ **ポツダム宣言** ①日本の軍国主義者・戦争指導勢力の除去, ②日本の軍事占領, ③日本の主権を本州・北海道・九州・四国と諸小島に限定, ④軍隊の武装解除, ⑤戦争犯罪人の逮捕, ⑥軍国主義の除去, ⑦軍事産業の禁止など。

要点チェック

↓答えられたらマーク　　　　　　　　　　　　　　　　　　わからなければ ➡

- **1** 第一次世界大戦後、ヨーロッパ経済が回復したことで、日本が不況となった状態を何というか。　p.194
- **2** 1923年の関東大震災による不良手形を何というか。　p.194
- **3** 1927年、銀行の取付け騒ぎによって多くの銀行が休業に追い込まれた事態を何というか。　p.194
- **4** 3のあと、若槻内閣にかわって組閣した人物はだれか。　p.195
- **5** 3のあとに出された、金融機関が一定期間、支払いを停止することを認める法令を何というか。　p.195
- **6** 財閥系五大銀行のうち、三大財閥は何か。　p.195
- **7** 中国で北伐を行った人物はだれか。　p.196
- **8** 北伐の干渉のために田中内閣が行った中国進出を何というか。　p.197
- **9** 1928年の張作霖爆殺事件は、日本では何とよばれたか。　p.197
- **10** 1930年に、浜口内閣が参加した軍縮会議は何か。　p.198
- **11** 10での条約締結が軍部から猛反対されたが、このとき問題となった争点を何というか。　p.198
- **12** 浜口内閣が経済再建のために行った政策のうち、金本位制の復帰となった政策は何か。　p.198
- **13** 1929年に、ニューヨークの株価暴落でおきた大不況は何か。　p.199
- **14** 12と13による日本の深刻な不況を何というか。　p.199
- **15** 満州事変のきっかけとなった事件は何か。　p.200
- **16** 1932年に締結され、満州国の建国を承認した条約は何か。　p.200
- **17** 国際連盟が満州事変に際して、派遣した調査団は何か。　p.201
- **18** 1933年、国際連盟の勧告を不服とし、退場した全権はだれか。　p.201
- **19** 1932年に前蔵相の井上準之助などが暗殺された事件は何か。　p.202
- **20** 海軍の青年将校らが犬養毅首相を暗殺した事件は何か。　p.202

答え

1 戦後恐慌　**2** 震災手形　**3** 金融恐慌　**4** 田中義一　**5** モラトリアム（支払猶予令）　**6** 三井・三菱・住友　**7** 蔣介石　**8** 山東出兵　**9** 満州某重大事件　**10** ロンドン海軍軍縮会議　**11** 統帥権の干犯　**12** 金輸出解禁（金解禁）　**13** 世界恐慌　**14** 昭和恐慌　**15** 柳条湖事件　**16** 日満議定書　**17** リットン調査団　**18** 松岡洋右　**19** 血盟団事件　**20** 五・一五事件

要点チェック

- **21** 高橋是清蔵相が1931年に行った経済政策は何か。　p.203 **2** 1)
- **22** 21によって日本はどのような貨幣制度に移行したか。　p.203 **2** 1)
- **23** 共産主義者が社会主義運動から離れたことを何というか。　p.204 **1** 1)
- **24** 陸軍の内部で,皇道派と対立していた派閥は何か。　p.204 **3** 1)
- **25** 二・二六事件で暗殺された蔵相はだれか。　p.205 **3** 2)
- **26** 1937年,ソ連を中心とする国際共産主義運動に対抗するために日本がドイツ・イタリアと締結した協定は何か。　p.205 **4** 3)
- **27** 日中戦争のきっかけとなった事件は何か。　p.206 **2** 1)
- **28** 日中戦争がおこった時の内閣の首相はだれか。　p.206 **2** 2)
- **29** 国民の経済生活全般を統制し,政府が議会の承認なしに運用できる事を認めた法律は何か。　p.207 **3** 1)
- **30** 29に基づき,国民を軍需産業に動員する法律は何か。　p.207 **3** 1)
- **31** すべての政党を解散させて,政府を補助するためにつくった機関は何か。　p.207 **3** 1)
- **32** ドイツによるポーランド侵略を機におきた戦争は何か。　p.208 **1** 1)
- **33** 1940年に締結された軍事同盟は何か。　p.208 **1** 4)
- **34** 第二次世界大戦がはじまり,日本は南進策を検討するが,それを明確にした条約は何か。　p.209 **2** 2)
- **35** 米・英・中・蘭の対日包囲網を何というか。　p.209 **2** 3)
- **36** 1941年,近衛内閣のあとに首相となった人物はだれか。　p.209 **2** 5)
- **37** 太平洋戦争について,次の問いに答えよ。　p.209 **3**
  ①開戦のきっかけとなった日本軍の奇襲攻撃の場所はどこか。
  ②開戦の年はいつか。
- **38** 空襲をさけるため,大都市の子どもが田舎へ避難することを何というか。　p.210 **2** 2)
- **39** 1945年2月,ソ連の対日参戦が密約された会談は何か。　p.211 **3** 2)
- **40** 第二次世界大戦に敗北した日本が受諾した宣言は何か。　p.211 **4** 1)
- **41** 40を受諾したときの内閣の首相はだれか。　p.211 **4** 1)

答え

21 金輸出再禁止　**22** 管理通貨制度　**23** 転向　**24** 統制派　**25** 高橋是清　**26** 日独伊三国防共協定　**27** 盧溝橋事件　**28** 近衛文麿　**29** 国家総動員法　**30** 国民徴用令　**31** 大政翼賛会　**32** 第二次世界大戦　**33** 日独伊三国同盟　**34** 日ソ中立条約　**35** ABCD包囲陣　**36** 東条英機　**37** ①真珠湾　②1941年　**38** 学童疎開　**39** ヤルタ会談　**40** ポツダム宣言　**41** 鈴木貫太郎

93 占領政治の開始

1 占領管理の方針と機構 重要

ポツダム宣言に基づき,連合国軍は日本を占領。

1. **基本方針** 非軍事化と民主化の2点が中心。
2. **機構** 1945年8月末から,アメリカ軍を中心にした連合国側の進駐軍が日本の各地に置かれ,9月にアメリカの**マッカーサー**元帥を最高司令官とする**連合国軍最高司令官総司令部**（GHQ/SCAP）が**東京**に設置。また,占領政策決定の最高機関として**ワシントン**に**極東委員会**,最高司令官の諮問機関として**東京**に**対日理事会**も設けられた。
3. **間接統治** アメリカが実質的な主導権をにぎり,GHQの指令・勧告が,日本政府を経由して国民に伝わる間接統治がとられた。

```
極東委員会 （連合国11か国）
（ワシントン）
    ↓
アメリカ政府          対日理事会（米英中ソの4か国）
    ↓              諮問      （東京）
連合国軍最高司令官
総司令部
（GHQ/SCAP）
（東京）
    ↓ 指令・勧告
日本政府
```
▲連合国の日本占領機構

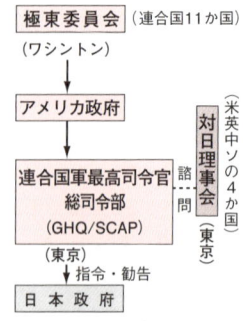

要点
連合国の占領 ①**GHQ**（マッカーサーが最高司令官）による**間接統治**
　　　　　　②基本方針は,日本の**非軍事化**と**民主化**

2 旧支配体制の解体

1. **五大改革** 1945年10月,GHQのマッカーサーは,東久邇宮稔彦首相にかわった**幣原喜重郎**首相に対して,①婦人参政権の付与,②労働組合の結成の奨励,③教育制度の自由主義的改革,④圧制的諸制度（治安維持法や特別高等警察など）の撤廃,⑤経済機構の民主化,のいわゆる**五大改革**を口頭で指示。
2. **天皇の人間宣言** 1946年1月,**昭和天皇**はみずから天皇の神格を否定し,天皇と国民との結びつきは相互信頼と敬愛によるものであるとした。
3. **戦犯裁判** 戦争中の政府・軍の首脳らが戦争犯罪人として逮捕された。1946年5月～48年11月に開かれた**極東国際軍事裁判**（**東京裁判**）では,とくにA級戦犯が裁かれ,同年12月に**東条英機**・**広田弘毅**ら7名が処刑された。
4. **公職追放** 職業軍人,政・財・官界などの戦争協力者・軍国主義者や超国家主義者の約21万人を解職し,公職への再就職を禁止した。

3 経済の民主化

GHQは，財閥と寄生地主制が軍国主義の温床であったと考え，経済の民主化のためとして，この両方の解体をはかった。

1 農地改革 重要　寄生地主制の解体と，自作農の創出が目的。

① 第1次農地改革
- 市町村に**農地委員会**❹を設置，1946年2月から**農地調整法改正**により実施。
- 不在地主の小作地所有は不可とし，在村地主ならその**小作地を5町歩**まで公認。小作料は金納・物納を問わない➡GHQから不徹底の勧告があり，再改革。

② 第2次農地改革
- 1946年10月から**自作農創設特別措置法**と**農地調整法再改正**に基づき実施。
- 不在地主の小作地所有は不可(第1次と同様)で，在村地主の小作地は**1町歩**(北海道は4町歩)までに制限。それ以外は政府が強制買収し，農地委員会を通じて元の小作人に廉価で売却した。

③ 農地改革の結果…1950年までに**小作地は全農地の約13%に低下**(**寄生地主制の解体**)。しかし，入会地(山林原野)は解放されず，山林地主は残存した。

2 財閥解体 重要

① **資産凍結**…GHQは1945年11月に，三井・三菱・住友・安田など15財閥の解体と資産の凍結を指令した。その推進機関として**持株会社整理委員会**が設けられ，43社の持株会社を解体して**株式の民主化**を行った。

② **独占禁止法**(1947年)…独占禁止法の制定と**公正取引委員会**の設置により，**持株会社・トラスト・カルテルを禁止**。また同年の**過度経済力集中排除法**では，325社が巨大独占企業と指定され，その分割がはかられた。

③ **結果**…占領政策の転換で，巨大独占企業の分割は11社にとどまり，しかも財閥系の**巨大銀行は分割の対象外**だったので，**財閥解体は不徹底**に終わった。

+α

❶ **アメリカの援助**　戦後日本は，ガリオア資金(食料・医療品の受給)や産業復興を目的としたエロア資金の援助を受けた。

❷ **プレス＝コード，ラジオ＝コード**　占領軍に対する批判は禁止され，新聞やラジオ放送も事前検閲を受けた。

❸ **人権指令**　GHQは，治安維持法，特別高等警察の廃止，共産党員などの政治犯の釈放など，人権保障を指示した。

❹ **農地委員会**　構成員は，第1次で小作5・自作5・地主5，第2次で小作5・自作2・地主3の割合であった。

94 日本国憲法の成立

1 日本国憲法の制定 【重要】

1 制定までの経緯

① 1945年にGHQは大日本帝国憲法の改正を示唆。**幣原喜重郎**内閣は**憲法問題調査委員会**(委員長は**松本烝治**国務相)を設けて試案を作成➡GHQは拒否。

② GHQが草案を作成し、日本政府はそれに少し手を加え政府原案として発表。
　↳マッカーサー草案

③ 引き継いだ**第1次吉田茂内閣**時に、帝国議会(衆議院と貴族院)の審議を経て可決。

2 日本国憲法　1946年11月3日に公布、翌年5月3日から施行。
(昭和21年)　　　　　　　　　　　　　　　　　　　　　　　↳吉田内閣

3 特色　日本国憲法は前文と本文11章103条からなる民定憲法。

① **主権在民**(国民主権)・**平和主義**・**基本的人権の尊重**の3原則。

② **象徴天皇制**、戦争放棄、三権分立の原則、男女同権・夫婦平等。
　↳第1条　　　↳第9条

> **要点**
> **日本国憲法**
> 1946年11月3日公布➡1947年5月3日施行
> 象徴天皇制
> 3原則(主権在民・平和主義・基本的人権の尊重)

2 諸制度の改革

① **新民法**…1947年改正。**戸主制**・**家督相続**の廃止。男女平等の婚姻・相続など。

② **地方自治法**…1947年公布。地方自治体の首長の**公選制・リコール制**の制定。

③ **警察法**…1947年公布。自治体警察と国家地方警察をつくることを定めた。
　　　　　　　　　　　　↳警察の独立と地方分権化をはかる

④ **刑法**…1947年改正。大逆罪・不敬罪・姦通罪などが廃止。

⑤ **刑事訴訟法**…1948年改正。新たに黙秘権が公認され、拷問などが廃止。

3 労働三法の制定と労働運動の発展

1 労働三法の制定 【重要】

① **労働組合法**(1945年)…労働者に**団結権・団体交渉権・争議権**を保障。

② **労働関係調整法**(1946年)…労働争議の斡旋・調停・仲裁などを規定。

③ **労働基準法**(1947年)…労働者の生活権擁護と**労働条件の最低基準**を規定。

2 労働組合の結成(1946年)　労働組合の全国組織として、右派で社会党系の**日本労働組合総同盟**と、左派で共産党系の**全日本産業別労働組合会議**が結成。
　　　　　　　　　　　　↳総同盟　　　　　　　　　　　　　↳産別会議

4 教育の民主化 重要

①1945年，GHQは，**修身**・**日本歴史**(国史)・**地理**の授業停止を命令。また1946年，**アメリカ教育使節団**が来日し，教育に関する勧告を行う。
②**教育基本法**(1947年)…**義務教育9年制**・**教育の機会均等**・**男女共学**など。
③**学校教育法**(1947年)…新学制として**六・三・三・四制**を規定。
④**教育委員会法**(1948年)…各都道府県・市町村に**教育委員会**を設置。**公選制**。
　　　　　　　　　　　　　　　　　　　　　　　　　↳教育の地方分権化

5 政党政治の復活

①**日本共産党**もはじめて合法となり，出獄した**徳田球一**らを中心に活動を開始。
②1945年，戦前の保守系各派は**日本自由党**，**日本進歩党**をつくった。
③旧無産政党各派は統合して**日本社会党**を結成。

6 戦後政党政治のはじまり

①**選挙法の改正**…**女性参政権**を認め，**満20歳以上の男女**に選挙権。
　↳1945年
②**戦後初の総選挙**(1946年)…日本自由党が第一党。39名の女性議員が誕生。

年	内閣	おもな政策(丸数字は月)
1946	第1次**吉田茂** (日本自由党)	・日本進歩党と連立 ⑨労働関係調整法　⑩第2次農地改革 ⑪日本国憲法公布　⑫傾斜生産方式の採用
1947		③教育基本法・学校教育法 ④労働基準法・独占禁止法
1947	**片山哲** (日本社会党)	・民主党・国民協同党との連立 ⑥傾斜生産方式の実施　⑨労働省の設置 ⑫**警察法**・**過度経済力集中排除法**・**新民法**公布 ➡炭鉱国家管理問題で総辞職
1948	**芦田均** (民主党)	・日本社会党と国民協同党との連立 ⑦政令201号(公務員の争議禁止) ➡昭和電工事件(6月)により総辞職

次いで，**第2次吉田茂**内閣が成立。以後6年の長期にわたり民主自由党(のち自由党)を与党として政権をにぎり続け，対米追従しながら保守政治を安定させた。

95 冷戦の発生と占領政策の転換

1 戦後の世界情勢

1 | 国際連合の成立　1945年6月，連合国50か国の代表がアメリカのサンフランシスコに集まって**国際連合憲章**を審議・採択し，10月に国際連合が発足。本部をニューヨークに置き，総会および**安全保障理事会**で国際情勢を討議。
　　　　　　　　　　　　　　　　　　　　　　　　　　　└米・英・仏・ソ・中

2 | 冷戦（冷たい戦争） 重要　1947年アメリカ大統領トルーマンは，共産主義の「封じ込め」を宣言（**トルーマン＝ドクトリン**）。しばらく協調していた米ソ両陣営の間に，冷戦（冷たい戦争）がはじまった。

西側	アメリカ （資本主義・ 自由主義）	・**マーシャル＝プラン**で，西ヨーロッパは経済的に復興 ・1949年，**北大西洋条約機構**(NATO)を結成
東側	ソ連 （社会主義）	・1947年，ソ連を中心として**コミンフォルム**を結成 ・1955年，**ワルシャワ条約機構**を結成 　（ソ連と東欧7か国の共同防衛組織）

3 | アジアにおける社会主義の勢力拡大

①**中国**…1946年に第2次国共合作は破れ，内戦が再開→共産党が勝利。
　・1949年10月には北京（ペキン）で**毛沢東**（もうたくとう）を国家主席とする**中華人民共和国**が成立。
　・**蔣介石**（しょうかいせき）の国民党は台湾に逃れ，**中華民国**を存続させた。
②**朝鮮**…1948年，**北緯38度線**を境に，アメリカ側の**大韓民国**（韓国，**李承晩**（リショウバン／イスンマン）大統領）とソ連側の**朝鮮民主主義人民共和国**（北朝鮮，**金日成**（きんにっせい／キムイルソン）首相）に分断。

2 アメリカの政策変更

アジアでの社会主義の勢力拡大で，アメリカは対日占領政策を転換。それまで徹底していた民主化を逆におさえ，経済復興をはかった。

1 | 政令201号　**芦田**（あしだ）内閣の1948年7月，マッカーサーの書簡によるGHQの指令で，国家公務員のストライキは禁止された。

2 | 国家公務員法改正　第2次吉田内閣は1948年11月，GHQの指令により，国家公務員のストライキ禁止を改めて法制化した。

3 日本経済の再建

1 経緯 戦争直後の日本では，かなりの悪性インフレが進行していた。

①**金融緊急措置令**(1946年)…物価の高騰をおさえるため，幣原喜重郎内閣が発令。預金封鎖のうえ**新円切替え**を行い，貨幣流通量を減らそうとした➡効果は一時的。

②**傾斜生産方式**(1947年)…**第1次吉田内閣**は，まずは**石炭・鉄鋼業**などの重要産業の回復に重点を置く傾斜生産方式を採用し，**復興金融金庫**を創設して基幹産業への資金供給を開始。次の**片山内閣**から**芦田内閣**と引き継がれたが，復金インフレや**昭和電工事件**を引きおこし，結局失敗。

> **要点**
> 金融緊急措置令(幣原喜重郎内閣)
> 傾斜生産方式(第1次吉田内閣～片山内閣～芦田内閣) 失敗

2 アメリカの主導 アメリカの占領政策の転換で，GHQは日本経済再建を指示。

①**経済安定九原則**(1948年)…GHQは第2次吉田内閣に，**インフレ抑制策**として予算均衡・徴税強化などを指令。

②**ドッジ=ライン**(1949年3月)…経済安定九原則の具体化のため，デトロイト銀行頭取のドッジが来日。ドッジは赤字を全く許さない超均衡予算を指示し，予算削減のため，**公務員と国鉄の人員整理**を強行。また，**単一為替レート**(1ドル＝360円の固定相場制)を設定し，日本円をドルにリンクさせて国際経済に復帰させた。

③**シャウプ勧告**(1949年9月)…財政学者のシャウプ(→コロンビア大学教授)も来日し，税制改革を指導。**直接税**(→とくに所得税)**を中心**にして，企業の資本蓄積のために**法人税は減税**された。

3 インフレの収束 これらの改革で，インフレの進行は一応止まり，経済再建の基礎は固まった。しかし中小企業の倒産や行政整理による失業者が増大し，日本経済は深刻な不況に陥った。

4 国鉄関連事件 1949年夏におこった**下山事件**(国鉄総裁下山定則が轢死体で発見)・**三鷹事件・松川事件**の一連の国鉄関連事件が，共産党系メンバーの仕業と疑いがかけられ，労働運動も下火となっていった。

> **要点**
> **ドッジ=ライン**…単一為替レートは1ドル＝360円の固定相場制
> **シャウプ勧告**…シャウプの税制改革。**直接税**(とくに所得税)中心主義

96 朝鮮戦争と日本の独立

1 朝鮮戦争 重要

1. **勃発** 1950年6月，北朝鮮軍が国境とされていた**北緯38度線**を突破して韓国に進攻し，**朝鮮戦争**がおこった。
2. **経過** 国連はソ連欠席のまま北朝鮮軍を侵略軍と議決し，アメリカ軍を中心とする国連軍を組織し韓国を支援。北朝鮮にはソ連の要望を受けた**中国人民義勇軍**が支援した。
3. **休戦** 戦線は膠着状態となり，1951年7月から休戦会議が開催されはじめ，1953年7月に北緯38度線上にある**板門店**（パンムンジョム）で休戦協定が調印された。

2 朝鮮戦争と日本

1. **反動政策の進展**
   ① **警察予備隊**（1950年）…朝鮮戦争の開戦後に創設。追放されていた軍人・政治家などの公職追放の解除も行われ，いわゆる再軍備がはじまった。
   　　　　　　　　　　　　　　　　　　→マッカーサの指令
   ② **レッドパージ**…朝鮮戦争の直前，GHQの指令で公職から共産主義者が追放。
   ③ **日本労働組合総評議会**（総評）…GHQのあとおしで，反産別派の組合が結成。
2. **特需景気** アメリカ軍を中心とした国連軍の武器・車両の整備や軍需物資の補給を任された日本は，金属・繊維産業を中心に輸出が増加。特需とはアメリカ軍の軍事資材の調達などによる特別の需要のこと。

> **要点**
> **朝鮮戦争** { 1950〜53年。**板門店**で休戦協定
> 　　　　　　 日本は**警察予備隊**の設置，レッドパージ，特需景気

3 サンフランシスコ平和条約

1. **講和への動き**
   ① 朝鮮戦争の勃発は，アメリカに対日講和を急がせた。日本を自由主義陣営に組み込み，アジアの反共産主義の防壁とするためである。
   ② **単独講和**…日本と連合国との講和は，アメリカとソ連の対立で実現が遅れていた。朝鮮戦争でアメリカは，日本と西側諸国とのみの講和を行おうとした。

2 サンフランシスコ平和条約（1951年）重要

①**締結**…第3次吉田茂内閣は、**サンフランシスコ講和会議**にのぞみ、アメリカなど48か国と**サンフランシスコ平和条約**を結んだ。

②**発効**…1952年4月に条約が発効し、日本は独立国として主権を回復した。

③**内容**…戦争の終結、領土・賠償の規定。奄美大島以南の南西諸島や小笠原諸島はアメリカの施政権下に置き、北方領土では千島と樺太を放棄。

④**非調印国**…ソ連・ポーランド・チェコは会議に出席したが調印せず、インド・ビルマ（現ミャンマー）・ユーゴスラヴィアは欠席。中華人民共和国・中華民国は招かれず。❶

▲サンフランシスコ平和条約による日本の領土

4 日米安全保障条約 重要

①**日米安全保障条約**（1951年）…サンフランシスコ平和条約調印と同じ日に、日米安全保障条約が調印され、日本は**アメリカ軍が駐留**し続けることを認めた。
　↳安保条約

②**日米行政協定**（1952年）…**米軍の駐留に関する施行細則**を協定。駐日アメリカ軍に基地使用の許可を与え、日本は駐留費用を分担することになった。

5 戦後の文化

①**学問**❷…1949年、理論物理学者**湯川秀樹**が日本人初のノーベル賞を受賞。
　　　　　　　　　　　　　↳中間子理論

②1949年の法隆寺金堂壁画の焼損がきっかけで、1950年に**文化財保護法**が制定。

③**メディア**❸…1951年にはラジオの民間放送、1953年にはテレビ放送が開始。

+α

❶**条約の非調印国**　のち日本は、1952年に台湾（中華民国）・インド、1954年にビルマと個別に平和条約を結んだ。

❷**日本学術会議**　1949年、学会の代表機関として設立された。

❸**出版界の活況**　戦後の紙不足の中、新聞や『中央公論』『世界』などの雑誌が多く出版され、民主化を促した。

要点チェック

↓答えられたらマーク　　　　　　　　　　　　　　　　　　　わからなければ ⇒

- [ ] **1** 連合国軍最高司令官総司令部の最高司令官はだれか。　p.214 **1** 2)
- [ ] **2** 占領軍の日本統治は、直接統治と間接統治のどちらか。　p.214 **1** 3)
- [ ] **3** 民主化政策の指示により総辞職した東久邇宮稔彦内閣にかわり成立した内閣の首相はだれか。　p.214 **2** 1)
- [ ] **4** GHQが、**3**の内閣に対して婦人参政権の付与など、口頭で指示した政策を何というか。　p.214 **2** 1)
- [ ] **5** 昭和天皇がみずから天皇の神格を否定したことを何というか。　p.214 **2** 2)
- [ ] **6** 1946年に開かれた戦争中の政府・軍の首脳らの裁判は何か。　p.214 **2** 3)
- [ ] **7** 経済の民主化のため、GHQによって行われた土地政策は何か。　p.215 **3** 1)
- [ ] **8** **7**について、自作農創設特別措置法の結果、在村地主の所有が認められた土地の面積は最大何歩か。　p.215 **3** 1)
- [ ] **9** 1947年に制定された、カルテルなどを禁止する法律は何か。　p.215 **3** 2)
- [ ] **10** 日本国憲法の公布時、および施行時の内閣の首相はだれか。　p.216 **1**
- [ ] **11** 日本国憲法の3原則とは何か。　p.216 **1** 3)
- [ ] **12** 労働三法のうち、1947年に制定されたのは何か。　p.216 **3** 1)
- [ ] **13** 1947年、義務教育を9年制に定めた法律は何か。　p.217 **4**
- [ ] **14** 六・三・三・四制の新学制を規定した法律は何か。　p.217 **4**
- [ ] **15** 1946年、日本自由党が与党となった内閣の首相はだれか。　p.217 **6**
- [ ] **16** 1947年成立の、日本社会党が中心の連立政権の首相はだれか。　p.217 **6**
- [ ] **17** 第二次世界大戦後、国際平和の維持を目的に、1945年10月に発足した国際機関は何か。　p.218 **1** 1)
- [ ] **18** 1947年、アメリカ大統領による共産主義「封じ込め」宣言は何か。またこの頃の米ソを中心とした対立を何というか。　p.218 **1** 2)
- [ ] **19** 1949年に資本主義諸国の間で結成された共同防衛組織は何か。　p.218 **1** 2)

答え

1 マッカーサー　**2** 間接統治　**3** 幣原喜重郎　**4** 五大改革　**5** 人間宣言　**6** 極東国際軍事裁判(東京裁判)　**7** 農地改革　**8** 最大1町歩(北海道は4町歩)　**9** 独占禁止法　**10** 吉田茂　**11** 主権在民・平和主義・基本的人権の尊重　**12** 労働基準法　**13** 教育基本法　**14** 学校教育法　**15** 吉田茂　**16** 片山哲　**17** 国際連合　**18** トルーマン＝ドクトリン, 冷戦(冷たい戦争)　**19** 北大西洋条約機構(NATO)

要点チェック

- **20** 19に対し，1955年に社会主義国で結成された共同防衛組織は何か。 p.218 **1** 2
- **21** 1949年，毛沢東を国家主席として成立した国は何か。 p.218 **1** 3
- **22** 1948年の国家公務員法の改正で禁止されたことは何か。 p.218 **2** 2
- **23** 1946年にインフレ抑制のため制定された法令は何か。 p.219 **3** 1
- **24** 第2次吉田内閣時に，GHQが打ち出した経済政策は何か。 p.219 **3** 2
- **25** 24のため人員整理や為替レートの固定をした政策は何か。 p.219 **3** 2
- **26** 25のときの為替レートは1ドル何円だったか。 p.219 **3** 2
- **27** 1949年，アメリカの財政学者の指導で行われた税制改革を何というか。 p.219 **3** 2
- **28** 27により，重視されたのは直接税と間接税のどちらか。 p.219 **3** 2
- **29** 1949年に国鉄の総裁が轢死体で発見された事件は何か。 p.219 **3** 4
- **30** 朝鮮戦争について次の文章に○か×で答えよ。 p.220 **1**
   ①北朝鮮軍が北緯38度線をこえ，韓国に侵入し戦争となった。
   ②国際連合は朝鮮戦争を内戦とし，国連軍を派遣しなかった。
   ③1950年にはじまり，1953年に休戦協定が結ばれた。
- **31** 朝鮮戦争開始直後にマッカーサーの指令によって設置され，日本再軍備のきっかけになったものは何か。 p.220 **2** 1
- **32** 朝鮮戦争により，日本でおこった好景気を何というか。 p.220 **2** 2
- **33** サンフランシスコ平和条約について，次の問いに答えよ。 p.220 **3**
   ①この条約は単独講和と全面講和のどちらか。
   ②この条約は何年に結ばれたか。
   ③次のうち，調印した国を選べ。
   　ア 中華人民共和国　イ フランス　ウ ソ連　エ インド
- **34** 日本の独立後もアメリカ軍の日本駐留を定めた条約は何か。 p.221 **4**
- **35** 1949年に日本人初のノーベル賞を受賞した人物はだれか。 p.221 **5**
- **36** 1949年の法隆寺金堂壁画の焼損がきっかけで，1950年に制定された法律は何か。 p.221 **5**

答え

20 ワルシャワ条約機構　**21** 中華人民共和国　**22** 国家公務員のストライキ　**23** 金融緊急措置令　**24** 経済安定九原則　**25** ドッジ＝ライン　**26** 360円　**27** シャウプ勧告　**28** 直接税　**29** 下山事件　**30** ①○　②×　③○　**31** 警察予備隊　**32** 特需景気　**33** ①単独講和　②1951年　③イ　**34** 日米安全保障条約　**35** 湯川秀樹　**36** 文化財保護法

97 世界の潮流と日本の55年体制

1 アジア・アフリカの台頭と米ソの雪どけ

1 アジア・アフリカ（A・A）諸国の結束
① 1954年，インドの**ネルー**首相と中国の**周恩来**首相が**平和五原則**❶を確認。
② 1955年，インドネシアの**バンドン**で**アジア＝アフリカ会議**（バンドン会議）が開かれ，**平和十原則**❷を宣言。アジア・アフリカ諸国は米・ソに対し，**第三勢力**といわれた。

2 米ソ対立の緩和（「雪どけ」）
① ジュネーヴ四巨頭会談…1955年，アメリカ・イギリス・フランス・ソ連の4大国の首脳による会談が，スイスのジュネーヴで開かれた。
② ジュネーヴ四巨頭会談は，フランスと北ベトナムの停戦に関する**インドシナ休戦協定**（1954年）と，アジア・アフリカ諸国の結束に対抗するためであったが，米ソ首脳の同席は国際緊張の緩和（「**雪どけ**」）到来を感じさせた。

2 日本の国際社会への復帰と55年体制

1 鳩山一郎内閣（1954〜56年）
① **憲法改正**…吉田茂内閣のあと，**鳩山一郎**内閣が成立。鳩山は自衛隊が合憲となるよう憲法改正をめざし，憲法調査会を発足。しかし，議会の3分の2以上の賛成が集まらず，憲法改正は実現しなかった。
② **自主外交**…鳩山内閣は，対米協調を外交の基本としつつも，吉田内閣の成しえなかった日ソ国交回復と，国際連合の加盟に尽力した。
③ **日ソ共同宣言**（1956年）❸…鳩山内閣は日ソ共同宣言に調印し，日ソの国交を回復➡ソ連の反対がなくなり，同年末に**国際連合に加盟**（＝国際社会へ復帰）。

2 55年体制 重要
① **日本社会党の再統一**…サンフランシスコ平和条約に関して，日本社会党は**単独講和を是認する右派**と，**全面講和を主張する左派**とに分裂していたが（→p.221），鳩山内閣が画策する憲法改正を阻止するため，**1955年に再統一**された。
② **保守合同**…日本社会党の再統一に対抗するため，**日本民主党と自由党**の保守政党も合併➡**自由民主党**（自民党）を結成。

③**55年体制**…自民党が議会の過半数(3分の2弱)を占めて政権を担当するが,社会党などの革新勢力も議会の3分の1以上を維持して憲法改正を阻止しながら対抗。この55年体制は,1993年までの38年間続いた。
(→p.232)

> **要点**
> 鳩山一郎内閣…**日ソ共同宣言➡国際連合**への加盟が実現(1956年)
> **55年体制**…自民党が政権をにぎり,社会党が野党として対抗

3 逆コース *

＊再軍備・破防法などの国家権力強化の動きを,戦前・戦中の復古と捉えた

1 軍備の強化 1954年3月に**MSA協定**(**日米相互防衛援助協定**)が締結され,日本はアメリカから経済・軍事の援助を受けるかわりに,自衛力増強の義務を負った。そのため,7月には**保安隊**から**自衛隊**へ軍備を強化し,防衛庁も設置した。

2 治安体制の強化 吉田内閣は1952年5月1日におきた「**血のメーデー事件**」❹を機に,7月,**破壊活動防止法**を制定。社会主義・共産主義運動に対する取り締まりを強化。

年 月	事 項
1950. 8	警察予備隊の設置
1952. 4	海上保安庁内に海上警備隊を設置
1952. 8	保安庁の設置(警察予備隊と海上警備隊を統轄)
1952.10	警察予備隊を保安隊と海上警備隊に改組
1954. 3	MSA協定
1954. 7	防衛庁設置。自衛隊(陸海空)の発足

▲自衛隊の成立過程

4 駐留米軍への反動と原水爆禁止運動

1 米軍基地反対闘争
①**内灘事件**(1952〜53年)…石川県内灘村のアメリカ軍射撃場建設反対運動。
②**砂川事件**(1956年)…東京都立川市砂川町のアメリカ軍基地の拡張反対運動。

2 原水爆禁止運動
①1954年に日本漁船の**第五福竜丸**が,中部太平洋のビキニ環礁で行われたアメリカの水爆実験で被爆したことから,運動が高まった。
②1955年に第1回**原水爆禁止世界大会**が,**広島**で開催。

用語

❶**平和五原則** 主権尊重,相互不可侵,内政不干渉,平等互恵,平和共存の5つ。
❷**平和十原則** 従属民族の解放,A・A諸国の経済的・文化的協力などを宣言した。
❸**日ソ共同宣言** 日ソ間の戦争終結宣言で,モスクワで調印。内容は戦争状態の終了,ソ連の賠償請求権の放棄,日本の国連加盟支持など。
❹**血のメーデー事件** デモ隊と警官隊が皇居前広場で衝突。多数の死傷者が出た。

98 安保改定と高度経済成長

1 安保条約の改定

1 背景 日米安全保障条約は，対等な利益を保証したものではなく，条約としても不備な点が少なくなかった。石橋湛山内閣（1956〜57年）に続いた岸信介内閣（1957〜60年）は，「日米新時代」を唱え，アメリカとの対等な関係をめざした。

2 日米相互協力及び安全保障条約（新安保条約） 1960年（昭和35年），ワシントンで調印。
- 改定内容…①アメリカ軍の日本防衛義務を明記，②在日アメリカ軍の軍事行動について日本政府との**事前協議制**を規定，③相互防衛力強化，④条約固定期限を一応10年とし，問題がなければ継続すること，など。

3 60年安保闘争 〔重要〕 新条約により，アジア地域におけるアメリカの戦略戦争に組み込まれる危険性が高まるとして，改定反対運動が展開。
- ①参加者…**安保改定阻止国民会議**を指導部とする革新勢力（社会党・共産党・総評など）や**全学連**（全日本学生自治会総連合），一般の市民。
- ②結果…アメリカ大統領**アイゼンハワー**の訪日を中止に追い込んだ。

4 新条約の承認 1960年，衆議院で強行採決 ➡ 参議院で審議未了のまま6月に**自然成立**（5月）➡ 条約の発効後，岸内閣は総辞職。

5 日米地位協定 同年，日米行政協定を改定する形で結ばれた。（→p.221）

> **要点** 1960年1月**日米相互協力及び安全保障条約（新安保条約）**➡**安保闘争**
> ➡5月衆議院で強行採決➡6月参議院で審議未了のまま**自然成立**
> ➡条約成立後，岸内閣は総辞職

2 池田勇人内閣と経済の高度成長政策

岸内閣の総辞職後，**池田勇人**内閣（1960〜64年）が成立。「寛容と忍耐」を唱えて革新勢力との対立をさけ，「**所得倍増**」をスローガンに高度経済成長政策を推進。

1 農業基本法（1961年） 農業の近代化と大型化をはかるため公布。

2 LT貿易（1962年） 当時国交のなかった**中華人民共和国**と，「**政経分離**」の原則で準政府間貿易の取決めを結んだ。交渉にあたった**廖承志**（L），**高碕達之助**（T）両名の頭文字から，**LT貿易**という。

3 高度経済成長 重要

1 要因
①重化学工業を中心に**設備投資**と**技術革新**がすすんだ。
②**エネルギー革命**…石炭から、より安価で強力な**石油**へとエネルギーが転換。
③**所得の上昇**…**日本労働組合総評議会**(総評)(→p.220)は1955年から**春闘**を行い、労働者の賃上げを実現。さらに進学率の上昇と若年労働者の不足で、賃金が上昇。

2 好景気の循環
①**神武景気**(1955～57年)…**国民総生産**(GNP)が戦前の水準をこえ、『経済白書』に「**もはや戦後ではない**」と記された(1956年)。 ↳1955年
②**岩戸景気**(1958～61年)
③**オリンピック景気**(1963～64年)…**東海道新幹線**の開通や**オリンピック東京大会**の開催(1964年)が刺激。経済的体力のついた日本は、開放経済体制へ移行。
・GATT(関税及び貿易に関する一般協定)**11条国**へ移行(1963年)…**貿易**の自由化。
・IMF(国際通貨基金)**8条国**へ移行(1964年)…**為替**の自由化。
・OECD(経済協力開発機構)へ加入(1964年)…**資本**の自由化。
④**いざなぎ景気**(1966～70年)…国民総生産(GNP)が資本主義国で**第2位**。 ↳1968年

3 高度経済成長のひずみ
①**人口問題**…農村部は**過疎化**が深刻に、都市部は**過密化**が問題になった。
②**四大公害訴訟**…1967年から**水俣病**・**四日市ぜんそく**・**イタイイタイ病**・**新潟水俣病**の四大公害が提訴され、のちに全て原告側の勝訴となった。
③**対策**…1967年に**公害対策基本法**が成立、1971年に**環境庁**が発足した。

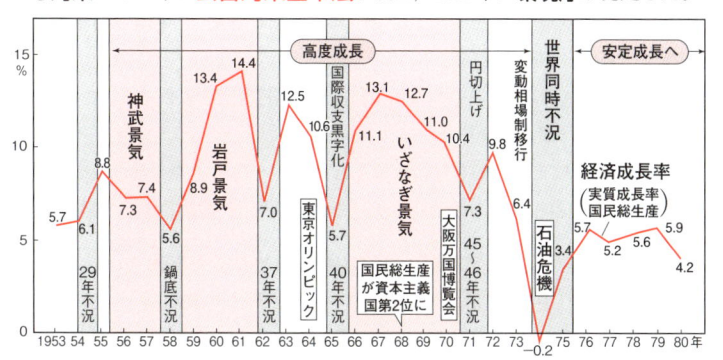

▲景気の変動

99 保守政権の安定と国際情勢の変化

1 高度経済成長の終焉

1 | ドル=ショック(1971年)　**ニクソン**大統領が金・ドルの交換を停止。
　　　　　　　　　　　　　　　↳アメリカ

2 | スミソニアン協定(1971年)　ドル=ショック直後，1ドル=360円から
　　　　　　　　　　　　　　　　　　　　　　　　　　　↳ドッジ=ライン
308円に切り上げ，円高・ドル安を誘導➡日本も**変動為替相場**に移行(1973年)。

3 | **石油危機**(1973年)　第4次中東戦争で，石油輸出価格が上昇。日本は大打
　↳第1次
撃を受け，翌年の経済成長率が戦後初の**マイナス成長**(=**高度経済成長の終了**)。

4 | **先進国首脳会議**(**サミット**)　1975年，米・日・西独・英・仏・伊の6か国
の首脳が集い，石油危機後の先進国間の経済政策を調整。以後，毎年開催。

> **要点**
> 円ドル相場
> ┌ **ドッジ=ライン**(1949年)…1ドル=360円
> ├➡**スミソニアン協定**(1971年)…1ドル=308円に切り上げ
> └➡変動為替相場制に移行(1973年)

2 自由民主党の長期単独政権　重要

1 | **佐藤栄作**内閣(1964〜72年)
　　　　　　　　　　　　　　　　　　ぼくせいき
①**日韓基本条約**(1965年)…朴正熙政権との間で結び，**国交を樹立**。
　おがさわら　　　　　　　　　　　　　　　　　　　　　　　　　　　パクチョンヒ
②**小笠原諸島の返還**(1968年)…非核三原則を掲げ，領土の返還を実現。
　　　　　　　　　　　　　　　　↳「もたず，つくらず，もち込ませず」
③**沖縄復帰**…1960年に沖縄県祖国復帰協議会が結成，祖国復帰運動が高まっ
た。1969年の佐藤・ニクソン会談で，「核抜き」の返還を約束。
1971年に**沖縄返還協定**を調印，1972年に施政権が返還(=**沖縄の日本復帰**)。

2 | **田中角栄**内閣(1972〜74年)
　かくえい
①**日中共同声明**(1972年)…中華人民共和国との**国交正常化**を実現。台湾(中華
民国)は領土の一部とみなした。
②「**列島改造**」を唱え積極的な経済政策をとったが，1973年の石油危機を受けて
とん挫。その後首相自身の政治資金調達をめぐる疑惑(**金脈問題**)で総辞職。

> **要点**
> 佐藤栄作内閣…**日韓基本条約**(1965年)➡韓国との国交を樹立
> 田中角栄内閣┌**日中共同声明**(1972年)➡中華人民共和国と正式に国交
> 　　　　　　└を樹立

3 その後の国内政治の動向

1| 多党化現象
- ①1960年、社会党から民主社会党(のち民社党)が分立。
- ②1964年、公明党が結成された。

2| 1970年代の政権

①三木武夫内閣(1974〜76年)…ロッキード事件で田中前首相逮捕(1976年)。
②福田赳夫内閣(1976〜78年)…日中平和友好条約(1978年)➡完全に正常化。
　↳1978年に、日米ガイドライン(日米防衛協力のための指針)を閣議決定
③大平正芳内閣(1978〜80年)…東京サミット、第2次石油危機。
　　　　　　　　　　　　　↳1979年　↳1979〜80年
④鈴木善幸内閣(1980〜82年)…参議院議員選挙に比例代表制を導入(1982年)。

4 核問題とアジアの情勢

1| 核兵器に対する取り組み

①**部分的核実験停止条約**(1963年)…地下実験を除く、大気圏外と水中の核実験を禁止。米・英・ソが調印し、中・仏は反対。
②**核兵器拡散防止条約**(1968年)…非核保有国が新たに保有することと、核保有国が非核保有国に核兵器を譲渡することを禁止。これも米・英・ソが調印し、中・仏は反対。核問題で中ソの対立が顕著になった。

2| 中国の情勢　ニクソン大統領の意向で、1971年に**中華人民共和国**が国連に招請され、同国の**国連加盟**が実現した。

3| **ベトナム戦争**　アメリカは南ベトナムを支援し、北ベトナムを爆撃(北爆)するなど大規模な軍事介入をしたが、中国・ソ連の援助を得た北ベトナムと南ベトナム開放民族戦線の抗戦を受け、**1973年に撤兵**。結局1975年に北ベトナムの勝利でベトナム戦争が終了し、**ベトナム社会主義共和国**が成立した。

成立年	1946	47	48	48	54	56	57	60	64	72	72	74	76	78	80	82	87	89	89	91	93	94	94	96	98	2000	01	06	07	08	09	10	11	12
首相	吉田茂①	片山哲	芦田均	吉田茂②	鳩山一郎	石橋湛山	岸信介	池田勇人	佐藤栄作	田中角栄	三木武夫	福田赳夫	大平正芳	鈴木善幸	中曽根康弘	竹下登	宇野宗佑	海部俊樹	宮沢喜一	細川護熙	羽田孜	村山富市	橋本龍太郎	小渕恵三	森喜朗	小泉純一郎①	安倍晋三	福田康夫	麻生太郎	鳩山由紀夫	菅直人	野田佳彦	安倍晋三②
政党	日本自由党	日本社会党	民主党	自由党	〃	〃	〃	自由民主党	〃	〃	〃	〃	〃	〃	〃	〃	〃	〃	〃	日本新党	新生党	社会党	自民党	〃	〃	〃	〃	〃	〃	民主党	〃	〃	自民党

▲戦後の内閣一覧

100 冷戦後の世界と80年代の国内政治

1 冷戦の終結

1│終結までの過程 重要

① **ソ連の改革**…ソ連は1985年に登場したゴルバチョフの指導のもと**ペレストロイカ**(改革)とグラスノスチ(情報公開)を行い,市場原理の導入や情報公開などを通じて,政治・社会の自由化をすすめた。

② **中距離核戦力**(INF)**全廃条約**…1987年に,米ソで締結。

③ **マルタ会談**(1989年)…ブッシュ大統領とゴルバチョフ書記長が「**冷戦の終結**」を宣言。

2│冷戦後の世界

① 東ヨーロッパの社会主義国が次々と民主化された(**東欧革命**)。

② **東西ドイツの統一**(1990年)…ベルリンの壁が撤去され,東西ドイツの統一が実現した。 ↳1989年

③ **ソ連の解体**(1991年)…ソ連も社会主義政権が倒れた。

④ ヨーロッパでは経済統合を手はじめに,**ヨーロッパ連合**(EU)が成立。各国の統合をめざす。

年	おもなことがら	
1945	第二次世界大戦の終結	東西対立の激化
46	チャーチルの「鉄のカーテン」演説	
47	マーシャル=プラン発表	
	コミンフォルム結成	
48	ソ連のベルリン封鎖	
49	NATOの成立	
	中華人民共和国・東西ドイツ成立	
1950	中ソ同盟条約,朝鮮戦争(〜53)	
51	サンフランシスコ平和条約	
54	ジュネーヴ会議,インドシナ休戦	
55	アジア=アフリカ会議	緊張の緩和・平和共存
	ワルシャワ条約機構成立	
56	ハンガリー事件,スエズ動乱	
59	米ソ首脳会議,キューバ革命成功	
1962	キューバ危機	
63	部分的核実験禁止条約	
64	フランスが中華人民共和国を承認	
65	ベトナム戦争拡大	
66	中国文化大革命→中ソ対立の拡大	
67	第3次中東戦争,米ソ首脳会談	
68	チェコ事件,核兵器拡散防止条約	
1971	中華人民共和国が国連代表権獲得	国際政治の多極化
72	米中首脳会談,日中国交正常化	
73	東西両ドイツ国連に加盟	
76	南北ベトナムの統一	
1990	東西ドイツの統一	
91	湾岸戦争,ソ連の解体	
92	ユーゴの解体	
93	パレスチナ和平合意,EU成立	

▲第二次世界大戦後の国際政治の推移

要点

冷戦の終結…**マルタ会談** { 米…ブッシュ大統領 / ソ…ゴルバチョフ書記長 }

冷戦後…東欧革命,**ドイツの統一**(1990年),**ソ連の解体**(1991年)

11 章　現代の日本と世界

2 アメリカの一極化に抗う勢力

1 **湾岸戦争**(1991年)　イラクのクウェート侵攻に対して，アメリカを中心とした多国籍軍が結成され，日本に対しても国際貢献が求められた。日本の**海部俊樹**内閣は多国籍軍に対して130億ドルの資金を提供，海上自衛隊によるペルシア湾掃海活動も行った。

2 **国際協力**　世界の地域紛争に**国連平和維持活動**(→PKO)で対応する国際情勢となる➡宮沢喜一内閣は1992年に**PKO協力法**を成立➡自衛隊を**カンボジア**へ派遣。

3 **アメリカ同時多発テロ**(2001年)　ニューヨーク・ワシントンでおこったテロ事件。アメリカは事件を実行・指示した組織はアフガニスタンに存在するとし，軍事力でこれを制圧した。

4 **イラク戦争**(2003年)　イラクのフセイン政権が大量破壊兵器を開発・保有しているとして，アメリカは国連決議が得られないままイラクに宣戦布告。

5 **日本のアメリカ援助**　日本はアメリカの軍事行動を支持。**小泉純一郎**内閣は**テロ対策特別措置法**(→2001年)を制定し，アメリカ軍を後方支援(米艦船にインド洋で給油)。また**イラク復興支援特別措置法**(→2003年)により自衛隊をイラクのサマワに派遣。

3 80年代の国内政治の課題

赤字国債の累積による財政危機と**貿易摩擦**への対処が課題。

1 **中曽根康弘**内閣(1982〜87年)　重要
  ①**男女雇用機会均等法**を制定(1985年)。
  ②**国営企業の分割民営化**(1985〜87年)。
  　・日本電信電話公社(現**NTT**)・日本専売公社(現**JT**)・日本国有鉄道(現**JR**)
  ③**プラザ合意**(1985年)…先進5か国の蔵相会議(G5)で**ドル高の是正**(円高・ドル安への誘導)の協調介入が合意➡円高が進行，輸出産業を中心に**円高不況**。
  ④**バブル経済**(1986〜91年)…金融資金が投機的に土地と株式に流れたので，地価と株価が実態とかけ離れた異常な高値を示したが，インフレで景気は上昇。

2 **竹下登**内閣(1987〜89年)　重要
  ①税率3％で**消費税**の徴収開始(1989年)，②**リクルート事件**(1988〜89年)。
  ③アメリカ産**牛肉・オレンンジ輸入自由化問題**(1988年)は，結局自由化に従う。

3 **宇野宗佑**内閣(1989年)　参議院選挙で自民党が大敗➡2か月余で退陣。

4 **海部俊樹**内閣(1989〜91年)　**湾岸戦争**(1991年)が勃発。

101 現代の日本

1 55年体制の崩壊 重要

リクルート事件・佐川急便事件と汚職事件があいつぎ，国民の非難を受けた自民党は1993年6月に分裂し，7月の総選挙で大敗。これにより宮沢喜一内閣を最後に38年間続いた「**55年体制**」は終わりを告げた。

① 宮沢喜一内閣(1991～93年)…**PKO協力法**(1992年)，佐川急便事件
  ↳1992年
 ・**平成不況**(1991年～)…金融引き締めで地価や株価が暴落し，バブル経済が崩壊した。もち直しの波もあったが，現在までデフレ不況が続く。
② **細川護熙**内閣(1993～94年)…日本新党代表。**非自民8党の連立内閣**。近衛文麿が外祖父。衆議院に**小選挙区比例代表並立制**を導入(1994年)。
③ 羽田孜内閣(1994年)…新生党を中心とする内閣。羽田は新生党代表。社会党が抜けた少数連立与党であったため，2か月で退陣。

2 自民党主導の連立政権

自民党は社会党，のちには公明党などと連立を組み，与党に復帰した。
① 村山富市内閣(1994～96年)…自民党・社会党・新党さきがけの連立。村山は**社会党委員長**。1995年に**阪神・淡路大震災**と地下鉄サリン事件が発生。
                                                        ↳オウム真理教
② 橋本龍太郎内閣(1996～98年)…自民党・社民党(社会党が改称)・新党さきがけの連立。自民党の首相が復活。**消費税の税率を5％に引き上げ**(1997年)，**新ガイドライン**，**アイヌ文化振興法(アイヌ新法)**の制定。
  ↳1997年 ↳1997年
③ 小渕恵三内閣(1998～2000年)…自民・公明・自由党の連立。1999年に**新ガイドライン関連法(周辺事態法)**，国旗・国歌法，通信傍受法の制定。
④ 森喜朗内閣(2000～01年)…自民・公明・保守党の連立。沖縄サミット。
                                                        ↳2000年
⑤ **小泉純一郎**内閣(2001～06年)…自民・公明・保守党の連立。**テロ対策特別措置法**，日朝平壌宣言(2002年)，**イラク復興支援特別措置法**，郵政民営化法。
                              ↳2003年   ↳2005年
⑥ 第1次安倍晋三内閣(2006～07年)…自民・公明党の連立。岸信介の孫。教育基本法の改正(2006年)。
⑦ 福田康夫内閣(2007～08年)…自民・公明党の連立。福田赳夫の子。
⑧ 麻生太郎内閣(2008～09年)…自民・公明党の連立。吉田茂の孫。

11章 現代の日本と世界

3 民主党政権の成立と挫折

1 民主党政権 自民党主導の政権にかわり、民主党政権が成立→3年で破綻。
① **鳩山由紀夫内閣**(2009〜10年)…鳩山一郎の孫。普天間基地移設問題が国内外で紛糾。
② **菅直人内閣**(2010〜11年)…2011年に、東日本大震災と福島第一原子力発電所事故が発生。
③ **野田佳彦内閣**(2011〜12年)…2012年、**消費税増税法**が成立、また**尖閣諸島**を国有化した。衆議院議員選挙で大敗しての総辞職で政権交代。
　↳中国との領土問題

2 自民党政権の復活 第2次安倍晋三内閣(2012年〜)により、自民・公明党の連立政権が復活。普天間基地は辺野古の埋め立て地への移設で日米が合意。
　　　　　　　　　　　　　　　　　　　　　　　　　　　　↳2013年

> **要点** [現在の日本が抱える問題]
> 国内…赤字国債の多額な累積、**平成不況**、原発問題など
> 外交…**領土問題**、**沖縄基地問題**など

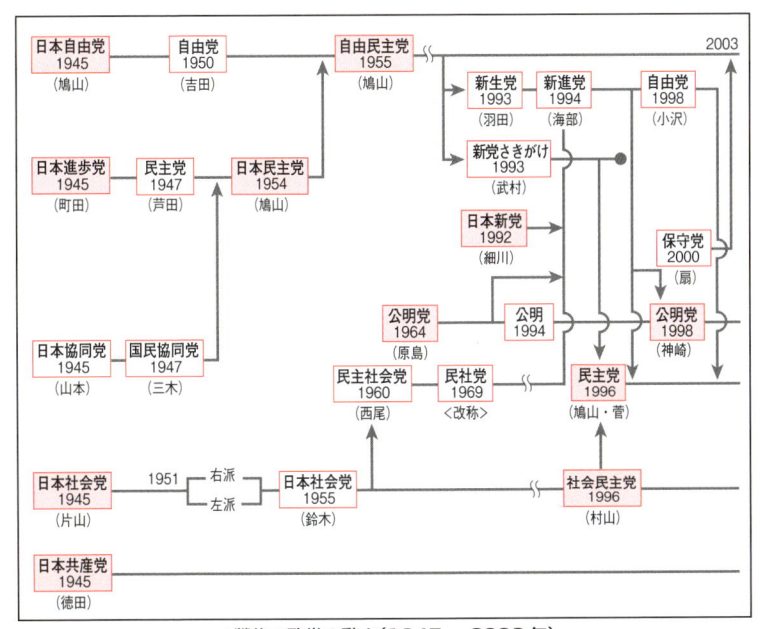

▲戦後の政党の動き(1945〜2003年)

要点チェック

↓答えられたらマーク　　　　　　　　　　　　　　　　　　わからなければ

- [ ] **1** 1955年にインドネシアで開催された，第三勢力が結集した会議は何か。　p.224
- [ ] **2** 日本とソ連の国交回復に成功した内閣の首相はだれか。　p.224
- [ ] **3** 日本とソ連の国交回復後，ソ連の承認により日本の国際連合加盟が実現したが，それは何年であったか。　p.224
- [ ] **4** 1955年の社会党再統一に対抗するため，同年に保守合同が行われ日本民主党と自由党が合併したが，その新政党は何か。　p.224
- [ ] **5** 4の政党が議会の約3分の2弱を占めて政権を担当し，社会党などの革新勢力も議会の3分の1以上を維持して対抗していく体制を何というか。　p.225
- [ ] **6** 自衛隊が発足したのは，何年か。　p.225
- [ ] **7** 第1次吉田茂内閣が「血のメーデー事件」をきっかけに，1952年に制定した法律は何か。　p.225
- [ ] **8** 1954年，ビキニ環礁で行われたアメリカの水爆実験で被爆した日本漁船は何か。　p.225
- [ ] **9** 「日米新時代」を唱え，日米安全保障条約を改定し，日米相互協力及び安全保障条約を結んだ内閣の首相はだれか。　p.226
- [ ] **10** 60年安保闘争に関して，改定に反対した革新勢力の指導部は何か。　p.226
- [ ] **11** 池田勇人内閣が革新勢力に示した態度と，国民に示した経済的スローガンを，それぞれ何というか。　p.226
- [ ] **12** 1962年，池田内閣が当時国交のなかった中華人民共和国と，「政経分離」の原則で行った準政府間貿易を何というか。　p.226
- [ ] **13** 高度経済成長期のエネルギー革命で石炭から転換した，より安価で強力なエネルギーは何か。　p.227

答え

1 アジア＝アフリカ会議（バンドン会議）　**2** 鳩山一郎　**3** 1956年　**4** 自由民主党（自民党）　**5** 55年体制　**6** 1954年　**7** 破壊活動防止法　**8** 第五福竜丸　**9** 岸信介　**10** 安保改定阻止国民会議　**11**「寛容と忍耐」,「所得倍増」　**12** LT貿易　**13** 石油

要点チェック

- **14** 1956年の『経済白書』で「もはや戦後ではない」といわれた，1955〜57年の好景気を何というか。 p.227
- **15** 1968年に日本は資本主義諸国で国民総生産(GNP)が世界2位となったが，それは何景気の最中であったか。 p.227
- **16** 公害を批判する世論の高まりを背景に，1967年に制定された法律と，1970年に発足した官庁は何か。 p.227
- **17** 1971年のスミソニアン協定で，1ドルは何円になったか。 p.228
- **18** 1973年の石油危機のきっかけとなった紛争は何か。 p.228
- **19** 石油危機による世界的不況に対処するため，1975年に開かれた先進国首脳会議の別称をカタカナ4字で何というか。 p.228
- **20** アメリカから沖縄の施政権を返還させ，祖国復帰を実現した内閣の首相はだれか。またそれは何年であったか。 p.228
- **21** 1972年に日中共同声明を出したときの内閣の首相はだれか。 p.228
- **22** 1978年に中華人民共和国と日中平和友好条約を結び，日中間を完全正常化した首相はだれか。 p.229
- **23** 1963年に締結された，地下実験を除く大気圏外と水中の核実験を禁止する条約は何か。 p.229
- **24** 1989年，冷戦の終結が確認された米ソ首脳会談は何か。 p.230
- **25** 専売公社・国鉄などの民営化を行った首相はだれか。 p.231
- **26** 1985年，ドル高の是正への協調介入を決めた合意は何か。 p.231
- **27** 竹下登内閣時の1989年にはじまった間接税は何か。また，当初の税率は何％だったか。 p.231
- **28** 1992年に成立した，自衛隊の海外派遣を認める法令は何か。また，その発令時の首相はだれか。 p.232
- **29** 1993年に8党派連立内閣が成立し，38年間続いた55年体制が終わったが，このときの連立内閣の首相はだれか。 p.232
- **30** 1995年と2011年に日本でおきた大震災はそれぞれ何か。 p.232 / p.233

答え

14 神武景気　**15** いざなぎ景気　**16** 公害対策基本法，環境庁　**17** 308円　**18** 第4次中東戦争　**19** サミット　**20** 佐藤栄作，1972年　**21** 田中角栄　**22** 福田赳夫　**23** 部分的核実験停止条約　**24** マルタ会談　**25** 中曽根康弘　**26** プラザ合意　**27** 消費税，3%　**28** PKO協力法，宮沢喜一　**29** 細川護煕　**30** 1995年＝阪神・淡路大震災，2011年＝東日本大震災

さくいん

A～Z

ABCD包囲陣	209
EU	230
GATT（ガット）	227
GHQ	214
IMF	227
INF	230
LT貿易	226
MSA協定	225
NATO（ナトー）	218
OECD	227
PKO協力法	231,232

あ

愛国公党	148
愛国社	148
相沢忠洋	8
会沢安	133
アイゼンハワー	226
相対済し令	120
アイヌ文化振興法	232
亜欧堂田善	135
青木昆陽	120,124
青木周蔵	159
赤絵	116
『赤蝦夷風説考』	122
県主	18
赤松満祐	80
秋月の乱	145
芥川龍之介	191
悪党	70
悪人正機説	66
明智光秀	95
上知令	129
上げ米	120
阿衡の紛議	44
浅井忠	173
浅井長政	95
朝倉孝景	88
朝倉義景	95
アジア＝アフリカ会議	224
足尾鉱毒事件	163
足利学校	89
足利尊氏（高氏）	71,72
足利直義	72
足利持氏	80
足利義昭	95
足利義教	77,80
足利義尚	80
足利義政	80
足利義視	80
足利義満	74
足利義持	77,80
足軽	81,90
芦田均	217
飛鳥浄御原宮	26
飛鳥浄御原令	26
飛鳥寺	23
飛鳥文化	23
預所	49
東歌	36
校倉造	37
麻生太郎	232
安達泰盛	65
安土城	95,100
『吾妻鏡』	67
阿弖流為	40
アニミズム	11
姉川の戦い	95
安部磯雄	163
安倍晋三	232
阿倍内麻呂	24
阿倍仲麻呂	33
阿倍比羅夫	25
阿部信行	207,208
安倍頼時	51
阿部正弘	138
アヘン戦争	138
甘粕事件	189
天草四郎時貞	107
天草版	101
阿弥陀堂	47
阿弥陀仏	47
アメリカ教育使節団	217
新井白石	109,132
荒木貞夫	202
荒事	117
有島武郎	191
有馬晴信	94,106
鞍山製鉄所	180
安重根	168
安政の改革	138
安政の五カ国条約	138
安政の大獄	139
安全保障理事会	218
安帝	14
安藤（東）氏	77
安藤昌益	124
安藤信正	139
安藤広重	135
安徳天皇	57,58
安和の変	44,51
安保条約	221
安保闘争	226

い

井伊直弼	138
イエズス会	94
家子	50
家持	112
斑鳩寺	23
生田万（の乱）	127
池貝鉄工所	162
池田勇人	226
池田光政	108
池田屋事件	139
池大雅	125
池坊専慶	87
異国警固番役	64
異国船打払令	128
いざなぎ景気	227
伊沢修二	173
胆沢城	40
石井菊次郎	179
石井・ランシング協定	179
石皿	11
石田梅岩	124
石田三成	97,102

石橋湛山	226	井上日召	202	ヴェルサイユ体制	184
石原莞爾	200	稲生若水	115	宇垣一成	202
石包丁	12	伊能忠敬	133	浮世絵	117,125,135
石山戦争	95	井原西鶴	116	浮世草子	116
泉鏡花	172	今川義元	88,95	『浮世風呂』	134
出雲阿国	101	今川了俊(貞世)	74,76	『雨月物語』	134
李舜臣	99	今様	57	宇佐八幡神託事件	35
李承晩	218	壱与	15	氏	18
伊勢神道	66	イラク戦争	231	氏上	18
伊勢宗瑞	88	入会地	78	氏人	18
伊勢平氏	55	入浜塩田	110	歌川広重	135
『伊勢物語』	46	色絵	117	宇多天皇	44
石上宅嗣	36	磐井の乱	22	内管領	70
イタイイタイ病	227	岩倉使節団	148	打ちこわし	123
板垣退助	148,150	岩倉具視	159	内臣	24
市川団十郎	117	岩崎弥太郎	146	内灘事件	225
市川房枝	188	岩宿遺跡	8	内村鑑三	166,170
一条兼良	87	岩戸景気	227	内村鑑三不敬事件	170
一の谷の合戦	58	磐舟柵	25	宇野宗佑	231
市司	32	院	54	駅家	32
一木造	43	隠元隆琦	117	厩戸王	22
一里塚	97,111	院政	54	梅原龍三郎	191
一揆	78	院政期の文化	57	上絵付	116
厳島の戦い	88	院宣	55	運慶	67
一向一揆	79	院展	191	運上	122
一国一城令	104	インドシナ休戦協定	224	芸亭	36
乙巳の変	24	院近臣	55		
一世一元の制	141	院庁	55	**え**	
一地一作人	98	院庁下文	55	永享の乱	80
一遍	66	印旛沼の干拓	129	栄西	66
伊藤仁斎	114	院分国	55	叡尊(思円)	66
伊藤東涯	114			永仁の徳政令	65
伊藤野枝	189	**う**		永楽通宝	76,84
伊藤博文	164,168	ヴァリニャーニ	101	ええじゃないか	140
伊東巳代治	152	ウィッテ	167	江川太郎左衛門	131
糸割符制度	106	ウィリアム=アダムズ	106	会合衆	85
稲村三伯	133	ウィルソン	184	衛士	31
稲荷山古墳出土の鉄剣	19	右院	142	蝦夷ヶ島	77
犬追物	62	植木枝盛	148,150	えた	144
犬養毅	177,200,202	上杉謙信	88	江田船山古墳出土の鉄刀	19
犬上御田鍬	33	上杉氏	75,80	江藤新平	148
井上円了	170	上杉憲実	89	江戸城の無血開城	141
井上馨	159	上杉治憲	127	江戸幕府	102
井上毅	152	上田秋成	134	エネルギー革命	227
井上準之助	198,202	上原勇作	176	榎本武揚	141
井上哲治郎	171	ヴェルサイユ条約	184		

237

絵踏	107	大隈重信	150,159,164	尾崎紅葉	172
蝦夷	32,40	大御所(前将軍)	102	尾崎行雄	150,164,177
恵美押勝(の乱)	34	大御所政治	127	小山内薫	191
撰銭令	84	大阪会議	148	織田信長	95
円覚寺	66	大阪事件	151	小田原攻め	96
延喜格式	41,44	大坂城	96,100	御伽草子	87
延喜の荘園整理令	44	大坂の役	102	おとな(長・乙名)	78
延喜の治	44	大阪紡績会社	162	踊念仏	66
延久の荘園整理令	54	大塩の乱	127	小野妹子	22
援蔣ルート	208	大塩平八郎	127	小野道風	47
袁世凱	178	大杉栄	189	大原女	84
円高不況	231	大田南畝	134	小渕恵三	232
円珍	43	大塚楠緒子	166	御文	87
縁日	135	大槻玄沢	133	お雇い外国人	146
円仁	43	大津事件	159	『おらが春』	134
円本	190	オオツノジカ	8	オランダ風説書	107
延暦寺	43	大津皇子	27	オリンピック東京大会	227
延暦寺焼打ち	95	大伴金村	22	「尾張国郡司百姓等解」	48
		大友皇子	26	蔭位の制	29
お		大伴家持	36	遠国奉行	103
奥羽越列藩同盟	141	大友義鎮(宗麟)	94	女歌舞伎	101
応永の外寇	77	太安万侶	36		
応永の乱	74	大原幽学	130	**か**	
欧化主義	159	大平正芳	229	快慶	67
奥州藤原氏	55	大連	18	戒厳令	167,188
『往生要集』	46	大村純忠	94	会合衆	85
王政復古の大号令	140	大村益次郎	134,143	改新の詔	24
汪兆銘	206	大森貝塚	10	海賊取締令	96,99
応天門の変	44	大輪田泊	57	『解体新書』	132
応仁の乱	80	岡倉天心	173	開拓使	146
黄檗宗	117	小笠原諸島	228	開拓使官有物払い下げ事件	149
近江大津宮	25	岡田寒泉	126	開帳	135
淡海三船	36	岡田啓介	201,204	貝塚	11
近江令	25	尾形乾山	117	懐徳堂	124
押領使	50	緒方洪庵	134	海舶互市新例	109
大海人皇子	26	尾形光琳	117	貝原益軒	115
大井憲太郎	151	沖縄サミット	232	『懐風藻』	36
大内義弘	74	沖縄戦	210	海部俊樹	231
大江広元	59	沖縄返還協定	228	海北友松	100
大岡忠相	120	荻生徂徠	114,120	海保青陵	133
大臣	18	荻原重秀	109	カイロ会談	211
『大鏡』	57	荻原守衛	173	臥雲辰致	162
大川周明	202	阿国歌舞伎	101	価格等統制令	207
大王	16	桶狭間の戦い	95	加賀の一向一揆	79
大首絵	125	おこぜ組	131	香川景樹	135
大久保利通	142	刑部親王	28		

賀川豊彦	187	懐良親王	76	官戸	29
蠣崎氏	77	狩野永徳	100	勘合	76
嘉吉の徳政一揆	79	狩野山楽	100	『元興寺縁起』	19
嘉吉の変	80	狩野探幽	116	環濠集落	13
柿本人麻呂	27	狩野正信	86	韓国併合(条約)	168
部曲	18	狩野元信	86	甘蔗	120
革新倶楽部	183	姓	18	勘定吟味役	109
学制	142	歌舞伎	125,135	勘定奉行	103
学童疎開	210	かぶき踊り	101	官省符荘	49
学徒出陣	210	株仲間	122,129	『漢書』地理志	14
核兵器拡散防止条約	229	貨幣法	162	完新世	10
掛屋	112	鎌倉公方	75	寛政異学の禁	126
勘解由使	40	鎌倉時代	58	関税及び貿易に関する一般協定	227
『蜻蛉日記』	46	鎌倉幕府	58	関税自主権	138
囲米	126	鎌倉番役	59	寛政の改革	126
笠懸	62	鎌倉府	75	寛政の三博士	126
借上	63	鎌倉文化	66	寛政暦	133
加持祈禱	43	亀戸事件	189	観世座	86
化政文化	134	甕棺墓	13	貫高制	84
華族	144	亀山天皇	70	官田	48
華族令	152	鴨長明	67	関東管領	75
片岡健吉	148	賀茂真淵	132	関東軍	197
片岡直温	194	加耶(加羅)諸国	16	関東御領	59
方違	47	柄井川柳	125	関東大震災	182,188
刀狩令	96,98	樺太・千島交換条約	158	関東知行国	59
荷田春満	132	ガラ紡	162	関東都督府	168
片山潜	163	刈敷	63	関東取締出役	127
片山哲	217	刈田狼藉	73	関東ローム	8
月行事	79,85	枯山水	86	菅直人	233
勝海舟(義邦)	141	家禄	144	観応の擾乱	72
学校教育法	217	川上音二郎	173	「漢委奴国王」	14
学校令	171	河上肇	186	関白	96
葛飾北斎	135	為替	63	江華島事件	158
桂・タフト協定	169	河竹黙阿弥	135,173	桓武天皇	40
桂太郎	164,169	川端康成	191	桓武平氏	50
桂女	84	河村瑞賢	111	管理通貨制度	203
桂離宮	116	漢	12	管領	75
加藤高明	183	観阿弥	86	観勒	23
加藤友三郎	185	冠位十二階	22		
過度経済力集中排除法	215	官位相当(の)制	29	**き**	
仮名垣魯文	172	閑院宮家	109	魏	15
仮名草子	116	寛永通宝	113	棄捐令	126,129
かな文字	46	寛永の文化	116	器械製糸	162
金子堅太郎	152	官営模範工場	146	企画院	207
金沢実時	67	寛永令	104	企業勃興	162
金沢文庫	67	環境庁	227		

菊池寛	191	狂歌	134	公営田	48
菊池武夫	204	京学	114	陸羯南	170
岸田劉生	191	行基	37	盟神探湯	19
岸信介	226	狂言	87	『愚管抄』	67
騎射三物	62	供出制	207	公暁	60
議定	140	行商人	63	供御人	83
「魏志」倭人伝	15	京都大番役	59	公事	54
寄進地系荘園	45,49	京都守護職	139	公事方御定書	120
偽籍	35	京都所司代	103	楠木正成	70,72
義倉	31,126	教派神道	170	百済	16
貴族院	153	享保の改革	120	百済河成	43
北一輝	186	享保の飢饉	121	屈葬	11
喜多川歌麿	125	京枡	98	工藤平助	122
北里柴三郎	171	清浦奎吾	183	グナイスト	152
北大西洋条約機構	218	共和演説事件	164	クニ	14
北畠親房	86	曲亭馬琴	134	国一揆	79
北村季吟	108,115	極東委員会	214	国絵図	98
北村透谷	172	極東国際軍事裁判	214	恭仁京	34
北山十八間戸	66	キリシタン大名	94	国侍	51
北山文化	86	キリシタン版	101	国衆	90
契丹	45	記録荘園券契所	54	国造	18
紀伝道	36,42	義和団事件	165	国役	105
鬼道	15	金印	14	公奴婢	29
木戸孝允	141,142	金閣・銀閣	86	口分田	24,30
紀古佐美	40	禁教令	107	熊沢蕃山	108,114
木下順庵	108	金玉均	160	組頭	105
木下尚江	163	金座・銀座	97,113	公文	49
紀貫之	46	禁中並公家諸法度	104	公文所	58
吉備真備	33,34	金遣い・銀遣い	113	蔵入地	97
黄表紙	125	均田制	130	クラーク	146
義兵運動	168	金日成	218	鞍作鳥	23
奇兵隊	140	金肥	110	蔵元	112
義民	123	金本位制	161	蔵物	112
肝煎	105	金脈問題	228	蔵屋敷	112
格式	41	欽明天皇	19	蔵人所	41
九カ国条約	185	禁門の変	139	蔵人頭	41,44
「旧辞」	26	金融恐慌	194	黒住教	170
旧石器時代	8	金融緊急措置令	219	黒田清隆	149,153
牛馬耕	63	金輸出解禁(金解禁)	198	黒田清輝	173
己西約条	107	金輸出再禁止	203	郡・郷・保	54
旧里帰農令	126	勤労動員	210	郡司	24
教育委員会(法)	217	金禄公債証書	144	群集墳	19
教育基本法	217			郡代	103
教育勅語	171	**く**		軍団	31
教育令	147	空海	42	軍部大臣現役武官制	
教王護国寺	43	空也	46		164,176

け

桂庵玄樹	89
慶安の変	108
桂園時代	169
慶賀使	107
経済安定九原則	219
経済協力開発機構	227
警察法	216
警察予備隊	220
刑事訴訟法	216
警視庁	143
傾斜生産方式	219
敬神党の乱	145
経世論	114
契沖	115,132
計帳	24
慶長遣欧使節	106
慶長勅版	100
慶長の役	96,99
刑法	216
下剋上	81,88
華厳宗	66
戯作文学	172
下司	49
血税一揆	143
血盟団事件	202
家人	29
検非違使	41
検見法	120
元	64
蘐園学派	114
喧嘩両成敗	91
顕教	43
元勲総出	154
乾元大宝	32,44
元弘の変	70
兼好法師	67
玄室	19
『源氏物語』	46
「源氏物語絵巻」	57
源信	46
遣隋使	22
原水爆禁止世界大会	225
憲政会	183
憲政党	164
「憲政の常道」	183
憲政本党	164
検地帳	98
建長寺	66
建長寺船	76
検田使	49
遣唐使	33,45
顕如	95
元服	47
言文一致体	172
玄昉	33,34
憲法十七条	22
建武式目	72
建武の新政	71
元明天皇	32
倹約令	120,126,129
県令	142
建礼門院	57
元老	164
元老院	148
元禄小判	109
元禄時代	108
元禄文化	116

こ

恋川春町	126
小石川養生所	120
小泉純一郎	231,232
小磯国昭	210
五・一五事件	202
肥富	76
興	17
弘安の役	64
庚寅年籍	26
公害対策基本法	227
江華島事件	158
合巻	134
合議制	102
高句麗	16
孝謙(太上)天皇	34
光孝天皇	44
庚午年籍	25
甲午農民戦争	161
光厳天皇	70
甲州法度之次第	91
交詢社	152
興譲館	124
工場制手工業	130
工場法	163
公職追放	214
庚申講	135
甲申事変	160
更新世	8
強訴	55,78
皇族将軍	61
好太王(広開土王)碑	16
幸田露伴	172
公地公民制	24
高地性集落	13
皇朝十二銭	32
皇道派	204
幸徳秋水	163,166
孝徳天皇	24
高度経済成長	227
抗日民族統一戦線	206
弘仁格式	41
弘仁・貞観文化	42
光仁天皇	35,40
豪農	121
河野広中	151
高師直	72
興福寺仏頭	27
工部省	146
洪武通宝	76,84
光武帝	14
公武二元支配	59
工部美術学校	173
光明皇后	37
光明子	34
光明天皇	72
河本大作	197
高野山	43
高麗	45
広隆寺	23
公領	54
幸若舞	87
御恩	59
五街道	111
古学	114
古河公方	88
五箇条の誓文	141
五カ所商人	106

後亀山天皇	74	子代	18	御霊信仰	46
『後漢書』東夷伝	14	御親兵	142	ゴルバチョフ	230
古義学	114	御成敗式目	61	コレジオ	94
五経博士	19	戸籍	24	伊治呰麻呂	40
『古今和歌集』	44,46	巨勢金岡	47	ゴローウニン事件	128
国学〔古代〕	36	御前帳	98	権現造	116
国学〔近世〕	132	『後撰和歌集』	44	金光教	170
国際通貨基金	227	小袖	101	金剛峰寺	43
国際連合	218	五大改革	214	『今昔物語集』	57
国際連合憲章	218	後醍醐天皇	70	金地院崇伝	104
国際連盟	184	五代友厚	149	健児	40
国司	24	五大老	97	墾田永年私財法	35
国人	73	国会開設の勅諭	149	近藤重蔵	128
国体明徴声明	204	国会期成同盟	149	コンドル	173
国定教科書	171	国家改造運動	202	困民党	151
国風文化	46	骨角器	11		
国分寺建立の詔	37	国家公務員法改正	218	**さ**	
国民学校	207	国家総動員法	207		
国民精神総動員運動	207	『国記』	23	座	63,83
国民政府	196	国共合作(第1次)	196	西園寺公望	169
国民徴用令	207	国共合作(第2次)	206	在華紡	180
国免荘	49	滑稽本	134	西行	67
黒曜石	9,11	後藤象二郎	148,151	西郷隆盛	141,145
国立銀行条例	146	後藤祐乗	87	西光万吉	188
国連平和維持活動	231	後鳥羽上皇	60	細石刃	9
五刑	29	五人組	105	細石器	9
御家人〔中世〕	59	近衛文麿	206	最澄	43
御家人〔近世〕	103	小林一茶	134	斎藤実	200,202,205
護憲三派	183	小林多喜二	191	済南事件	197
小御所会議	140	五品江戸廻送令	139	財閥	163
後小松天皇	74	後深草天皇	70	財閥解体	215
小作争議	187	五奉行	97	割符	84
小作人	121	古文辞学派	114	斉明天皇	25
五山・十刹	87	古墳文化	19	西面の武士	60
後三条天皇	54	五榜の掲示	141	済物浦条約	160
後三年合戦	51	後堀河天皇	60	左院	142
五山文学	87	小牧・長久手の戦い	96	酒井田柿右衛門	116
五・四運動	184	後水尾天皇	104	堺利彦	163,166,188
『古事記』	36	コミンフォルム	218	坂下門外の変	139
古式入浜	82	小村寿太郎	159,167	坂田藤十郎	117
五色の賤	29	米騒動	181	嵯峨天皇	41,42
越荷(方)	131	小物成	105	坂上田村麻呂	40
コシャマイン(の蜂起)	77	後陽成天皇	100	佐賀の乱	145
55年体制	225	御霊会	46	坂本龍馬	140
呉春	135	五稜郭	141	酒屋	84
後白河(天皇・上皇)	54,56	御料所	75	酒屋役	75
				佐川急便事件	232

防人	25,31	山東京伝	125,126	自然主義（文学）	172
防人歌	36	山東出兵	197	士族	144
桜会	202	三内丸山(遺跡)	10	士族授産	144
桜田門外の変	139	三筆	42	士族の商法	144
座繰製糸	162	サン＝フェリペ号事件	99	下地中分	62
鎖国	107	三奉行	103	寺檀制度	105
指出検地	90,95	サンフランシスコ平和条約	221	七・七禁令	207
佐竹義和	127	讒謗律	148	七分積金	126
沙汰人	78	三方領知替え	129	私鋳銭	84
薩英戦争	139	三浦の乱	77	仕丁	31
薩長連合(同盟)	140	三民主義	178	執権政治	60
薩南学派	89	三毛作	82	十返舎一九	134
札幌農学校	146	参与	140	幣原外交	185
佐藤栄作	228			幣原喜重郎	185,196,198
佐藤・ニクソン会談	228	**し**		四天王寺	23
佐藤信淵	133			地頭	58
サヌカイト	11	自衛隊	225	地頭請所	62
サミット	228	紫衣事件	104	四等官制	29
侍所	58,75	慈円	67	持統天皇	26
サライェヴォ事件	178	志賀潔	171	寺内町	85
サラリーマン	190	志賀重昂	170	品川弥二郎	154
讃	17	地方知行制	104	品部	18
三・一五事件	187,189	志賀直哉	191	神人	83
三・一独立運動	184	紫香楽宮	34	地主手作	121
山岳信仰	43	辞官納地	140	私奴婢	29
三角縁神獣鏡	19	私擬憲法	152	司馬江漢	135
『山家集』	67	式亭三馬	134	柴田勝家	96
三月事件	202	時局匡救事業	203	柴野栗山	126
三管領	75	地下請	78	支払猶予令	195
三卿	120	地下検断	78	渋川春海	108,115
産業報告会	207	自検断	78	渋沢栄一	146
産業報国連盟	207	四国艦隊下関砲撃事件	139	シベリア出兵	179,181
ざんぎり頭	147	自作農創設特別措置法	215	シーボルト	133,134
参勤交代	104	鹿ヶ谷の陰謀	57	シーボルト事件	133
三国干渉	161	四職	75	島崎藤村	172
三国協商	178	寺社参詣	135	島地黙雷	170
三国時代	15	寺社奉行	103	島津家久	106
三国同盟	178	時宗	66	島津重豪	130
三斎市	63	治承・寿永の乱	58	島津斉彬	130
三条実美	139	四条派	135	島津義久	96
三職	140	賤ヶ岳の戦い	96	島原の乱	107
三世一身法	35	閑谷学校	108	島村抱月	191
三跡(蹟)	47	氏姓制度	18	持明院統	70
三代格式	41	市制・町村制	152	四民平等	144
三大事件建白運動	151	支石墓	13	ジーメンス事件	177
三都	112	使節遵行	73	下肥	82

霜月騒動	65	順徳上皇	60	『将門記』	57
下関条約	161	淳仁天皇	34	縄文時代	10
下村観山	173,191	巡礼	135	縄文土器	10
下山事件	219	書院造	86	縄文文化	10
シャウプ勧告	219	貞永式目	61	庄屋	105
謝恩使	107	荘園公領制	54	条里制	30
社会大衆党	204	荘園領主	49	生類憐みの令	108
社会民衆党	204	蒋介石	196,211,218	青蓮院流	67
社会民主党	163	城郭	100	昭和恐慌	199
シャクシャインの戦い	107	松下村塾	134	昭和電工事件	219
写実主義	172	城下町	85,90	昭和天皇	214
車借	85	荘官	49	承和の変	44
写生画	125,135	貞観格式	41	初期議会	154
社倉	126	承久の乱	60	初期荘園	35
洒落本	125	貞享暦	115	職業婦人	190
上海事変(第1次)	200	『上宮聖徳法王帝説』	19	殖産興業	146
朱印船貿易	106	将軍後見職	139	蜀山人	134
周恩来	224	「将軍のお膝元」	112	所司	75
集会条例	149	貞慶(解脱)	66	諸社禰宜神主法度	105
十月事件	202	成功	45,48	諸宗寺院法度	105
衆議院	153	彰考館	108	如拙	86
自由党	150	正倉院(宝物)	37	ジョン=ヘイ	165
十二単	47	尚泰	158	白樺派	191
周文	86	城代	103	白河天皇	54
周辺事態法	232	正中の変	70	新羅	16
自由民権運動	148	定朝	47	白浪物	135
宗門改め	107	正長の徳政一揆	79	志波城	40
重要産業統制法	199	上知令	129	秦	12
朱熹	67	賞典禄	144	新安保条約	226
宿駅	111	浄土教	46	新恩給与	59
綜芸種智院	42	正徳小判	109	辛亥革命	169,178
朱元璋	76	聖徳太子	22	塵芥集	91
修験道	43	称徳天皇	35	新ガイドライン	232
守護	58	正徳の政治	109	新ガイドライン関連法	232
守護請	73	浄土宗	66	心学	124
守護大名	73	浄土信仰	46	新貨条例	146
朱子学	67,114	浄土真宗	66	辰韓	16
呪術	11	尚巴志	77	新感覚派	191
朱舜水	108	消費税	231	神祇官[古代]	28
シュタイン	152	蕉風(正風)俳諧	116	神祇官[近代]	142
出版統制令	126	正風連歌	87	「親魏倭王」	15
ジュネーヴ会議	185	承平・天慶の乱	50	新劇	173
聚楽第	96,100	条坊制	32	新劇運動	191
俊寛	57	荘民	49	新興財閥	203
殉死の禁止	108	聖武天皇	34	『新古今和歌集』	67
春闘	227	定免法	120	壬午軍乱(事変)	160

さくいん

真言宗	43
震災手形	194
新思潮派	191
真珠湾攻撃	209
壬申戸籍	144
壬申の乱	26
薪水給与令	138
信西	56
新体制運動	207
伸展葬	13
寝殿造	47
新皇	50
『神皇正統記』	86
陣定	45
新派劇	173
親藩	104
神風連の乱	145
新婦人協会	188
神仏習合	37,43
神仏分離令	147
新聞紙条例	148
新補地頭	60
進歩党	164
神本仏迹説	66
新民法	216
神武景気	227
親鸞	66

す

垂加神道	114
出挙	31
推古天皇	22
帥升	14
『隋書』倭国伝	22
水稲農耕	12
水墨画	86
枢軸	205
枢密院	153
須恵器	19
末次平蔵	106
陶晴賢	88
末吉孫左衛門	106
菅野真道	40
菅原孝標の女	46
菅原道真	44
杉田玄白	132
数寄屋造	116
助郷役	111
朱雀大路	32
崇峻天皇	22
調所広郷	130
鈴木貫太郎	211
鈴木商店	194
鈴木善幸	229
鈴木春信	125
鈴木文治	187
鈴木牧之	135
スターリン	211
崇徳上皇	56
砂川事件	225
スミソニアン協定	228
角倉了以	106,111
住吉具慶	117
住吉如慶	117
すり石	11
受領	45,48

せ

世阿弥	86
済	17
西安事件	206
征夷大将軍	40,58,72,102
正院	142
性学	130
征韓論	144,148
生口	14
政治小説	172
政事総裁職	139
政商	146
清少納言	46
政体書	141
聖堂学問所	108
青銅器	13
青鞜社	188
政党内閣	182
制度取調局	152
西南戦争	145
政費節減	154
聖(明)王	19
政令201号	218
清和源氏	50
清和天皇	42
世界恐慌	199
関ヶ原の戦い	102
関銭	75,85
関孝和	115
石棒	11
石油危機	228
赤瀾会	188
摂関政治	44
摂家将軍	60
雪舟	86,89
摂政	44
折衷様	67
銭座	113
セミナリオ	94
施薬院	37
尖閣諸島	233
全学連	226
選挙干渉	154
前九年合戦	51
戦後恐慌	194
全国水平社	188
戦国大名	88
千石簁	110
宣旨	45
宣旨枡	54
禅宗	87
禅宗様	67
専修念仏	66
漸次立憲政体樹立の詔	148
先進国首脳会議	228
羨道	19
尖頭器	9
全日本産業別労働組合会議	216
千利休	100
千歯扱	110
前方後円墳	16,19
賤民	29,30
川柳	125

そ

租	24,31
祖阿	76
宋	45
惣(惣村)	78
ソヴィエト政権	179

245

惣掟	78	太閤検地	98	台湾出兵	158
宋学	67	醍醐天皇	44	台湾総督府	161
宗鑑	87	第五福竜丸	225	高三隆達	101
宗祇	87	大衆文学	191	多賀城	32
総裁	140	大正大判	97	高杉晋作	140
宗氏	77,107	太政官［古代］	28	高野長英	128
壮士芝居	173	太政官符	45	高野房太郎	163
装飾古墳	19	大正政変	177	高橋景保	133
『宋書』倭国伝	17	太政大臣	56	高橋是清	182,203,205
宋銭	57,63	大正デモクラシー	186	高橋由一	173
曹洞宗	66	大審院	148	高橋至時	133
惣百姓	78	大政奉還	140	高峰譲吉	171
惣百姓一揆	123	大政翼賛会	207	高向玄理	22,24
総評	220,227	大戦景気	180	高村光雲	173
惣無事令	96	太祖洪武帝	76	高山樗牛	170
僧兵	55	大東亜会議	210	高床倉庫	12
草木灰	63	大東亜共栄圏	208,210	滝川事件	204
雑徭	29,31	大同団結	151	滝川幸辰	204
惣領制	62	第二次護憲運動	183	滝口の武者	51
副島種臣	148	第二次世界大戦	208	滝廉太郎	173
蘇我入鹿	24	対日理事会	214	田口卯吉	171
蘇我馬子	22	大日本産業報国会	207	竹下登	231
蘇我蝦夷	24	大日本帝国憲法	153	竹田出雲	125
蘇我倉山田石川麻呂	24	大日本労働総同盟友愛会		武田勝頼	95
束帯	47		187	武田信玄(晴信)	88
側用人	108	代表越訴型一揆	123	『竹取物語』	46
尊号一件	126	大仏造立の詔	34	竹内式部	124
尊王論	133	大仏様	67	武野紹鷗	86,101
孫文	178,196	『太平記』	86	太宰春台	114
村法	105	太平洋戦争	209	大宰府	25
		大宝律令	28	足高の制	120
た		大犯三カ条	58,65	太政官［近代］	142
第一次護憲運動	177	大名知行制	98	打製石斧	9
第一次世界大戦	178	題目	66	打製石器	8
大院君	160	太陽暦	147	館侍	51
大化改新	24	平清盛	55,56	橘奈良麻呂(の変)	34
大学［古代］	36	平貞盛	50	橘逸勢	42,44
大覚寺統	70	平高望	50	橘広相	44
大学頭	108	平忠常の乱	51	橘諸兄	34
大学別曹	42	平忠盛	55	辰野金吾	173,191
代官	103	平徳子	57	竪穴式石室	19
大官大寺	27	平将門(の乱)	50	竪穴住居	11
大韓民国(韓国)	218	平正盛	55	楯築墳丘墓	13
大義名分論	67	平頼綱	65	伊達政宗	96,106
大逆事件	163	大老	103	伊達宗城	131
大教宣布の詔	147	台湾銀行	194	田堵	48

さくいん

田荘	18
田中角栄	228
田中義一	195,196
田中丘隅	120
田中勝介	106
田中正造	163
店借	112
谷崎潤一郎	191
谷文晁	135
田沼意次	122
種子島時尭	94
田能村竹田	135
田部	18
濃絵	100
為永春水	129,134
田山花袋	172
樽廻船	111
俵物	110
俵屋宗達	116
団菊左時代	173
段祺瑞	179
塘沽停戦協定	201,206
男女雇用機会均等法	231
段銭	75
団琢磨	202
壇の浦の戦い	58
耽美派	191
談林派	116

ち

治安維持法	183,189
治安警察法	163
治外法権	138
近松門左衛門	116
知行国	55
知行国主	55
蓄銭叙位令	32
地租改正反対一揆	143,145
秩父事件	151
秩禄処分	144
秩禄奉還の法	144
血のメーデー事件	225
知藩事	142
地方官会議	148
地方自治法	216
チャーチル	211

茶屋四郎次郎	106
中華人民共和国	218
中華民国	178,218
仲恭天皇	60
中距離核戦力全廃条約	230
中宮寺	23
中国国民党	196
中国南朝(南梁)様式	23
中尊寺金色堂	57
中東戦争(第4次)	228
調	24,31
長安	32
張学良	200,206
長講堂領	55
張作霖(爆殺事件)	197
逃散	78
町衆	85
「鳥獣戯画」	57
長州征討(第1次)	139
長州征討(第2次)	140
朝鮮	77
超然主義	154
朝鮮戦争	220
朝鮮総督府	168
朝鮮民主主義人民共和国(北朝鮮)	218
長宗我部元親	88
重任	48
徴兵告諭	143
徴兵令	143
町法	85
勅旨田	48
珍	17
チンギス=ハン	64
鎮西探題	64
頂相	67
青島	178

つ

追捕使	50
通信使	107
築地小劇場	191
月番交代	102
継飛脚	111
佃	62
津田左右吉	190

土一揆	79
土御門上皇	60
坪内逍遙	172
妻問婚	35
冷たい戦争	218
津料	85
鶴屋南北	125
『徒然草』	67

て

「帝紀」	26
『庭訓往来』	89
帝国議会	153
帝国美術院展覧会(帝展)	191
貞門俳諧	116
大院君	160
適々斎塾(適塾)	134
手島堵庵	124
鉄道国有法	162,169
デパート	190
寺請制度	105
寺内正毅	168,179,181
寺子屋	124
寺島宗則	159
出羽国	32
「天下の台所」	112
転向	204
天智天皇	25
天守閣	100
天正遣欧使節	94
天津条約	160
天台宗	43
『天皇記』	23
天皇機関説	186
天皇機関説問題	204
天皇大権	153
田畑永代売買の禁止令	105
田畑勝手作りの禁	105
天平文化	36
天賦人権の思想	147
天文法華の乱	87
天保の改革	129
天保の飢饉	127
伝馬役	111
天武天皇	26

天明の飢饉	122	唐箕	110	舎人親王	36
天理教	170	東洋拓殖会社	168	鳥羽上皇	54
天暦の治	44	棟梁	50	鳥羽・伏見の戦い	141
天龍寺船	76	富樫政親	79	烽	25
		土偶	11	富岡製糸場	146

と

		徳川家定	139	戸水寛人	166
問(問丸)	63	徳川家重	122	富突(くじ)	135
問屋制家内工業	110	徳川家継	109,120	富永仲基	124
問屋場	111	徳川家綱	108	伴健岑	44
唐	33	徳川家斉	126	伴造	18
東亜新秩序	206,208	徳川家宣	109	伴善男	44
東欧革命	230	徳川家治	122	豊田佐吉	162
銅戈	13	徳川家光	104	豊臣秀次	98
東海道	111	徳川家茂	139,140	豊臣秀吉	96,98
「東海道五十三次」	135	徳川家康	97,102	豊臣秀頼	102
東海道新幹線	227	徳川家慶	127,129	渡来人	19
『東海道中膝栗毛』	134	徳川綱吉	108	虎の門事件	182
東学の乱	161	徳川斉昭	131,133	ドル=ショック	228
統監府	168	徳川秀忠	102	トルーマン=ドクトリン	
道鏡	35	徳川光圀	108		218
東京音楽学校	173	徳川慶福	139	曇徴	23
東京裁判	214	徳川慶喜	140	屯田兵	144
東京遷都	141	徳川吉宗	120	屯田兵制度	146
東京大学	147	特需景気	220		
東京美術学校	173	徳政一揆	79	## な	
道元	66	徳政令	65	内閣制度	152
東寺	43	徳政論争	40	内地雑居	159
東洲斎写楽	125	独占禁止法	215	ナイフ形石器	9
東条英機	207,208	得宗専制政治	64	内務省	146
唐人屋敷	107	独ソ不可侵条約	208	ナウマンゾウ	8
統帥権	153	徳富蘇峰	170	永井荷風	191
統帥権の干犯	198	十組問屋	113	中江兆民	147
統制派	204	土壙墓	13	中江藤樹	114
東大寺大仏	37	『土佐日記』	46	長岡京	40
東大寺南大門	67	外様	104	長尾景虎	88
東大寺南大門金剛力士像		外様衆	90	中岡慎太郎	140
	67	土佐光起	117	長岡半太郎	171
東大新人会	186	土佐光信	86	長崎新令	109
銅鐸	13	十三湊	77	長崎高資	70
闘茶	86	祈年の祭	19	中沢道二	124
道中奉行	111	土倉	84	長篠合戦	95
討幕の密勅	140	土倉役	75	中先代の乱	72
銅版画	135	戸田茂睡	132	中山道	111
逃亡	35	土地調査事業	168	中曽根康弘	231
東方会議	196	ドッジ=ライン	219	中臣鎌足	24
銅矛	13	隣組	207	中大兄皇子	24

中村正直	147	26聖人殉教	99	日本国有鉄道	231
長屋王(の変)	34	二条良基	87	日本社会主義同盟	188
名代	18	似絵	67	日本社会党	169,217
ナチ党	205	日英通商航海条約	159	日本自由党	217
夏目漱石	172	日英同盟(協約)	165	日本主義	170
難波長柄豊碕宮	24	日独伊三国同盟	208	『日本書紀』	36
難波宮	34	日独伊三国防共協定	205	日本進歩党	217
名主	105	日米安全保障条約	221	日本製鉄会社	203
奴国	14	日米ガイドライン	229	日本農民組合	187
鍋島直正	130	日米行政協定	221	日本美術院	173
生麦事件	139	日米修好通商条約	138	日本町	106
納屋物	112	日米相互協力及び安全保障条約	226	日本郵船会社	162
奈良時代	32			日本労働組合総同盟	216
鳴滝塾	134	日米相互防衛援助協定	225	日本労働組合総評議会	220,227
南学	114	日米地位協定	226		
南学派	89	日米和親条約	138	日本労働組合評議会	187
南紀派	139	日満議定書	200	日本労働総同盟	187
『南総里見八犬伝』	134	日明貿易	76	二毛作	63
南朝	72	日蓮	66	女房装束	47
南都	55	日蓮宗	66	人形浄瑠璃	101,116
南都六宗	37	日露協商論	165	忍性(良観)	66
南蛮屛風	101	日露協約	169	人情本	134
南蛮文化	101	日露戦争	166	人足寄場	126
南蛮貿易	94	日露和親条約	138	寧波の乱	77
南部仏印進駐	209	日韓議定書	168		
南北朝	72	日韓基本条約	228	**ぬ・ね**	
南北朝の合一	74	日韓協約	168	額田王	27
南北朝文化	86	日光東照宮	116	渟足柵	25
南鐐弐朱銀	122	日親	87	ネルー	224
南路	33	日清修好条規	158	年行司	85
		日清戦争	160	年貢	54
に		日宋貿易	57		
新潟水俣病	227	日ソ共同宣言	224	**の**	
新島襄	170	日ソ中立条約	209	能楽	86
新嘗の祭	19	新田義貞	71	農業基本法	226
ニクソン	228	日中関税協定	198	農業恐慌	199
2個師団増設問題	176	日中共同声明	228	農山漁村経済更正運動	203
西周	171	日中戦争	206	農地委員会	215
西川如見	132	日中平和友好条約	229	農地改革	215
錦絵	125	日朝修好条規	158	野口英世	190
西田幾多郎	190	日朝貿易	77	野田佳彦	233
西原亀三	179	二・二六事件	204	野々村仁清	117
西原借款	179	二宮尊徳(金次郎)	130	野村吉三郎	209
西廻り海運	111	日本共産党	188,217	ノモンハン事件	209
二十一カ条の要求	178	日本銀行	150	ノルマントン号事件	159
二十四組問屋	113	日本国憲法	216	野呂玄丈	124

は

俳諧連歌	87
廃娼運動	170
『梅松論』	86
廃刀令	144
廃藩置県	142
廃仏毀釈	147,170
破壊活動防止法	225
馬韓	16
萩の乱	145
パークス	140
白村江の戦い	25
白馬会	173
幕藩体制	104
白鳳文化	27
ハーグ密使事件	168
幕領	103
箱式石棺墓	13
箱館戦争	141
バサラ	86
土師器	19
橋本雅邦	173
橋本左内	139
橋本龍太郎	232
馬借	85
場所請負制度	107
長谷川等伯	100
支倉常長	106
畠山政長	79
畠山義就	79
旅籠屋	111
羽田孜	232
秦河勝	23
旗本	103
八月十八日の政変	139
八虐	29
八条院領	55
八・八艦隊	176
抜歯	11
バテレン追放令	99
鳩山一郎	224
鳩山由紀夫	233
花の御所	74
花畠教場	108
塙保己一	132

埴輪	19
バブル経済	231
浜北人	8
浜口雄幸	198
蛤御門の変	139
林鷲峰	114
林子平	126
林銑十郎	206
林鳳岡(信篤)	108,114
林羅山(道春)	114
隼人	32
祓	19
原敬	182
パリ講和会議	184
ハリス	138
播磨の土一揆	79
ハル	209
ハル＝ノート	209
藩	103
藩校(学)	124
藩札	113
反自然主義	172
蛮社の獄	128
蛮書調所	133
蛮書和解御用	133
阪神・淡路大震災	232
半済令	73
版籍奉還	142
藩専売制	130
「伴大納言絵巻」	57
班田収授法	30
番頭	78
伴信友	132
反本地垂迹説	

ひ

比叡山	43
稗田阿礼	36
菱垣廻船	111
非核三原則	228
東久邇宮稔彦	211
東日本大震災	233
東廻り海運	111
東山文化	86
引付	61
飛脚	111

比企能員	60
樋口一葉	172
土方与志	191
菱川師宣	117
菱田春草	173
ひすい	11
備中鍬	110
ビッドル	138
悲田院	37
尾藤二洲	126
人返しの法	129
一橋派	139
一橋慶喜	139
人掃令	98
ヒトラー	205
非人	144
日野富子	80
日比谷焼打ち事件	167
卑弥呼	15
百姓一揆	123
百姓請	78
百姓代	105
百万町歩の開墾計画	34
氷河時代	8
評定衆	61
評定所	103
平等院鳳凰堂	44,47
兵部省	143
平賀源内	125
平形銅剣	13
平田篤胤	132
平塚らいてう(明)	188
平沼騏一郎	207
広田弘毅	205
琵琶法師	67
閔氏	160

ふ

武	17
ファシスト党	205
ファシズム	205
分一銭	80
『風姿花伝』	86
「風神雷神図屛風」	116
フェートン号事件	128
フェロノサ	173

フォンタネージ	173	藤原通憲	56	文化住宅	190
「富嶽三十六景」	135	藤原基経	44	文官任用令	164,177
溥儀	200	藤原元命	48	文久の改革	139
福岡孝弟	141	藤原基衡	55	分国法	91
福沢諭吉	134,147	藤原百川	35	文人画	125
福島事件	151	藤原行成	47	分地制限令	105
福島第一原子力発電所事故	233	藤原良房	44	文展	173
		藤原頼嗣	61	文明開化	147
福田正則	102	藤原頼経	60	文禄の役	96,99
福田赳夫	229	藤原頼長	56	**へ**	
福田康夫	232	藤原頼通	44		
福地源一郎	150	婦人参政権獲得期成同盟会	188	平安京	40
福原京	57			「平家納経」	57
武家諸法度	104	不戦条約	185	『平家物語』	67
武家造	62	譜代	104	平氏政権	56
武家伝奏	104	札差	112	平治の乱	56
府県制・軍制	152	二葉亭四迷	172	平城京	32
富国強兵	146	府知事	142	平成不況	232
藤田東湖	133	プチャーチン	138	兵農分離	98
藤田幽谷	133	普通選挙運動	187	平民	144
武士(団)	50	普通選挙法	183	平民社	163
伏見城	100	服忌令	108	平和五原則	224
藤原京	26	復興金融金庫	219	平和十原則	224
藤原将軍	60	復古神道	132	北京議定書	165
藤原惺窩	114	ブッシュ	230	ベトナム社会主義共和国	229
藤原緒嗣	40	『風土記』	36		
藤原清衡	51,55	太占の法	19	ベトナム戦争	229
藤原定家	67	船成金	180	ペリー	138
藤原実頼	44	不入の権	49	ペレストロイカ	230
藤原四子	34	フビライ(忽必烈)=ハン	64	弁韓	16
藤原佐理	47			変動為替相場	228
藤原純友(の乱)	50	部分的核実験停止条約	229	**ほ**	
藤原隆信	67	富本銭	26		
藤原忠通	56	負名	48	ボアソナード	153,171
藤原種継	40	夫役	54	保安条例	151
藤原時平	44	不輸の権	49	保安隊	225
藤原仲麻呂	34	「冬の時代」	163	貿易摩擦	231
藤原成親	57	プラザ合意	231	俸給生活者	190
藤原信頼	56	フランシスコ=ザビエル	94	方形周溝墓	13
藤原秀郷	50			保元の乱	56
藤原秀衡	55	振売	84	奉公	59
藤原広嗣(の乱)	34	古人大兄王	25	法興寺	23
藤原不比等	28,34	浮浪	35	奉公衆	73
藤原冬嗣	44	プロレタリア文学	191	防穀令事件	160
藤原道綱の母	46	文永の役	64	澎湖諸島	161
藤原道長	44	文化財保護法	221	宝治合戦	61

北条氏政	96
『方丈記』	67
法成寺	44,47
北条早雲	88
北条高時	70
北条時政	60
北条時宗	64
北条時行	72
北条時頼	61
北条政子	60
北条泰時	61
北条義時	60
奉書船	107
奉天会戦	166
報徳仕法	130
法然	66
法隆寺	23
法隆寺金堂壁画	27,221
防塁(石築地)	64
宝暦事件	124
宝暦・天明期の文化	124
俸禄制度	104
『北越雪譜』	135
北魏様式	23
北清事変	165
朴正熙	228
北朝	72
北爆	229
北伐	196
穂首刈り	12
北面の武士	55
北嶺	55
北路	33
干鰯	110
星亨	150
保科正之	108
戊申詔書	170
戊辰戦争	141
細川勝元	80
細川重賢	127
細川護熙	232
渤海	33,45
法相宗	66
掘立柱住居	35
堀田正睦	138
ポツダム宣言	211
ポーツマス条約	167
堀川学派	114
堀越公方	88
本阿弥光悦	116
本家	49
本地垂迹説	46
本所	49
本陣	111
本多光太郎	190
本多利明	133
本朝十二銭	32
本土空襲	210
本途物成	105
本能寺の変	95
本百姓	105
本領安堵	59
本両替	113

ま

前島密	146
前田綱紀	108
前野良沢	132
前原一誠	145
『枕草子』	46
正岡子規	172
マーシャル=プラン	218
『増鏡』	86
益田時貞	107
磨製石器	11
町衆	85
町年寄	112
町名主	112
町飛脚	111
町火消	120
町奉行	103
松井須磨子	191
松岡洋右	201,208
松尾芭蕉	116
マッカーサー	214
松方財政	150
松方正義	150,154,164
松川事件	219
末期養子の禁止の緩和	108
松平容保	139
松平定信	126
松永尺五	114
松永貞徳	116
松永久秀	88
松平慶永(春嶽)	131
末法思想	47
松前氏	107
松村月溪	135
松本烝治	216
マニュファクチュア	130
間宮海峡	128
間宮林蔵	128
丸木舟	11
マルタ会談	230
円山応挙	125
円山派	125
万延貨幣改鋳	139
満州国	200
満州事変	200
満州某重大事件	197
曼荼羅	43
満鉄	168
政所	58
マンモス	8
『万葉集』	36

み

三浦按針	106
三浦泰村	61
三木武夫	229
水城	25
水野忠邦	129
水呑百姓	105
見世棚(店棚)	63,84
禊	19
三鷹事件	219
密教	43
ミッドウェー海戦	210
三蔵	22
水戸学	133
港川人	8
湊川の戦い	72
港町	85
南淵請安	22
水俣病	227
南満州鉄道株式会社	168
南村梅軒	89,114
源実朝	60

さくいん

源高明	44
源経基	50
源満仲	51
源義家	51
源義経	58
源義朝	56
源義仲	58
源頼家	60
源頼朝	58
源頼信	51
源頼政	58
源頼義	51
美濃部達吉	186,204
屯倉	18
三宅雪嶺	170
宮座	78
宮崎安貞	115
宮崎友禅	117
宮沢喜一	231,232
名	48
明恵(高弁)	66
冥加	122
明経道	36,42
名主	54
明法道	36,42
三好長慶	88
三善康信	59
明	76
旻	22,24
閔氏	160
民主党	233
明銭	84
民撰議院設立の建白書	148
明兆	86
民党	154
民法典論争	153
民本主義	186
民力休養	154

む

無学祖元	66
武者小路実篤	191
夢窓疎石	76
陸奥将軍府	71
ハッサン二世	205
陸奥宗光	159,161
『陸奥話記』	57
無二念打払令	128
宗尊親王	61
棟別銭	75
村請制	105
村方三役	105
村方騒動	121
村上天皇	44
紫式部	46
村田珠光	86,101
村田清風	131
村八分	105
村山富市	232
室鳩巣	120
室町幕府	72

め

明治維新	140
明治十四年の政変	149
明治美術会	173
明治六年の政変	148
明徳の乱	74
明暦の大火	109
明和事件	124
メーデー	187
目安箱	120

も

蒙古襲来	64
毛沢東	218
毛利敬親	131
毛利輝元	102
毛利元就	88
最上徳内	128
裳着	47
目代	48
モース	171
持株会社整理委員会	215
以仁王	58
木棺墓	13
モッセ	152
本居宣長	132
本木昌造	147
物忌	47
物部守屋	22
桃山文化	100
モラトリアム	195
森有礼	171
森鷗外	172
モリソン号事件	128
護良親王	70
森喜朗	232
文章経国	42
文章道	36,42
門前町	85
問注所	58
文部省	142
文部省美術展覧会	173
文武天皇	28

や

館	62
八色の姓	26
薬師寺	27
屋島の合戦	58
安井算哲	108,115
安井曽太郎	191
安田靫彦	191
ヤッコ	18
宿屋飯盛	134
柳沢吉保	108
柳田国男	190
矢野龍渓	172
八幡製鉄所	162
流鏑馬	62
山内豊信(容堂)	131,140
山鹿素行	114
山県有朋	152,164
山県大弐	124
山片蟠桃	124
山川均	188
山崎闇斎	114
山崎の合戦	96
山背大兄王	24
山城の国一揆	79
邪馬台国	15
山田長政	106
大和絵	43,47
ヤマト政権	16
山名氏清	74
山名持豊(宗全)	80
山上憶良	36

山部赤人	36	吉野作造	186	律令	28
山本権兵衛	194	四隅突出型墳丘墓	13	琉球王国	77
山脇東洋	115	寄木造	47	琉球処分	158
弥生時代	12	四日市ぜんそく	227	柳条湖事件	200
弥生土器	12	米内光政	207,208	隆達節	101
弥生文化	12	世直し一揆	123	柳亭種彦	129,134
耶揚子	106	読本	134	遼	45
ヤルタ会談	211	寄合	78	良寛	135
野郎歌舞伎	101	寄親・寄子制	90	領家	49
ヤン=ヨーステン	106	ヨーロッパ連合	230	令外官	41
		四・一六事件	189	陵戸	29
ゆ		四カ国条約	185	令旨	58
唯一神道	87	四大公害訴訟	227	領事裁判権	138
由井(比)正雪(の乱)	108			『梁塵秘抄』	57
友愛会	187	**ら**		両統迭立	70
有職故実	67	来迎図	47	遼東半島	161
猶存社	186	楽市令	95	良民	29
雄藩	130	ラグーザ	173	林家	114
雄略天皇	17	ラクスマン	128	臨済宗	66
湯川秀樹	221	「洛中洛外図屛風」	100	綸旨	71
「雪どけ」	224	楽浪郡	16	臨時大総統	178
湯島聖堂	108	ラジオ放送	190	琳派	117
由利公正	141	蘭溪道隆	66	隣保班	207
		ランシング	179		
よ		欄間彫刻	100	**れ**	
庸	24,31			冷戦	218
洋学	120	**り**		黎明会	186
洋学所	133	理化学研究所	190	レザノフ	128
洋書調所	133	リクルート事件	231	レッドパージ	220
煬帝	22	李鴻章	160	レーニン	179
遙任	48	李舜臣	99	連歌	87
陽明学	114	李承晩	218	連合国軍最高司令官総司令部	214
養老律令	28	李成桂	77	連雀商人	84
翼賛政治会	207	理想主義	172	連署	61
横穴式石室	19	里長	24	蓮如	87
『横浜毎日新聞』	147	立憲改進党	150,154		
横山大観	173,191	立憲自由党	154	**ろ**	
与謝野晶子	166,172	立憲政友会	183	老中	103
与謝野鉄幹	172	立憲帝政党	150	郎党	50
与謝蕪村	125	立憲同志会	177	労働関係調整法	216
芳沢あやめ	117	立憲民政党	183	労働基準法	216
吉田兼倶	87	六国史	36	労働組合期成会	163
吉田茂	216	立志社	148	労働組合法	216
吉田松陰	134,139	立志社建白	149	労働農民党	189
吉田光由	115	律宗	66	ロエスレル	152,171
吉野ヶ里遺跡	13	リットン調査団	201		

六斎市	84			ワシントン会議	182,185
六・三・三・四制	217	**わ**		ワシントン海軍軍縮条約	185
六勝寺	55	隈板内閣	164	ワシントン体制	185
六波羅探題	59,60	和学講談所	132	渡辺崋山	128,135
鹿鳴館	159	若衆歌舞伎	101	和田義盛	59,60
盧溝橋事件	206	若槻礼次郎	194,200	度会家行	66
ロシア革命	179	若年寄	103	度会神道	66
ローズヴェルト(セオドア)	167	脇街道	111	和同開珎	32
ローズヴェルト(フランクリン)	209,211	脇本陣	111	倭の五王	17
		ワーグマン	173	侘茶	86,101
ロッキード事件	229	和気清麻呂	35,40	和様	67
ロッシュ	140	和気広虫	37	和与中分	62
ロマン主義	172	倭寇	76	ワルシャワ条約機構	218
ロンドン会議	185	和事	117	湾岸戦争	231
ロンドン海軍軍縮会議	198	和算	115		
		和人	77		

- ■執筆協力…早川恭平(河合塾非常勤講師)
- ■編集協力…田中麻衣子
- ■図版…田中雅信
- ■写真…宮内庁三の丸尚蔵館／福岡市博物館
- ■DTP…加藤文明社

シグマベスト
**要点ハンドブック
日本史B**

本書の内容を無断で複写(コピー)・複製・転載することは、著作者および出版社の権利の侵害となり、著作権法違反となりますので、転載等を希望される場合は前もって小社あて許諾を求めてください。

Ⓒ BUN-EIDO 2013　Printed in Japan

編　者	文英堂編集部
発行者	益井英郎
印刷所	凸版印刷株式会社
発行所	株式会社 文英堂

〒601-8121 京都市南区上鳥羽大物町28
〒162-0832 東京都新宿区岩戸町17
(代表)03-3269-4231

●落丁・乱丁はおとりかえします。